아도르노와의 만남

아도르노와의 만남

초판 1쇄 인쇄 2020년 12월 7일
초판 1쇄 발행 2020년 12월 15일

–

지은이 문병호 · 이병진 · 홍승용 · 한상원 · 정진범 · 이하준
펴낸이 이방원
편 집 송원빈 · 김명희 · 안효희 · 정조연 · 정우경 · 최선희 · 조상희
디자인 손경화 · 박혜옥 · 양혜진 **영 업** 최성수 **마케팅** 이예희

–

펴낸곳 세창출판사
신고번호 제300-1990-63호 **주소** 03735 서울시 서대문구 경기대로 88 냉천빌딩 4층
전화 02-723-8660 **팩스** 02-720-4579 **이메일** edit@sechangpub.co.kr **홈페이지** http://www.sechangpub.co.kr
블로그 blog.naver.com/scpc1992 **페이스북** fb.me/Sechangofficial **인스타그램** @sechang_official

–

ISBN 978-89-8411-834-8 93160

이 도서의 국립중앙도서관 출판예정도서목록(CIP)은 서지정보유통지원시스템 홈페이지(http://seoji.nl.go.kr)와 국가자료종합목록 구축시스템(http://kolis-net.nl.go.kr)에서 이용하실 수 있습니다.(CIP제어번호: CIP2020050646)

Theodor W. Adorno

아도르노와의 만남

문병호 · 이병진 · 홍승용 · 한상원 · 정진범 · 이하준 지음

세창출판사

머리말

세계가 인간에게 자행하는 고통이 크면 클수록, 사회가 개별 인간을 감시·통제·규율·관리·지배·폐기하는 정도가 강하면 강할수록, 한국 사회가 그 구성원들의 삶을 고통스럽게 하면 할수록, 인간의 상처받은 삶에 대한 성찰과 올바른 삶에 대한 동경에서 가장 치열한 사유를 보여 준 보편사상가 테오도르 아도르노(Theodor W. Adorno)의 사상은 더욱더 빛을 발한다. 인간이 원시제전 이래 오늘날까지 한 번도 쉬지 않고 끊임없이 실행해 온 자연에 대한 지배를 중지하고 자연과 화해하는 날이 도래할 때까지, 사회가 개별 인간에게 자행해 온 지배와 폭력의 역사를 멈추고 마침내 개인과 사회가 비폭력적으로 화해하는 날이 현실이 될 때까지, 아도르노가 남겨 놓은 암울하지만 촌철살인의 예리함을 보여 주는 사유는 인간의 삶에 드리워진 어둠의 터널을 뚫고 빛으로 향하는 희망을 인류에게 던져 줄 것이다.

따라서 아도르노의 사유가 갖고 있는 현재적 중요성은 자명하다. 프랑크푸르트 학파가 1924년에 출범하여 100년이 다 되는 세월이 흐르는 동안 세계 학문사에 이름을 남겼던 여러 이론가들이 이 학파에서 활동하였지만, 그들 중에서도 아도르노가 단연코 가장 빛나는 이론가였다.

자연, 사회, 문명, 역사, 예술, 이성, 지배, 권력, 폭력, 광기, 문화,

문화산업, 이데올로기, 사물화 등처럼 인간의 삶과 절대적으로 분리될 수 없는 현상들에 대해 역사철학, 인식론, 사회이론, 미학·예술이론, 심리이론, 경제이론을 아우르는 초학제적 사유를 통해 펼쳐 보이는 그의 사상은 사후 50년이 지난 현재의 상황에서 인류에게 절망 속에서도 희망을 잃지 않게 하는 빛을 발하고 있다.

아도르노는 철학, 사회학, 심리학, 미학과 예술이론, 음악과 음악이론에서 20세기에 활동한 어떤 이론가보다도 방대한 지식을 갖고 있었고, 역사와 경제에 대한 지식과 통찰력에서도 뛰어난 능력을 보여 준 이론가였다. 이처럼 방대한 지식과 빼어난 사유 능력이, 인류를 "새로운 종류의 야만"으로부터 구해야 한다는 소명의식 및 절박함과 결합하여 탄생한 것이 아도르노 사상이며, 이 사상이 인류로 하여금 자연과 인간의 삶에 고통을 주는 부정적인 원리들, 메커니즘들, 법칙들, 요소들에 대한 성찰을 요구하는 것은 앞으로 진행될 인류의 역사에서도 결코 소멸하지 않을 것이다.

아도르노는 세계와 사회의 작동에 필연적으로 내재하는 모순을 운동시켜 가능한 한 모순이 줄어드는 세계와 사회, 종국적으로는 모순이 지양된 유토피아를 동경한 사상가였다. 세계에 대한 그의 비판적 성찰, 사회에 대한 그의 치열한 비판은 세계와 사회가 만들어 내는 불의의 연관관계에서 여전히 신음하고 있는 인류에게는 어둠 속의 빛이다.

인류는 20세기 전반부에 발생한 세계대전, 대량학살, 특정 종족 말살, 이데올로기가 자행하는 무한 폭력 등 대재앙들을 지금 여기에서 경험하고 있지는 않다. 이러한 모든 재앙들은 아도르노의 시각에서 보면 문명이 타락한 모습을 보여 주는 현상들이며, 이러한 타락에 근원으로 놓여 있는 것이 도구적 이성이다. 오늘날 인류가 처해 있는 세계 상황에서 대재앙들은 보이지 않는 것처럼 느껴질 수도 있다. 그러나 도구적 이성은 세계의 진행, 사회의 작동과 기능의 내부로 숨어 들어가서 그것의 부정적인 역할을 여전히 ―비록 과거에 비해 더 비가시적이라고 할지라도― 실행하고 있다.

범지구적으로 진행되는 자연파괴, 사회적·경제적 양극화의 극단화, IT, 인터넷, 인공지능의 발달에 힘입어 더욱 정교하게 작동하는 관리된 세계에 의한 개인의 감시·통제·지배·폐기, 교환법칙의 빈틈없는 그물망과 정교화, 오로지 경제적 이해관계를 성취하기 위해 대상을 사고에 동일화시키는 사고의 만연, 모든 가치가 경제에 수렴되면서 병리적인 위력을 더욱 발휘하는 사물화, 예술의 소멸 또는 사멸의 위기, 문화산업의 범지구적이고도 극단적인 창궐, 반쪽 교육의 심화 등은 지금 여기에서 인류에게 고통을 강요하고 있다.

도구적 이성은 더욱 진화된 상태에서 인류에게 고통을 강요하면서, 아도르노의 치열한 성찰을 비웃기라도 하는 듯이, 활발하게 활동하고 있다. 도구적 이성의 활동력이, 그것이 가시적이든 비가시적이든, 강하면 강할수록 인류는 아도르노 사상을 더욱더 필요로 한다.

인류는 2020년 1월 이후 과거에 경험하지 못했던 새로운 종류의 재앙에서 신음하고 있다. 인류로 하여금 삶의 방식을 근본적으로 변화시킬 것을 강요하는 새로운 바이러스인 '코로나19'의 출현으로 인해 현재의 인류는 '어찌할 바를 모르는 상태'에서 백신의 개발에 자신의 모든 운명을 거는 수밖에 없는 처지에 몰려 있는 것이다. 백신이 개발되어도 인류는 코로나 바이러스를 완전하게 퇴치할 수는 없을 것이라는 비관적 전망이 이어지고 있는 상황도, 인류로 하여금 미래에 대한 불안과 공포를 증대시키는 요인이다. 바이러스를 연구하는 학자들은 코로나 바이러스의 창궐이 지구 생태계의 파괴에 그 원인이 있다는 데 대체적으로 의견의 일치를 보이고 있다.

코로나 바이러스가 창궐하는 사태는 아도르노의 시각에서 보면 자연 지배의 산물이며, 크게 보아 도구적 합리성, 더 세부적으로 보면 경제적·산업적·기술적 합리성이 인간의 물질적 풍요와 편리함을 위해 자연과 자연에 존재하는 모든 사물들을 오로지 효율성·유용성의 척도에서 지배해 온 타락사의 연장선에서 나타난 재앙이다. 자연 지배와 도구적 합리성의 폭주에 제동이 걸리지 않는다면, 과거의 바이러스들에 비해 더욱 간특한 성격을 갖고 있는 코로나 바이러스에 이어서 인류에게 더욱 치명적이고 더욱 불행한 비극을 불러올 바이러스들이 계속해서 출현하게 될 것이다. 아도르노가 볼 때, 자연지배는 원시제전 이래 신화적인 강제적 속박의 틀로 작동하면서 오로지 부정적 의미에서 진보를 거듭하였는바, 이제 인류는 이처럼 강제적인 속박의 틀에서 근본적으로 벗어나 그가 동경하였던 자연-인간-사회의 화해를 실현시킬 수 있는 새로운 패러다임을 모색하는 절박한 과제에 범인류적으로, 인류 공동체 차원에서 함께 나서야 할 것이다.

이런 세계 상황에서, 아도르노가 세상을 떠난 지 50년이 된 시점에 아도르노의 사유를 한국인 학자들이 자신의 관점을 통해 논의하는 것은 적지 않은 의미를 갖는다고 볼 수 있다. 이 책에 모은 글들은 서울대학교 독일어문화권 연구소와 세창출판사가 2017년과 2018년에 공동으로 개최한 2회의 학술 행사에서 발표된 논문들이다. 논자들은 아도르노 사상의 여러 분야들 중에서 자신들이 특히 관심을 갖는 분야에 대한 연구를 바탕으로 해서 논의를 전개하였다.

문병호의 「인공지능 시대에서 예술의 존재가치」는 인공지능이 시를 쓰고 소설을 창작하며 곡을 작곡하는 능력을 이미 보여 줌으로써 예술의 존재가치를 위협하는 상황의 도래에 주목하여 집필된 논문이다. 그는 인공지능을, 인간을 가장 많이 닮은 기계로 보며, 인공지능의 출현을 기술사회학적·기술철학적으로 간략하게 논의한다. 이어서 인공지능의 출현이 철학과 미학 분야에서 제기하는 새로운 물음들을 제시한다. 문병호는 이처럼 새롭게 전개되는 환경에서 예술의 전통적인 존재가치가 근본적으로 위협을 받게 되었다고 진단한다. 그는 예술이 처한 이러한 위기 상황에서 예술의 존재가치가 미래에도 지속적으로 유지되어야 한다는 필연성을 강조하며, 이러한 필연성을 아도르노의 미학·예술이론에서 찾아 나선다. 그는 아도르노가 정초한 개념들인 미적 합리성, 미메시스적 충동, 예술의 수수께끼적인 성격, 미적 가상, 의미 매개와 의미 형성에서 예술은 인공지능 시대에도 그 존재가치를 유지할 수 있다고 주장한다. 이런 관점에서 그는 아도르노 미학·예술이론이 인공지능 시대에서 획득하는 시의성을 강조한다.

이병진의 「아도르노의 생애와 사상」은 아도르노의 부정주의 철학의 태동과 전개를 일목요연하게 논의하는 글이다. 그는 아도르노가 생애를 두고 집요하고도 치열하게 전개한 부정주의 철학에 유토피아적 희망이 근원으로 놓여 있음을 강조하면서 글을 시작한다. 이병진은 1940년대에 출간된 『계몽의 변증법』을 시점으로 해서 아도르노의 변증법적 사회비판과 문화비평이 본격적으로 개시되었다고 보며, 아도르노가 1950년대 미국에서 독일로 돌아온 이후 강연, 토론, 집필을 통해 전후 독일 사회에 지대한 영향을 미쳤다고 평가한다. 더 나아가 그는 아도르노의 학문적 활동을 사회의 부정성에 맞서는 비타협적 지식인의 표본이라고 보며, 이러한 활동이 68운동의 중요한 이론적 기반을 제공했다고 언급한다. 그는 『부정 변증법』을 아도르노의 마지막 역작으로 평가하면서 이 책에 사유의 동일성과 사회적 총체성이 변증법적으로 상호매개 되어 있다고 설명하며, 아도르노가 이러한 상호매개가 갖고 있는 억압적 측면을 심도 있게 분석함으로써 독보적인 비동일성의 철학자로 자리매김이 되었다고 해석한다. 글의 말미에서 이병진은 현대에 이르러 비합리적인 신화로 전도된 서구 계몽에 대한 아도르노의 비판이 오늘날까지 매우 다양한 관점에서 수용되고 재해석되고 있음을 강조한다.

홍승용의 「변증법적 이론과 실천의 불꽃」은 논자가 장기간에 걸쳐 집중적으로 관심을 보이면서 탐구해 온 변증법에 대한 논의를 담고 있다. 그는 변증법이 한동안 혁명의 대수학이라는 명예를 누리기도 했음을 지적하면서 현실사회주의의 붕괴 이후 변증법의 존재감도 또한 소멸해 가고 있다고 진단한다. 홍승용은 변증법을 다시 이야기하는 것이 사회주의 망령의 몸짓으로 비칠 수 있다는 점을 인정하면서도 현실사회주의의 대안으로 등장한 자본주의 역시 스스로가 만들어 낸 모순에 갇혀 야만과 파국의 위기를 벗어나지 못하고 있음을 직시한다. 이런 상황에서, 그는 현실의 모순과 역동에 주목해 온 변증법적 사유 방법을 다시 살려 내는 일이 그러한 현실 당면 요구와 별개의 문제가 아니라는 시각을 드러낸다. 이러한 시각과 함께 홍승용은 변증법을 다루어 온 학자들, 헤겔, 레닌, 마르크스, 엥겔스, 알튀세르, 들뢰즈, 그리고 아도르노가 말하는 변증법을 관통하여 변증법의 비판적·혁명적 본질을 움켜쥐는 글을 독자들에게 제공한다.

한상원의 「아도르노의 부정주의적 도덕철학」은 아도르노의 도덕철학을 논의하는 글이다. 국내 학계에서 이에 대한 논의가 거의 없었다는 점에서 볼 때, 그의 글은 논의를 촉발시키는 의미를 갖는다. 그는 아도르노가 칸트와 헤겔 사이에서, 칸트와 니체 사이에서 각각 어느 한쪽으로 기울지 않는 사유의 곡예를 감행한다고 보면서, 이러한 곡예를 통해 현대사회에 적용되어야 할 도덕의 의미에 관해 반성적 사유를 수행해 나간다고 해석한다. 한상원은 아도르노가 보는 도덕의 본질을 다음과 같이 요약한다. 아도르노는 도덕이 그 추상성에도 불구하고 포기할 수 없는 자체적인 잠재성을 갖고 있다는 시각을 보이며, 이러한 잠재성을 사회를 비판하기 위한 동기들을 제공해 주는 것으로 본다. 한상원은 아도르노가 이러한 시각에 근거하여 올바른 행위에 관한 칸트의 물음을 계승하면서도, 이를 행위의 가능 조건으로서 객관적 사회질서에 관한 고찰로 연결하며, 이를 통해 윤리와 정치의 관계에 대해 묻는다고 해석한다. 아도르노는 '비도덕적' 상태에 대한 '도덕적' 물음을 통해 현존 사회를 비판하고자 하며, 존재의 비도덕적 현실에 대항하는 방향 속에서 도덕적 당위의 파토스가 갖는 의미를 발견한다는 것이다.

정진범의 「충동의 도덕」은 아도르노에서 도덕적 실천의 가능성을 충동 개념을 통해 논의하는 글이다. 그는 아도르노가 이러한 가능성을 주체의 측면에서 설명하기 위해 독특한 실천이론을 전개하면서 그 중심에 충동 개념을 위치시키고 있다고 본다. 그는 아도르노에서의 충동을 주체 내부의 힘으로서, 반성과 대립한다는 형식적 측면과 동시에, 타인의 고통을 향해 작용한다는 내용적 측면을 갖는 개념으로 보고, 충동을 아도르노의 사유에서 매우 중요한 비중을 갖는 개념인 미메시스에 대한 도덕철학적 번역어라고 해석한다. 정진범에 따르면, 아도르노의 충동 개념은 고통을 낳는 사회적 불의에 대한 주체의 저항이 어떻게 가능한지를 보여 주는 개념이며, 그것이 가능한 이유는 충동이 단순히 이성에 반하는 맹목적인 신체적 힘이 아니라, 역사적 경험과 그에 대한 반성이 신체적 계기로 응집된 결과물이기 때문이라는 것이다. 이런 시각과 해석에 기초하여 정진범은 아도르노가 말하는 충동의 개념과 그것이 갖는 사상적 의의에 대해 고찰한다.

이하준의 「반교육과 반교양교육을 넘어서」는 아도르노의 교육이론을 논의하고, 이 연장선에서 국내 대학에서 이루어지는 교양교육의 현주소를 비판적으로 짚어 본 글이다. 그는 아도르노가 전후 독일 사회에서 미완의 나치즘(아우슈비츠) 극복을 위한 교육의 중요성을 강조하면서 과거극복을 위한 교육, 탈야만화 교육의 이념과 방향을 제시하였다고 평가한다. 이하준이 볼 때, 아도르노는 과거극복을 위한 특수한 의미의 정치교육에서 보편교육학의 이념으로 이행하면서, 한편으로는 반(反)교육이란 의미에서 절반의 교육(Halbbildung)을 비판했으며, 다른 한편으로는 성숙을 위한 교육, 진정한 주체 형성을 위한 교육적 사유를 전개한 교육이론가이다. 그는 절반의 교육 논제들에서 보여 주는 교육의 이념과 방향에 대한 아도르노의 논의가 당대 독일 교육에 대한 일반적인 비판을 넘어서 '교양교육'의 이념, 목적 및 방향, 교수·학습방법론 전반에 대한 광범위한 단서를 제공했다고 평가한다. 이하준의 시각에서, 아도르노의 이러한 기여는 오늘날 국내 대학의 교양교육이 노정하는 목적 상실의 교양교육, 교육공학주의, 진정한 비판적 사고 교육이 아닌 형식적 사고 교육, '가벼운 교양'의 득세를 비판하는 데 중요한 전거를 제공하는 의미도 갖는다. 이러한 시각과 평가에 기초하여 그는 현재 국내 대학에서 이루어지는 교양교육의 현주소를 아도르노의 '반교육' 비판을 끌어들여 살펴본다.

논자들이 위에서 본 바와 같은 다양한 관점에서 펼치는 논의를 통해 독자들이 아도르노 사상에 더욱 깊게 접근할 수 있다면, 논자들에게는 더할 나위가 없는 큰 기쁨이 될 것이다. 이 책이 나오게 된 토대가 된 학술 행사에 도움을 주신 서울대학교 독일어문화권 연구소 관계자들과 세창출판사 직원들, 그리고 이 책의 출판 과정에서 수고한 모든 분들에게 감사의 말씀을 전한다.

2020년 겨울

문 병 호

차례

머리말 5

문병호 … 인공지능 시대에서 예술의 존재가치 17
아도르노 미학·예술이론의 관점에서

이병진 … 아도르노의 생애와 사상 71

홍승용 … 변증법적 이론과 실천의 불꽃 129
아도르노의 『변증법 입문』을 중심으로

한상원 … 아도르노의 부정주의적 도덕철학 229
상처받은 삶과 정의로운 실천의 가능성

정진범 … 충동의 도덕 265

이하준 … 반(反)교육과 반(反)교양교육을 넘어서 293
아우슈비츠 이후
아도르노 교육 사유와 절반의 교양교육비판

찾아보기 335

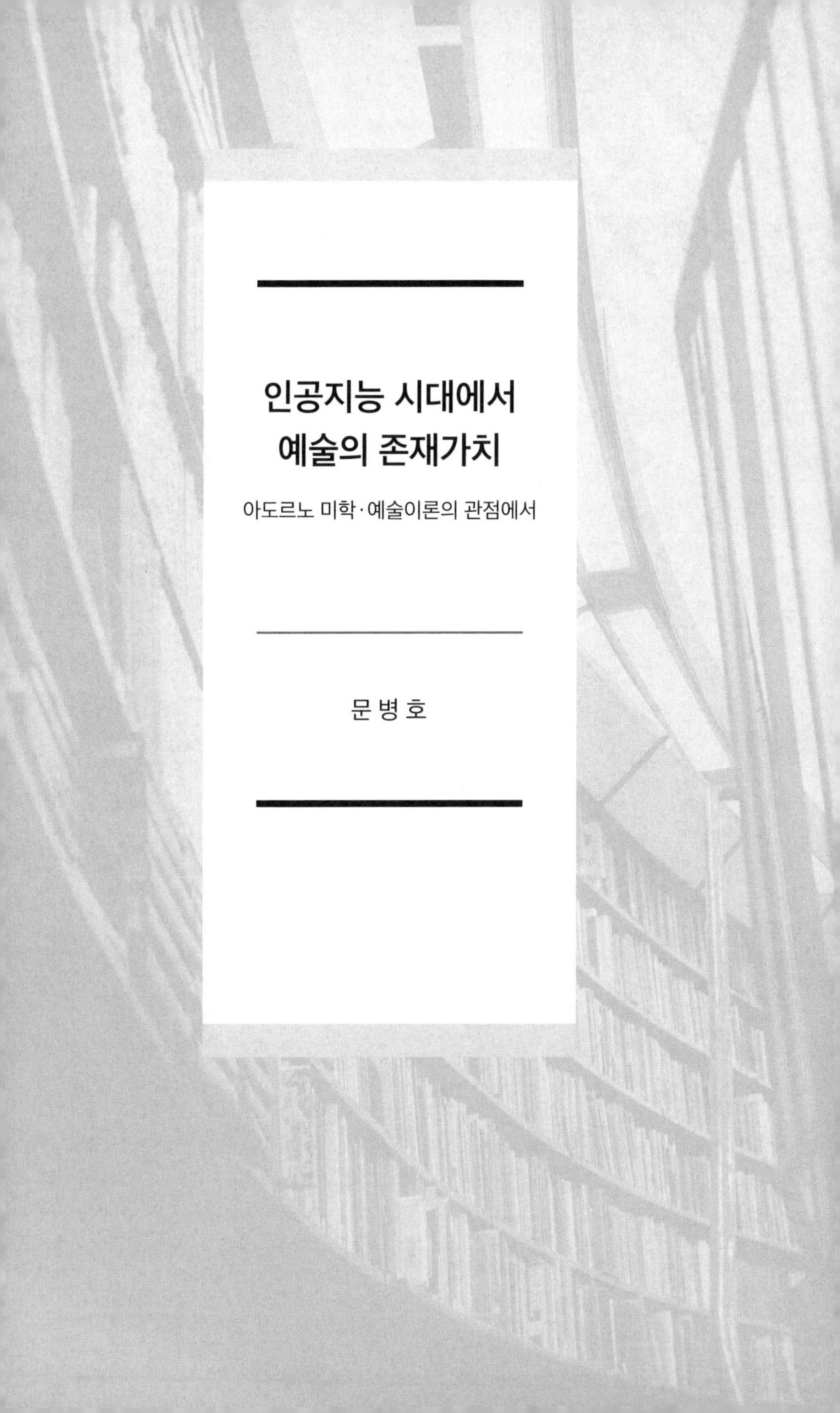

인공지능 시대에서 예술의 존재가치

아도르노 미학·예술이론의 관점에서

문 병 호

1. 기술, 기술적 행위, 비가역성

인간은 이미 원시시대부터 자신에게 주어진 대상이나 조건을 합목적적으로 변화시키는 수단을 사용하였으며, 인간의 이러한 활동에서 발원한 것이 기술이다. 기술은 '인간의 팔이 연장된 것(verlängerter Arm)'이다. 이는 서양에서 기술의 어원인 그리스어의 테크네(τέχνη, techné)가 장인의 숙련된 솜씨, 기예, 기능, 미적 처리 능력을 의미하는 것과 부합된다. 이러한 성격을 지닌 기술은 인간이 특정 목적을 성취하기 위해 의도적으로 행하는 활동이다. 기술에는 이처럼 의도적 활동이 내재되어 있기 때문에 기술적 행위(technisches Handeln)의 개념이 성립된다. 기술적 행위는 어떤 대상이나 조건을 이용·가공·처리함으로써 변화시키고 이 과정을 통해 인간이 의도하는 것을 생산하는 의도적인 활동이다. 기술적 행위를 추동하는 인간의 사고와 행위는 근본적으로 목적 합리성에 토대를 두고 있다. 기술적 행위는 목적 합리성의 한 형식이다. 오늘날 인간 및 인류의 미래에 대해 많은 논란을 불러일으키고 있는 인공지능(AI)도 인간의 기술적 행위의 산물이다. 단적으로 말해서, 인공지능은 목적 합리성의 산물이다.

기술 발전의 어떤 단계에서 기술적 행위가 성취한 결과는 다음 단계에서 시도되는 기술적 행위에 영향을 미친다. 기술은 따라서 과정(Prozeß, Process)으로 이해되어야 한다. 기술은 정역학의 카테고리가 아닌 동역학의 카테고리에서 이해되어야 하는 것이다. 기술이 전개되는 과정의 어떤 단계에서 일단 성취된 기술은 이 단계 이전으로 되돌아가지 않는다. 기술은 비가역적(irreversible)이다. 비가역성은 기술에 절대적으로 내재하는 법칙이다. 비가역성은 기술의 발전에 절대적으로 적용되는 절대적인 법칙이다. 이 법칙은 따라서 오늘날 기술 발전의 정점으로서 등장한 인공지능에도 해당된다. 어떤 단계에 일단 도달한 인공지능은 이 단계 이전 상태로 결코 되돌아가지 않을 것이며, 기술 진보를 거듭하면서 인간의 삶과 인류의 미래에 현재의 상황에서는 거의 예측할 수 없을 정도의 영향력을 행사하게 될 것이다. 현재의 시점에서 도달한 인공지능의 기술 수준은 불과 몇 년 후에는 논의의 대상조차 되지 않을 수준, 곧 논의하는 것이 아무런 의미를 갖지 못하게 될 수준에 지나지 않을 것이다. 인공지능의 비가역성은 인류의 미래를, 비가역성이 인류의 미래에 긍정적으로 기여할 것인지 또는 인간에게서 노동을 절대적으로 탈취하고 스스로 독립적으로 되면서 인간을 지배하는 권력이 됨으로써 인류를 불안과 재앙에 빠트릴 것인지에 상관이 없이, 결정할 가능성이 매우 높다고 말할 수 있겠다. 조금 과도하게 말한다면, 인류의 운명은 인공지능의 비가역성에 많은 부분 의존되어 있다고 볼 수 있다.

대상을 변화시키고 이용하는 기술적 행위는 자연과 인간의 관계, 인간과 인간의 관계가 복합적이고 다양하며 다차원적으로 변화하는 과정에 상응한다. 자연-인간-사회관계의 복합성·다양성·다차원성은 기술적 행위의 복합성·다양성·다차원성과 일치한다. 이는 인간이 원시시대에는 석기를 사용하여 대상을 변화시키는 수준에서 기술을 사용하였지만 오늘날에는 컴퓨터, 인공지능과 같은 기술을 개발하여 사용하는 것에서 입증된다. 기술적 행위는, 자연-인간-사회관계에서 실행되는 인간의 합목적적 행위들과 함께, 자연-인간-사회관계의 복합적이고 다양하며 다차원적으로 변화하는 과정의 산출에 직접적으로 영향을 미치며, 이 과정은 기술적 행위의 형식과 내용의 갱신을 추동한다. 기술은 자연-인간-사회관계의 복합성·다양성·다차원성의 갱신 과정으로 이해될 수 있다. 위에서 간략하게 논의한 내용에 기초하여 기술을 정의해 볼 수 있다. "기술은 자연-인간-사회관계에서 대상을 변화시키고 이용하려는 인간의 행위가 투입되어 산출된 현상들, 환경들, 조건들에 관련되어 있다. 기술은 이것들이 상호 간에 연관·상승·갈등·모순관계를 형성하면서 과정으로 진행되는 복합성의 총체이며 구조화된 체계이다."[1]

이러한 성격을 갖는 과정으로서의 기술은 오늘날, 기술이 자연과학과 결합하면서 진화된 형식인 테크놀로지가 컴퓨터와 결합하면서 인류가 지금까지 경험하지 못했던 새로운 차원으로 진입하면서, 자연-인간-사회관계를 총체적으로 관리하는 양상을 보이고 있다. 인간의 뇌를 닮은 테크놀로지인 IT는 자연-인간-사회관계에서 대상을 변화시키고 이용하려는 인간의 행위의 차원을 이전의 차원보다는

1 문병호, 「자연-인간-사회관계의 구조화된 체계로서의 기술」, 『한국 사회학』 제43집 4호, 한국사회학회, 2009, 86쪽.

질적으로 다른 차원으로 끌어올렸으며, 인간의 행위가 투입되어 산출된 현상들, 환경들, 조건들의 상호관계를 혁명적으로 변화시켰다. 단적으로 말해, 정보통신 테크놀로지인 IT는 현상들, 환경들, 조건들의 많은 부분을 폐기시키고 이것들을 IT 중심으로 구조화하는 기술혁명을 견인하였으며, 이러한 견인은 현재에도 부단하게 계속되고 있다.

IT의 가장 진보한 형식인 인공지능은 앞에서 말한 현상들, 환경들, 조건들의 상호관계를 컴퓨터가 변화시켰던 정도보다 더욱 근본적으로 변화시키게 될 것이다. 인공지능 연구자들은 이러한 변화를 여러 각도에서 예측하고 있지만, 이 예측이 변화와 상응하게 될 것인가에 대해서는 어느 연구자도 확실한 답변을 내놓지 못하고 있다고 볼 수 있다. 그러나 인공지능의 등장과 발전이 자연-인간-사회관계에 미칠 영향에 대해서는 비교적 용이하게 예측할 수 있다. 인공지능은 자연을 더욱 총체적이면서도 더욱 정교하게 지배하고 관리하게 될 것이며, 인간과 사회의 관계도 인공지능 시대 이전의 시기와는 전적으로 다른 방식으로 총체적으로, 그리고 더욱 완벽하게 지배·관리하게 될 것이다.

기술은 기술적 행위에 의해 생산된 결과들의 관점에서는 사물체계이며, 이와 동시에 기술적 행위의 주체가 인간이고 인간이 자연-사회와의 관계에서 기술을 구사한다는 관점에서는 사회체계이다. 사물체계로서의 기술은 이미 산업혁명의 발발 이후부터 인간을 압도하는 경향을 보이고 있으며, 사회체계로서의 기술이 사회를 관리하고 지배하는 기능을 갖고 있을 뿐만 아니라 이 기능이 더욱 강화된다는 것은 자명하다. 인공지능도 사물체계이고 사회체계이다. 사물체계로서의 인공지능이 인간을 압도할 것이라는 것은 쉽게 예측할 수 있고, 사회체계로서의 인공지능은, 이것이 창출할 수 있는 거의 무한대의 경제적 생산력과 결합하면서, 사회에 대한 지배력을 인공지능 이전의 어떤 기술에서도 볼 수 없는 정도로 강화하게 될 것이다.

2. 테크놀로지

나는 앞에서 IT를 이미 테크놀로지로 명명하였다. 인공지능의 본질을 더 깊게 이해하기 위해서는 테크놀로지에 대해 간략하게라도 논의할 필요가 있다. 원시시대에 발원하여 진화를 거듭해 온 기술은 서구의 근대와 더불어 비약적인 발전을 성취한 자연과학과 결합되면서 새로운 차원으로 진화하였다. 테크놀로지의 개념이 탄생한 것이다. 영어권에서는 제이콥 비겔로우(Jakob Bigelow)가 1831년에 『테크놀로지의 요소 … 과학을 실용 기술에 응용하는 것에 관하여』에서 테크놀로지라는 용어를 사용하였으며,[2] 독어권에서는 요한 베크만(Johann Beckmann)이 1777년에 『테크놀로지, 또는 수공업, 공장, 공장제 수공업을 알기 위한 입문서』에서 이 용어를 제목으로 채택하였다.[3] 이러한 논의들이 있었음에도 테크놀로지라는 용어는, 기술사

2 Cf. Hughes, Thomas P., *Human-Built-World. How to Think about Technology and Culture*, Chicago & London 2004, pp.2-3.

3 Cf. Ropohl, Günter, *Technologische Aufklärung. Beiträge zur Technikphilosophie*, Frankfurt/M. 1991, pp.23, 42.

학자인 토마스 휴즈(Thomas Hughes)에 따르면, 제2차 세계대전 후인 20세기 후반기에 비로소 일반적으로 사용하게 되었으며, 미국의 사회학자들과 역사학자들이 1958년에 결성한 '테크놀로지의 역사 연구회(Society for the History of Technolgy)'가 1959년부터 계간지 『테크놀로지와 문화(Technology and Culture)』를 지속적으로 발행하는 등의 활동이 테크놀로지라는 용어의 일반적인 사용에 기여하였다.[4] 테크놀로지의 탄생 배경에는 이처럼 기술과 지식의 결합이 들어 있었던 것이다. 탄생 배경에서 볼 때, 테크놀로지에 대한 피터 드러커(Peter Drucker)의 정의는 적확하다. 그에 따르면, 테크놀로지는 "장인의 비밀스러운 기능인 테크네(techné)와 지식을 조직하고 체계화하고 목적 지향적으로 정리하는 것을 뜻하는 logy를 조합하여"[5] 성립된 개념이다. 기술이 과정인 것처럼 기술의 진화된 형태인 테크놀로지도 과정이다. 과정으로서의 테크놀로지 개념은 이 글의 뒤에서 논의할 인공지능과 예술의 관계에도 중요한 비중을 갖는다.

오늘날 작동되고 있는 사회에서 테크놀로지가 인간의 삶에 미치는 영향은 거의 절대적이라고 말해도 될 수 있을 정도로 테크놀로지는 사회의 작동과 인간의 삶에서 그 비중을 더욱 증대시키고 있다. 오늘날 정보통신공학(IT), 생명공학(BT), 나노공학(NT), 환경공학(ET), 우주공학(ST), 문화산업공학(CT) 등의 테크놀로지들이 인간과 사회에 미치는 영향력은 막대하다. 테크놀로지는 단순한 기술이 아니고

4 Cf. Hughes, Thomas P., *Human-Built-World*, op. cit., pp.3-4.

5 피터 드러커, 『자본주의 이후의 사회』, 이재규 역, 한국경제신문사, 1997, 57쪽.

지식과 결합되어 있는 기술이기 때문에 그것이 사회의 작동과 인간의 삶에 미치는 영향은 더욱 복잡하고 복합적이며 다차원적이고 구조적이다.

테크놀로지는 권력의 형성과 작동, 사회의 조직과 작동, 미디어에 대한 지배 등에서도 비중을 증대시킴으로써 현대사회에서 인간과 사회에 대한 통제를 강화하고 있다. 지배 테크놀로지라는 개념이 특히 사회비판이론에서 거론되는 것은 테크놀로지의 이러한 지배력에 근거한다. 테크놀로지의 영향과 지배력이 이처럼 증대되고 있는 오늘날의 시대 환경에서, 인공지능(AI), 사물인터넷(IoT), 3D 프린터, 빅데이터 등 새로운 테크놀로지들이 실제에서 작동되면서 제4차 산업혁명, 지능정보사회와 같은 개념들이 등장하고 있다. 이것들 중에서도 특히 인공지능은, 알파고(AlphaGo)라고 명명된 인공지능이 세계 최고 수준의 바둑 기사와 대국하여 일방적으로 승리한 사건의 충격과 더불어, 오늘날 인간과 인공지능의 차이, 인공지능이 인간의 노동 및 노동시장에 미치게 될 영향, 대량실업에 대한 공포, 불평등과 사회 양극화에 대한 우려 등처럼 인류가 현실적으로 직면하게 될 문제와 관련하여 특별한 관심을 불러일으키고 있다. 인공지능이 인간과 사회에 대한 테크놀로지의 지배력을 강화할 것이라는 점은 거의 자명하다.

3. 인간을 닮아 가는 테크놀로지의 정점으로서의 인공지능

기술과 테크놀로지는 인간을 닮고자 하는 과정이다. 인공지능은 이러한 과정이 정점에 도달한 형태를 보여 주는 실례이다. 이 점은 기술·테크놀로지가 인간을 닮아 가는 과정인 기술·테크놀로지의 역사에서 인공지능 이전의 역사와는 **전혀 다른 새로운 의미**를 갖는다. 인공지능은 인간과 기계가 본질적으로 다르다는 근거를 제공하는 기준인 사유 능력, 판단 능력, 종합 능력, 시를 쓰고 작곡을 할 수 있는 감성적인 능력의 영역에까지 들어올 수 있는 가능성을 이미 보여 주고 있기 때문이다.

인공지능이 이것 이전의 기술·테크놀로지와 질적으로 볼 때 전적으로 새로운 테크놀로지라는 점은 기술과 테크놀로지의 역사에서 쉽게 이해될 수 있다. 기술과 테크놀로지는 인간의 손, 팔, 다리가 행하는 노동을 더욱 효율적으로 수행할 수 있도록 인간의 손, 팔, 다리를 닮은 수많은 기계들을 만들어 냈는바, 예컨대 자동차는 인간의 다리가 하는 일을 빠르고도 효율적으로 수행할 수 있도록 생산된 기계이다. 컴퓨터는 인간을 닮으려는 기술과 테크놀로지가 손, 팔, 다리의 기능을 닮으려는 차원을 넘어서서 인간의 사고와 감정을 관할하는 인간의 뇌를 닮으려는 의도에서 출현한 기계이다. 인간의 계산·연산·기억의 기능을 효율적으로 대체시키기 위해 인간이 개발한 기계인 컴퓨터는 진화를 거듭하여 오늘날에는 계산·연산·기억 능력을 넘어서서 알파고처럼 바둑 게임에서 벌어지는 매우 복잡하고 다양하게 변화하는 상황에 다양하게 대처하는 능력을 보이는 인공지능으로 진화하게 되었다. 인공지능은 테크놀로지의 인격화(Personification)가 현실이 될 수 있는 가능성을 높이는 기계이다.

기계가 인간을 닮아 가는 과정의 정점이자 극점인 인공지능은 오늘날 금융 회사에서 중역의 역할을 수행하면서 인간처럼 재정적인 판단을 하는 능력을 보이는 단계에 도달하였다. 이것은 인공지능의 활동 상황에 대한 하나의 실례일 뿐이다. 인공지능의 활동 영역이 인간의 노동 영역 전반에 걸쳐 급속도로 확대될 것이라는 예측에 대해 오늘날 학계에서 반론이 거의 제기되고 있지 않다. 인공지능이 보여 주는 이러한 능력을 보면서, 인간만이 갖고 있으며 인간에게 특별하게 고유한 능력, 곧 반성적 사유와 성찰, 가치 판단, 감성 능력에까지 인공지능이 도달하지 않을까 하는 예측과 우려, 불안이 인류 사회에 팽배해 있다. 인공지능의 출현 및 활동에 대해 매우 비관적인 시각을 보이고 있는 마틴 포드(Martin Ford)는 『로봇의 부상』에서 제임스 배럿(James Barrat)이 인공지능 연구자 200명에 대해 설문조사를 한 결과를 인용하면서 인공 범용성 지능(AGI: Artificial General Intelligence)이 현실에서 출현할 시기에 대해 언급하고 있다. 배럿의 설문조사에 따르면, 200명의 응답자 중에서 42%가 2030년을, 25%가 2050년을 출현 시기로 응답하였고, 결코 이루어지지 않을 것이라고 본 응답자는 2%였으며, 2020년이어야 한다는 응답자도 있었다.[6]

4. 인공지능의 출현이 철학과 미학 분야에서 제기하는 새로운 물음들

인간을 거의 닮아 가는 인공지능의 출현 및 활동은 철학적 관점에

6 마틴 포드, 『로봇의 부상』, 이창희 역, 세종서적, 2016, 354쪽.

서 여러 가지 물음과 문제를 불러일으킨다. 노동하는 존재로서의 인간이 존재한다는 것이 무엇을 의미하는가를 묻는 새로운 존재론적 물음이 일차적으로 제기될 수 있다. 인공지능은 인간의 손, 팔, 다리 등 인간의 신체가 행하는 대부분의 노동을 인간보다 더 효율적으로 수행할 수 있고 더 나아가 인간의 뇌가 행하는 정신적인 노동도 연산·계산·기억·분류·통계 작성 등에서는 인간을 절대적으로 압도하는 능력을 이미 보이는바, 노동하는 존재로서의 인간의 존재 자체를 위협하는 인공지능은 인간이 존재한다는 것의 의미에 대해 근원적인 성찰을 요구하는 것이다. 인간이 실행하고 인간이기 때문에 실행할 수 있는 노동의 많은 부분을 인공지능에게 빼앗긴 상태에서 노동을 잃어 가는 인간은 도대체 어떤 존재로서 그 정체성이 확보될 수 있느냐 하는 심각한 물음이 새롭게 제기될 수 있는 것이다. 인공지능이 오늘날 인간과 형식적으로는 대등한 지위에서 재정 매니저의 역할을 이미 수행하고 있고 예술작품을 창작하는 행위를 실행하고 있는바, 인공지능의 이러한 활동은 인공지능에게 행위자의 지위를 부여해야 하는지의 물음까지 불러일으키고 있다. 기계에는 부여될 수 없었던 행위자의 지위가 인간과 거의 닮은 기계인 인공지능에 부여되어야 하는지의 여부는 인공지능 시대에서 인간의 존재와 관련하여 새롭게 제기되는 물음이고 문제이다. 인간이 행했던 거의 모든 노동을 인공지능이 대신하고 인간은 더 이상 할 일이 없는 존재로 전락한다는 불안감과 공포감은 급속도로 진행되는 인공지능의 진화와 함께 더욱 확산되고 심화될 것이며, 이는 인간의 존재가치에 대한 물음으로 이어질 것이다. 이는 인간이 기계와 관련하여 지금까지 한

번도 당면하지 않았던 새로운 문제이다.

인공지능 시대에는 가치에 관한 물음도 새롭게 제기된다. 인간이 역사적으로 장기간에 걸쳐 중요한 것으로 인정해 온 가치들이 어떤 관점에서 어떻게 유지될 수 있는가를 묻는 가치론적 물음이 과거의 시각과는 전적으로 다른 시각에서 제기되는 것이다. 예컨대 서구 철학에서 대표적인 가치들에 해당하는 자유, 평등, 정의는 인공지능 시대에는 과거와는 다른 시각에서 논의될 수 있다. 인공지능의 거의 무한한 노동 능력에 힘입어 인간은 노동의 강제로부터 해방되어 과거에 경험하지 못했던 새로운 자유를 얻을 수 있을지, 또는 인공지능이 사회를 총체적으로 통제함으로써 인간이 인공지능에게 총체적으로 종속될 것인지의 여부는 불확실하다. 자유의 가치에 대한 새로운 물음과 문제가 발생하는 것이다. 인공지능이 인간의 평등가치 실현에 기여할 것인지, 또는 경제적 부의 양극화, 정보 활용의 양극화 등을 심화시켜 불평등을 더욱 악화시킬 것인지의 여부도 역시 논쟁의 대상이 될 것이다. 자유처럼 평등의 가치에 대해서도 새로운 물음과 문제가 발생하는 것이다. 인간이 개발하고 인간이 운용하는 기계에 불과한 인공지능과 인간이 상호협력하여 —주체로서의 인간의 권능은 유지한 채— 자유와 평등이 인공지능 이전의 시기에 비해 더욱 고양되는 상태로 전이될 수 있는지, 또는 인공지능이 인간의 탐욕을 충족시키는 기계로서만 이용될 것인지, 또는 인간을 지배하는 새로운 주체로 기능함으로써 인간이 추구하는 대표적인 가치인 자유와 평등을 말살시키는 재앙을 유발할 수 있는지의 여부도 불투명하다. 인공지능이 정의의 실현에 기여할 것인지, 또는 정의를 말살하는 폭력적인 기계로 기능할 것인지의 여부가 불확실한 것이다.

진·선·미와 같은 가치들은 인간에게만 특유한 것들이다. 참된 것, 좋은 것, 아름다운 것을 추구하고 이것들을 실제에서 실현시키려는 의지와 노력은 인간에게만 특별하며, 진, 선, 미에 대한 판단은 따라서 오로지 인간의 주체만이 수행하는 판단이다. 그러나 인간을 거의 닮은 인공지능이 인간과 거의 대등한 노동을 수행함으로써 참된 것, 좋은 것에 대한 판단에도 변화가 발생할 수 있다. 예컨대 인간의 입장에서는 어떤 문제가 발생할 때 이 문제에 대해 생각과 가치를 달리하는 사람들과 가능한 한 토론하고 양보하여 합의에 도달하는 것을 참된 것, 좋은 것이라고 인정할 수 있지만, 효율성에 우위를 두는 것에 익숙한 인공지능은 인간의 이러한 활동 과정과는 대척점을 이룬다. 인간이 장기간에 걸쳐 참되고 좋은 것이라고 인정한 가치들이 인공지능의 활동과 함께 그 기준이 변화될 수 있는 것이다. 미 또한 인간이 추구하는 대표적인 가치이다. 인공지능 이전의 시대에 아름다운 것으로 인정되어 온 균형, 대칭, 조화, 통일, 숭고함 등은 합리성·효율성·신속성·정확성·편리성·유용성·도구성의 속성을 가진 인공지능의 활동과 함께 그 기준이 변화될 수 있는 개연성이 있다.

인공지능의 활동이 인간의 존재와 인간이 추구하는 가치와 관련하여 발생시키는 물음들과 문제들은 인간이 아직까지 전혀 경험하지 못했던 정체성 위기를 유발한다. '나'의 머리와 거의 닮은 머리를 가진 인공지능이 등장함으로써 노동하는 존재, 자유와 평등의 실현에 대해 사유하는 존재, 참된 것, 좋은 것, 아름다운 것을 추구하는 존재로서의 '나'는 누구인가 하는 물음, 사물인터넷과 플랫폼에서

'나'와는 상관없이 규정되는 '나'는 누구인가 하는 물음은 인공지능 시대의 철학적 사유가 인간의 정체성 위기와 관련하여 직면한 심각한 물음들이다. 인공지능의 출현은 또한 인간과 인공지능의 관계에서 인간이 어떻게 하면 좋은 삶을 실현할 수 있으며, 어떤 행위가 윤리적으로 타당하며, 인공지능에게 허용해야 하는 행위의 한계는 어디까지인가를 묻는 윤리학적 물음도 유발한다. 이는 단순한 예에 불과하다. 인공지능이 인간의 삶의 모든 영역에서 불러일으킬 수 있는 문제들은 거의 무한하다고 말할 수 있을 것이다. 앞에서 간략하게 예를 든 물음들과 문제들의 발생에 공통분모가 되는 것은 인공지능이 인간을 닮아 가는 테크놀로지의 정점이라는 사실이다. 앞으로 전개될 미래에서의 인간의 삶은 테크놀로지 발달의 정점에서 등장한 인공지능과의 관계에서 결정될 것이다.

인공지능의 출현은, 앞에서 말한 철학적인 물음 이외에도 미학·예술이론의 관점에서도 새로운 물음을 불러일으킨다. 인공지능 시대에서 예술의 존재가치는 무엇인가 하는 물음이 일차적으로 제기될 수 있다. 합리성·효율성·신속성·정확성·편리성·유용성·도구성의 속성을 가진 인공지능과 이러한 속성들과는 전적으로 대척점을 형성하는 예술의 관계에서 예술이 존재한다는 것의 의미, 더 나아가 인간이 존재하는 한 예술은 존재하지 않을 수 없다는 필연성의 의미가 위협을 받게 된다. 인공지능의 제국(帝國)에서 ―예를 들어 구글(Google)은 세계가 인공지능의 제국이 되는 과정을 이미 급속도로 실행하고 있다. 구글을 추종하고 구글과 같은 기업이 되기 위해 노력하는 기업들의 수는 헤아릴 수 없이 많다― 예술은 이제 존재가치를 상실할 위기에 놓여 있는 것이다. 인공지능 시대에서 예술의 존재가치에 대한 물음은 예술의 존재가치가 어떤 관점에서 어떻게 확보될 수 있는가 하는 논의에서 답변이 시도될 수 있다. 나는 이러한 시도를 5장 이후에서 행할 것이다.

더 나아가 인공지능 시대에서 예술의 존재가치가 확보될 수 있다면 예술은 인간의 좋은 삶에 어떻게 기여할 수 있는가 하는 물음이 제기될 수 있다. 이 물음에 대한 논의는 인공지능 이전의 시대에서 예술과 윤리의 관계에 관한 논의와는 전적으로 다른 시각에서 새롭게 시도되어야 할 과제이다. 이 과제에 도전하기 위해서는, 동서양의 미학사·예술이론사가 예술의 존재가치와 관련하여 성취한 주요 인식들, 이 물음에 대해 사회이론, 윤리학 등이 성취한 인식들을 다음과 같은 관점, 곧 인간을 거의 닮은 테크놀로지로서의 인공지능이 자연-인간-사회관계의 복합성·다양성·다차원성을 인공지능 이전의 시대와는 전적으로 다른 새로운 관계로 변화시킬 것이라는 관점을 결합하는 수준의 연구를 시도해야 할 것으로 보인다.

나의 글은 그러나 이 수준의 연구와는 많이 동떨어져 있다. 이 글은, 특히 인공지능이 인간을 닮아 가는 테크놀로지의 정점이라는 관점에서, 예술의 존재가치가 어떤 관점에서 어떻게 확보될 수 있는가 하는 물음에 대해 간략하게 답을 시도하는 수준에 만족한다. 이를 위해 나의 글은 아도르노의 미학·예술이론을 이 시도에 끌어들인다. 나는 아도르노의 미학·예술이론이 서구의 미학사·예술이론사에서 예술에 관하여 가장 설득력이 있는 인식을 성취한 것으로 보기 때문이다.[7] 이 시도는 그의 미학·예술이론을 구성하는 중요 개념들 중에서 예술적 합리성, 미메시스적 충동, 세계가 인간에게 강요하는 고통에 대한 미메시스, 예술의 수수께끼적 성격, 예술적 가상, 의미 매개와 의미 형성의 개념을 채택할 것이다. 그 밖에도, 개념을 사용하지 않는(begriffslos) 인식, 인간의 정신을 흔들어 놓기, 당사자가 된 느낌, 기법, 구성, 정신화와 객체화, 화해와 유토피아 등의 개념들은 인공지능 시대의 예술의 존재가치와 관련하여 설득력이 있는 인식을 도출하는 데 유용한 개념들이다. 이것들은 예술에만 고유하게 내재하기 때문이다. 그러나 나는 이처럼 논의를 확대하는 시도에까지 나아가지 않는다. 바로 앞에서 예거한 개념들조차도 물론 아도르노 미학·예술이론을 구성하는 개념들 중 일부에 지나지 않는다.

아도르노는 철학, 사회학, 심리학, 미학·예술이론, 문학, 음악, 미술의 영역에서 방대한 지식을 갖고 있었으며 이에 기반하여 초학제적인 비판적인 사유를 전개한 보편사상가였다. 이러한 위상을 가진 아도르노가 정립한 미학·예술이론은 그 내용에서 미학과 예술에 국한되어 있지 않다. 그의 미학·예술이론은 역사철학이고 인식론이자 사회이론이다. 그의 미학·예술이론은 교육학, 윤리학에서도 인간의 교육, 인간의 좋은 삶의 실현과 관련하여 여러 관점에서 물음 제기를 자극하는 잠재력(Anregungspotential)을 내포하고 있다. 이처럼 다층적이고 다차원적인 특징을 지니는 아도르노 미학·예술이론을 구성하는 개념들은 인공지능 시대에서 예술의 존재가치를 묻는 물음에 대해서 근본적으로 사유할 수 있는 가능성을 열어 줄 수 있는 개념들이

7 이에 대해서는 다음 단락에서 근거를 세울 것이다.

라고 사료된다. 아도르노 미학·예술이론의 다층성·다차원성을 가능한 한 모두 끌어들여 인공지능 시대에서 예술의 존재가치에 대한 논의를 시도하면 학문적으로 상당한 의미가 있는 성과에 도달할 것으로 보인다. 그러나 지면의 제약을 받는 이 글에서 이러한 시도는 불가능하다.

5. 인공지능의 목적 합리성과 미적(예술적) 합리성

오늘날 인공지능을 탄생하게 한 테크놀로지는 목적 합리성의 산물이다. 그 본질에 목적 합리성이 내재하는 기술적 행위가 대상을 이용하고 변화시킴으로써 인간이 의도하는 목적에 합당한 결과를 산출하는 것에는 자연을 지배하려는 인간의 의지와 욕망이 들어 있다. 인간의 이러한 의지와 욕망은, 자연을 더욱 효율적으로 지배하려는 목적과 함께, 사회의 설치와 결합된다. 기술적 행위는 따라서 자연-인간-사회관계에서 실행되는 행위이다. 자연-인간-사회관계에서 인간의 삶이 근원적으로 결정되는바, 이에 상응하여 기술적 행위가 인간의 삶에서 차지하는 비중도 높다. 기술적 행위가 산출하는 기술, 테크놀로지는 인간의 삶에 근원적인 관계인 자연-인간-사회관계에서 전개되는 과정이다.

기술, 테크놀로지가 이 과정에서 실행되는 과정이듯이, 예술도 이 관계에서 —아도르노의 미학·예술이론을 그 이전의 미학·예술이론들과 뚜렷하게 구분하게 해 주는 결정적인 요소는 그가 예술을 인간의 삶을 근원적으로 결정하는 관계인 자연-인간-사회의 관계에서 통찰했다는 점이다— 전개되는 과정이다. 사회가 아도르노에게 실체가 아니고 과정인 것처럼 예술도 실체가 아니고 과정이다. 자연-인간-사회관계에서 인간의 삶이 근원적으로 결정된다는 점, 테크놀로지도 자연-인간-사회관계에서 전개되는 과정이라는 점, 인공지능도 과정인 테크놀로지가 인간을 거의 닮은 기계로서 출현시키는 기계라는 점을 볼 때, 인공지능 시대에서 예술의 존재가치에 대한 물음은 자연-인간-사회관계의 관점에서 논의할 때 설득력이 강한 답으로 이어질 수 있을 것이다. 예술은 아도르노의 미학·예술이론에서 자연-인간-사회관계에서 이 관계의 변화에 상응하여 전개되는 과정이라는 점을 주목하면, 인공지능 시대에서의 예술의 존재가치를 아도르노의 미학·예술이론의 관점에서 논의하는 시도의 설득력이 충분하게 확보될 수 있는 것이다.

앞에서 논의하였듯이, 기술과 테크놀로지는 목적 합리성의 산물이다. 기술, 테크놀로지는 경제적 합리성, 산업적 합리성, 기술적 합리성의 산물이며, 인공지능도 이러한 합리성의 카테고리에 들어가는 테크놀로지이다. 인공지능은 경제적·산업적·기술적 합리성을 추동하여 인간의 물질적 풍요와 편안함, 경제적 이윤을 획득하려는 경제 인간(homo oekonomicus)이 테크놀로지를 마침내 인간과 거의 닮은 수준으로까지 끌어올림으로써 개발한 기계로 볼 수 있다. "모든 이성적인 것이 어떻든 경제 인간에 닮게 되는"[8] 과정의 정점에서 출

8 Horkheimer, Max & Adorno, Theodor W., *Dialektik der Aufklärung, Philosophische Fragmente,* Frankfurt/M. 1971, p.56. 아도르노에게 이성적인 것과 합리적인 것은, 그것들을 부정적으로 보는 시각에서는, 동의어이다.

현한 것이 인공지능이라고 볼 수 있는 것이다. 알파고처럼 전 세계를 경악시킨 인공지능도 세계 경제에서 브랜드가치 1위를 기록하고 있는 기업인 구글이 만든 기계이다. 영리와 이윤 극대화를 추구하는 기업일 뿐인 구글은 자연-인간-사회의 화해에 별로 관심이 없으며, 인공지능의 진화가 가져올 경제적 이윤에 더욱 관심을 가진다. 인공지능의 출현은 목적 합리성을 구사하는 경제 인간이 자신과 거의 닮은 기계를 개발함으로써 인공지능에 의해 자신의 노동을 탈취당하고 지배당할 수 있는 위기 상황을 초래한 사태로 해석될 수 있다. 인간의 목적 합리성, 특히 경제 인간의 목적 합리성, 도구적 합리성이 테크놀로지의 발달과 진화를 극한적으로 추동하여 유발한 사태가 인공지능의 출현으로 해석될 수 있는 것이다. 인공지능의 진화는 인간이 구사하는 목적 합리성이 인공지능이 지배하는 목적 합리성에 의해 대체될 수도 있는 상황을 의미한다.

인공지능의 출현은, 예술에게는, 예술의 존재가치를 근본적으로 위협하는 사태이며, 예술을 완벽하게 소멸시킬 수도 있는 심각한 위기를 불러일으키는 사태이다. 인공지능이 만약 인간과 완벽하게 동일한 이성적인 능력을 갖추면서 이와 동시에 인간과 똑같은 감성적인 능력까지 겸비한다면, 예술의 존재가치에 대한 논의는 더 이상 필요가 없을 것이며, 예술은 완벽하게 소멸할 것이다. 예술작품을 창조하는 인간의 능력은 인간에게 특별하게 고유하고 기계에게는 해당되지 않는 능력이기 때문이다. 바로 이 점에서, 인간에게만 고유한 예술의 존재가치가 유지되어야 하는 당위성, 인공지능에 대항하여 예술의 존재가치가 옹호되어야만 하는 필연성이 성립된다.

아도르노에게 경제적·산업적·기술적 합리성은 도구적 합리성일 뿐이다. 그의 시각으로 인공지능의 출현을 해석해 본다면, 인공지능은 도구적 합리성의 산물에 지나지 않는다. 인공지능이 자연-인간-사회가 평화롭게 함께 존재하는 상태인 화해에 긍정적으로 기여할 가능성이 거의 희박하다고 볼 수 있기 때문이다. 또한 인공지능이 사회에 의해 완벽하게 지배된 개별 인간을 구출하여 참된 개인으로 끌어올려 주는 데 기여하는 기계로 기능할 가능성도 거의 없기 때문이다. 아도르노에서는, 이성이 자기자각을 통해 도구적 합리성을 없애 가질 때만 화해가 실현된다. 이와는 반대로 인공지능은 오히려 인간에게서 노동을 극단적으로 탈취하는 기계로 ―경제적 합리성에 의해 추동되면서 기술 진보의 한계를 설정하지 않은 채― 진화해 나갈 가능성이 매우 높다. 이 글의 3절에서 인용한 마틴 포드의 『로봇의 부상』은 인공지능의 한계를 모르는 진화가 인류에게 초래할 재앙을 매우 구체적이고도 경험적인 통계를 제시하여 보여 주고 있다. 인공지능은 인간이, 무엇보다도 특히 경제 인간이 추동하는 경제적·산업적·기술적 합리성의 ―오늘날의 세계는 경제에 의해 포획당한 세계이다. 세계의 경제화(Ökonomisierung der Welt)는 오늘날 경제 절대주의를 인간을 결정적으로 지배하는 이데올로기로까지 끌어올리고 있다― 산물이라는 성격을 명백하게 갖고 있는 것이다. 휴식이 없이 노동을 해도 노사 갈등을 일으키지 않으며 불만을 전혀 표출하지 않는 로봇을 이용하여 인간의 노동을 대체시킴으로써 생산성 향상을 추구하는 경제 인간이, 경제 절대주의의 이데올로기인 신자유주의에서 이윤 극대화를 지향하는 경제 인간이 정보혁명과 함께 진보를 거듭한 컴퓨터 테크놀로지를 인간을 거의 닮은 테크놀로지로까지 발전시킨 것이 바로 인공지능이기 때문이다.

이렇게 볼 때, 예술은 인공지능과 확연한 대척점을 형성한다. 아도르노에 따르면, 예술은 경제적·산업적·기술적 합리성과 같은 도구적 합리성이 지배하는 사회를 암호로 표현함으로써 이러한 사회를 깨트리는 힘을 갖고 있다. "해방된 사회는 사회가 유지되는 데 들어가는 특별비용(faux frais)의 비합리성의 건너편에 있는 사회, 유용을 추구하는 목적-수단-합리성의 건너편에 있는 사회일 것이다. 이것이 예술에 암호처럼 표현되어 있으며, 이는 예술이 사회적인 폭파력를 갖는 머리임을 보여 준다."[9] 예술은, 비록 암호로 표현되어 있지만, 유용성만을 추구하는 경제적·산업적·기술적 합리성을 사회적으로 폭파하는 머리를 —예컨대 보들레르, 카프카, 베케트는 이러한 머리를 암호로 인류에게 선물한 예술가들이다— 갖고 있으며, 이 머리는 인간에 의해 창조된 것이다. 예술이 창조한 이 머리는, 도구적 합리성이 지배하는 경험 세계와 시간과 공간을 초월하여 대결하면서, 인간과 역사의 앞에 —이처럼 폭력적인 경험 세계는 변혁되어야 하며 자연-인간-사회가 화해해야 한다는 비판적인 인식을 비개념적으로, 언어가 없는 언어(sprachlose Sprache)를 통해 매개하면서— 출현한다. 이와는 정반대로, 인간의 머리를 거의 닮은 인공지능은 경제적·산업적·기술적 합리성을 사회적으로 확대시키고 진척시키는 기계일 뿐이다. 인공지능과는 달리, 예술은 도구적 합리성을 비판하

9 Adorno, Theodor W., *Ästhetische Theorie*, 5. Aufl., Frankfurt/M. 1981, p.338.

고 인식하는 능력을 가질 뿐만 아니라 도구적 합리성이 지배하지 않는 사회에 대한 동경을 인간에게 매개한다. 인공지능이 예술에 특별한 이러한 능력을 탈취할 수는 없고, 탈취해서도 안 될 것이다. 예술작품은 인간을 거의 닮기는 했지만 결코 인간이 아닌 인공지능과는 확연히 구분되는 인간만이 창조해 낼 수 있는, 인간의 능력과 활동에 특별하게 고유한 정신적이며 창조적인 생성물이다. 인공지능과 예술에 이처럼 상이하게 내재하는 본질은 인공지능 시대에서 예술의 존재가치를 근원적으로 확인시켜 준다.

자연-인간-사회관계의 복합성 증대는 목적 합리성의 복합성 증대이다. 이는 아도르노에게는 도구적 합리성의 복합성 증대를 의미한다. 이러한 증대는 그에게는 도구적 합리성에 의해 자연-인간-사회가 지배되는 정도의 증대를 뜻한다. 도구적 합리성의 지배력 증대 과정은 아도르노에게는 문명의 타락 과정이며, 이 과정에서 세계는 암울하고 어두운 모습을 보일 수밖에 없게 된다. 이 모습을 형상으로 보여 주는 것이 바로 예술이다. 예술은 도구적 합리성이 어둠 속으로 몰고 가는 세계를 인식하는 능력을 갖고 있다. "세계를 암울하게 하는 것은 예술에서의 비합리성을 합리적이 되게끔 한다. 그것은 극도로 암울하게 된 비합리성이다."[10] 이처럼 암울한 비합리성은 그러나 아도르노에게는 예술에서 창출된 합리성이다. 이것이 바로 미적(예술적) 합리성(Ästhetische Rationalität)이다. 이 합리성은 인공지능에 근원적으로 내재하는 경제적·산업적·기술적 합리성과는 대척점에

10 Ibid., p.35.

서 있다. 예를 들어 카프카, 피카소, 베케트의 작품들에서처럼 현대 예술에서 특별하게 나타나는 비합리적인 특징들은 아도르노에게는 예술이 창출하는 합리성이다. "합리성은 예술작품에서 예술작품이 그것 자체로서 하나의 완결된 개체가 되게 하는 것을 밀어 주는, 즉 조직을 이루게 해 주는 모멘트이다. 미적(예술적) 합리성은 경험 세계를 지배하는 합리성과는 관련이 없이 성립되는 것은 아니며, 그렇다고 해서 합리성에 내재하는 카테고리적인 질서를 단순히 모사하는 것도 아니다."[11] 미적(예술적) 합리성이 경험 세계를 지배하는 도구적 합리성에 대한 비판임은 자명하다.

인공지능은 인간을 거의 닮아 가지만, 목적 합리성의 산물이고 아도르노의 시각을 따른다면 도구적 합리성의 산물일 뿐이다. 인공지능은 인간만이 이루어 낼 수 있는 미적(예술적) 합리성, 다시 말해 문명의 타락 과정, 세계가 인간에게 주는 고통을 표현하지 않고는 견딜 수 없는 미메시스적 충동[12]을 통해 구사하는 미적(예술적) 합리성을 창출할 수는 없다. 이 합리성은 인공지능 시대에서 예술의 존재가치를 유지시켜 줄 수 있는, 인간과 예술에만 특별하게 고유한 이성이다. 이 이성이 인공지능에 의해 완벽하게 대체되는 환경이 현실이 되면, 예술의 진정한 존재가치도 소멸할 것이며 목적 합리성과 도구적 합리성이 만들어 낸 미적(예술적) 합리성이 카프카나 베케트가 창출해 낸 미적(예술적) 합리성을 대체하게 될 것이다.

11 Ibid., p.88.

12 이 개념에 대해서는 곧이어 논의할 것이다.

인공지능이 만약 미적(예술적) 합리성을 창출하는 단계까지 진화한다면, 이 사태는 사유하면서 동시에 감성을 가진 속(屬)으로서의 인간의 종말이고 인류의 종말이 될 것이다. 인공지능의 목적 합리성·도구적 합리성이 미적(예술적) 합리성을 대체할 수도 없고, 대체하는 사태가 결코 발생해서는 안 될 것이다. 아도르노의 미적(예술적) 합리성 개념이 명백하게 입증하듯이, 예술작품은 도구적 합리성에 대항하여 인간만이 창조하는 인간에 특별하게 고유한 정신적인 활동의 생성물이다. 인간이 예술의 이러한 본령을 보존하고 유지할 때, 인공지능이 예술의 영역에 들어와서 예술의 존재가치를 위협하고 예술을 소멸에 이르게 하는 재앙이 저지될 수 있을 것이다. 인공지능에 본질적으로 내재하는 도구적 합리성은 미적(예술적) 합리성에 의해 비판되어야 한다. 이렇게 함으로써 인공지능이 인류에게 미치는 해악이 예방·저지·축소되어야 할 것이다. 궁극적으로는 인공지능에 본질적인 유용성의 목적 합리성·도구적 합리성이 미적(예술적) 합리성에 의해 없애 가져져야(지양되어야) 한다.

6. 예술에 특유한 미메시스적 충동

아도르노 사상에서 원시제전(原始祭典)이 갖는 의미는 특별하다. 원시제전은 인간이 자연에 자신을 비슷하게 함으로써 자연의 절대적인 위력으로부터 자신을 보존하기 위하여 실행하는 조직적인 행사이다. 인간이 자연에 자신을 비슷하게 하는 것을 아도르노는 미메시스로 명명한다. 원시제전은 그에게 학문 이론적으로 여러 가지 의미를 갖는다. 원시제전은 역사철학에서는 자연 지배의 변증법이 전개되는 시점이고, 인식론에서는 주체인 인간이 자연에 대해 영향력을 행사하려는 사고와 행위의 출발점이다. 원시제전은 사회이론적으로는 사회적 조직화의 기점, 부자유한 노동의 시작, 권력관계의 발생을 의미한다. 그의 사상에서 이처럼 다층적·다차원적인 의미를 갖는 원시제전은 예술이론에도 특별한 의미를 갖는다.

이처럼 특별한 의미의 중심에 미메시스가 위치한다. 인간이 자신을 보존시키기 위해 외부 자연을 지배하는 과정인 외적 자연 지배와 이것을 실행하는 과정에서 설치되는 사회가 인간에게 강요하는 지배, 즉 인간 자신의 본성을 스스로 포기하게 하는 지배인 내적 자연 지배가 부정적 의미에서 진보하는 과정은 다른 말로 하면 도구적 합리성이 증대되는 과정이다. 이 과정에서 미메시스는 대상을 지배할 능력이 없기 때문에 원시제전에서의 주술과 같은 것으로 폄하되고 배척된다. "문명은, 다른 것에 대하여 문명의 몸을 자연스럽게 밀착시키는 자리에, 즉 원래의 미메시스적 행동의 자리에 처음에는 원시시대 주술적 단계에서 미메시스의 조직적 실행을 들어앉혔으며, 문명사의 진행 과정에서는 마침내 합리적인 실제, 다시 말해 노동을 들어앉히게 되었다. 지배되지 않은 미메시스는 배척되고 추방된다."[13] 미메시스적 행동은 심지어 원죄와 같은 것으로 폄하된다. "가장 빠른 길만이 맞는 길이고 유일한 길이라고 생각하는 합리성이 추구하는 직선적인 길로부터 빠져 나와 있는 모든 미메시스적인 자극은 자

13 Horkheimer, Max & Adorno, Theodor W., *Dialektik der Aufklärung*, op. cit., p.162.

연 지배적인 합리성이 제기하는 요구 앞에서는 원죄와 같은 것에 지나지 않습니다. 미메시스적인 자극은 비문명적인 것으로, 심지어는 문화가 없는 것 정도로 폄하됩니다. 이것은 미메시스적 자극에 해당될 뿐만 아니라 합리성이 추구하는 가장 빠른 길로부터 벗어나 있는 모든 것에 해당됩니다."[14] 이렇게 해서 미메시스적 행동은 문명의 전개 과정에서, 즉 도구적 합리성의 부정적인 진보 과정에서 금기가 된다.

자연 지배 과정, 세계의 탈주술화 과정(Entzauberung der Welt), 도구적 합리성이 증대하는 과정은 미메시스적 행동(mimetisches Verhalten)이 경험 세계로부터 배척되고 추방되는 과정이다. 이 과정은 아도르노에게 역사철학적으로는 문명의 타락 과정이며 인식론적으로는 인식 주체가 객체를 도구로 보아 지배하는 과정이고 ―이 과정의 정점에서 동일화 사고가 창궐한다― 사회이론적으로는 사회에 의한 개별 인간의 지배가 강화되는 과정이다. 이 과정에서 미메시스적 행동이, 원시시대의 잔재라고 폄하되고 배척을 받으면서도, 사라지지 않고 여전히 살아남아 있는 곳이 바로 예술이다. 아도르노가 예술의 미메시스적 행동에 특별히 주목하는 것은 따라서 도구적 합리성이 추동하는 문명의 타락 과정으로부터 인간을 구출하려는 의도가 있기 때문이다. 미메시스적 행동에 대한 옹호는 도구적 합리성의 폭력으로부터 인간을 구출하려는 의도의 산물로 볼 수 있는 것이다. 이러한 의도에서 그는 예술의 존재가치를 그토록 치열하게 옹호하려고 노

14 테오도르 W. 아도르노, 『미학 강의 I』, 문병호 역, 세창출판사, 2014, 163쪽.

력하였던 것이다. 이렇게 볼 때, 목적 합리성·도구적 합리성이 기계를 인간과 거의 닮을 정도로 진화시킴으로써 개발된 기계인 인공지능은 예술에 특별하게 내재하는 미메시스적 행동과는 대척점에 서 있다. 원시시대의 잔재인 미메시스적 행동과 첨단 테크놀로지가 구사하는 목적 합리성·도구적 합리성의 산물인 인공지능은 양극단에 위치할 수밖에 없는 것이다.

아도르노에 따르면 미메시스적 행동은, 원시제전에서 자연에 자신을 비슷하게 하는 주술사와 제전에 참가한 사람들의 행동에서처럼, 대상을 일방적으로 지배하는 도구적 합리성과는 달리 대상을 대상 그대로 인식하는 참된 인식을 성취할 수 있는 행동이다. 이 행동이 예술에 근원으로 놓여 있다. 그에게 "예술의 역사는, 문명화의 과정에서 폐기에의 위협이 부단히 지속되는 와중에서도 그 존재를 예술에서 보존할 수 있었던, 미메시스적인 모멘트가 살아남은 역사이다."[15] 미메시스적인 행동이 전개된 역사가 바로 예술의 역사인 것이다. 그는 원시제전에서 발원한 미메시스적 행동이 고대 그리스의 비극에서부터 현대의 베케트에 이르기까지 예술에서 지속적으로 유지되었음을 여러 작품들을 예로 들어 입증하고 있다. 이 과정에서 그가 특히 주목하는 시기는 보들레르 이후 전개된 예술적 현대이다. 이는 벤야민이 보들레르 문학에서 나타나는 추함, 충격, 병적 혐오감 등에 특히 주목하면서 보들레르 이후의 예술을 새로운 예술이라고 해석한 것과 관련이 있다고 볼 수 있다.

15 문병호, 『아도르노의 사회 이론과 예술 이론』, 문학과지성사, 2001, 192쪽.

아도르노에게 보들레르는 상품에 의해 지배되는 사회(Warengesellschaft)가 인간에게 강요하는 고통인 세계가 주는 고통(Weltschmerz)을 예술에서 고유하게 살아남은 미메시스적 행동을 통해 예술작품으로 형상화하는 데 성공한 예술가이다. 세계가 주는 고통을 표현하지 않고는 견딜 수 없는 충동이 보들레르의 문학을 탄생시켰다는 것이 아도르노의 보들레르 해석이다. 원시제전 이후 타락을 거듭한 문명은 이에 상응하여 인간에게 가하는 고통을 증대시키다가 19세기 중반 절정 자본주의의 단계에서는 예술이 추함, 충격, 병적 혐오감을 불러일으키는 미메시스적 행동을 통해서 표현해야 할 만큼 타락했기 때문에 보들레르의 문학이 출현했다는 것이다. 이 단계에서 미메시스적 행동은 미메시스적 충동(mimetischer Impuls)으로 과격해진다. 현대 예술은 과격화되고 급진화된 미메시스적 충동의 산물이다. 이러한 충동의 정점에 베케트의 예술이 위치한다. "경험적 현실의 강제적 틀이 주체들 및 그것들의 반응 형식을 넘어서서 절대적으로 되었기 때문에, 예술작품은 이러한 강제적 틀에 예술작품을 비슷하게 함으로써 그 틀에 반대할 수 있다. 영점(零點)에서, 베케트의 산문이 그 본질을 이루게 되는 영점에서 … 상(像)들로 이루어진 제2의 세계가, 그렇게 단조로우면서도 많은 생각을 함유하면서, 튀어나온다. 이러한 제2의 세계는 역사적 경험들의 농축체이다. 이 경험들이 직접적으로 표현되는 경우에는, 경험들은 결정적인 것, 즉 주체와 현실의 관계가 동공처럼 되어 있다는 것을 인식하는 데 이르지는 못한다. 상으로 이루어진 제2의 세계에서 보이는, 말을 제대로 못하며 남에게 조롱을 당하는 것, 상처를 입는 것은 압박받아 행동에 장애를 일으킨 인간의 모습이다. 그것은 관리된 세계의 부정적 상이다."[16] 베케트의 예술은 도구적 합리성이 타락을 거듭하다가 마침내 설치한 관리된 세계가 인간에게 강요하는 고통을 표현하지 않고는 견딜 수 없는 미메시스적 충동의 산물이다. 베케트의 예술은 영점에서 발원하는 미메시스적 충동이 형상화한 정신적인 생성물인 것이다.

인공지능은 인간과 거의 닮았지만 인간이 예술을 통해 표출하는 미메시스적 충동을 갖는 단계로까지 진화할 수는 없을 것이다. 인공지능은 그것이 가진 본질적인 기능에 따라 대상을 목적 합리성·도구적 합리성의 척도에 맞춰 관리·지배·통제하는 기능을 가질 뿐이기 때문이다. 인공지능은 예술이 미메시스적 행동을 통해 대상을 대상 그대로 인식하여 참된 인식을 성취하는 능력에 도달할 수는 없을 것이며, 도달해서도 안 될 것이다. 인공지능은 세계가 인간에게 가하는 고통을 추함, 충격, 괴기스러움, 병적 혐오감, 낯설게 하기, 어두움, 공포, 전율, 고통, 불안, 소외, 부조리, 수수께끼적인 성격, 부조화, 불협화음 등을 미메시스적 충동을 통해 형상화하는 예술을 닮을 수는 없을 것이며, 닮아서도 안 될 것이다. 인간에게만 특별하게 고유한 이러한 감정을 인공지능이 탈취할 때, 예술은 완전히 소멸하고 인간은 인공지능에 병합될 것이다. 예술도 소멸하고 인간도 소멸하며 인공지능만이 세계에 남아 있을 것이다. 인공지능이 지배하는 세계가 인간에게 가하는 고통을 미메시스적 충동을 통해 형상화하는 예술은 세계에 더 이상 존재하지 않을 것이다.

---

16 Adorno, Theodor W., *Ästhetische Theorie*, op. cit., p.53.

7. 예술의 수수께끼적인 성격

예술이 수수께끼적인 성격을 통해 내보이는 역사는 자연사(Naturgeschichte)이며, 예술에 퇴적되어 있는 자연사에는 경험 세계에 대한 인식과 비판이 들어 있다는 것을 통찰한 이론가는 발터 벤야민이었다. 벤야민은 『독일 비애극의 원천』에서 자신의 알레고리 개념을 정립하면서 알레고리가 수수께끼적인 물음의 형식으로 출현한다는 점을 통찰하였다. "역사가 뜻밖의 것, 고통에 가득 찬 것, 잘못 빠져든 것을 처음부터 갖고 있는 모든 것에 들어 있는 역사는 하나의 얼굴에서, 그렇다, 사자(死者)의 머리에서 선명하게 각인된다. 표현의 모든 '상징적인' 자유, 형체의 모든 고전적인 조화, 모든 인간에 관련되는 것이 그러한 사자의 머리에 결여되어 있다는 것은 확실하다. 이것은 인간 현존재의 본질을 말해 준다. 그뿐만 아니라 개별적인 사자의 머리의 전기적(傳記的)인 역사성은 사자의 머리의 가장 타락된 이러한 형체에서 **수수께끼적인 물음**[17]으로서 말해진다. 이것이 바로 알레고리적인 고찰의 핵심이다. 다시 말해, 세계의 고통사로서의 역사의 바로크적인 드러냄의 핵심, 세계의 흐름에 맞는 드러냄의 핵심이다. 세계의 고통사로서의 역사는 역사가 타락하는 정거장들에서만 의미를 갖는다."[18] 알레고리가 예술에서 수수께끼적인 물음으로서 출현한다는 통찰, 이러한 출현은 세계의 고통사로서의 역사가 수수께

17 강조는 필자에 의한 것임.

18 Benjamin, Walter, *Ursprung des deutschen Trauerspiels*, in: ders., Gesammelte Schriften, Band I·1, hrsg. von R. Tiedemann, edition Suhrkamp, Frankfurt/M. 1980, p.343.

끼에서 퇴적되어 있음을 의미한다는 통찰은 20세기 서구의 예술이론이 올린 가장 중요한 성과로 평가되는 통찰이다. 벤야민은 이러한 통찰을 바로크 시대의 비애극 연구를 통해 성취하였지만, 이 통찰은 보들레르, 카프카, 마르셀 프루스트, 제임스 조이스, 베케트, 파울 첼란, 피카소, 쇤베르크 등의 예술작품들에서 특징적으로 나타나는 여러 가지 형태의 수수께끼적인 성격의 본질을 해석하는 데 결정적으로 기여하였다.

예술의 수수께끼적인 성격에 대한 벤야민의 통찰은 아도르노의 미학·예술이론에서 중심적인 위치를 점하면서 이론적으로 더욱 심화된다. 예술의 수수께끼적인 성격은 아도르노에게는 예술을 다른 모든 정신적 생성물들과 구분하게 해 주는 결정적인 요소이다. 그는 특히 현대 예술이 본질적으로 수수께끼적인 성격을 갖고 있다고 보고 있으며, 이런 관점에서 현대 예술을 암호에 비유한다. 예술의 수수께끼적인 성격은 아도르노에게는 특히 현대 예술의 본령과도 같다. 카프카, 프루스트, 조이스, 베케트처럼 현대 예술에서 특별하게 중요한 위치를 점하는 예술가들은, 아도르노에게는, 세계의 고통사로서의 역사를 수수께끼적인 형상인 알레고리를 통해 암호로 된 형상화에 이르게 한 예술가들이다. 현대의 중요한 예술작품들이 수수께끼로 되어 있는 암호 표지임을 가장 극명하게 보여 주는 예술가는 카프카이다. 카프카가 창조한 암호 표지에는 세계의 고통사로서의 역사가 알레고리로서 퇴적되어 있다. "외부에 존재하는 사물들 및 상황들에서는 역사적인 과정들, 기능들이 이미 퇴적되어 있으며, 이것들은 이러한 사물들 및 상황들로부터 생기는 내용을 말로 표현한다. 바로 이 점에서, 카프카는 예술이 보여 주는 몸짓에 대한 본보기를 제공한다. 카프카는, 이 몸짓으로부터, 몸짓으로 표현된 것을 실재로 일어나는 일인 것처럼 —그것은 이 표현에서 암호처럼 숨어 있다— 다시 변모시키지 않고는 견딜 수 없음을 끌어낸다. 이러한 관계에서, 카프카는 다만 중첩되어 수수께끼적으로 머물러 있을 뿐이다."[19] 이처럼 아도르노는 카프카의 작품에서 예술의 수수께끼적인 성격이 중첩되어 있다는 것까지 해석해 내고 있는 것이다.

예술의 수수께끼적인 성격은 세계의 고통사로서의 역사를 인식하고 비판하며 더 나아가 이러한 역사를 없애 가지려는 인간의 동경이 창조한, 예술에 특별하게 고유한 성격이다. 인공지능이 목적 합리성·도구적 합리성에는 전적으로 낯선 것인 예술의 수수께끼적인 성격과 같은 성격을 가질 수는 없으며, 가져서도 안 될 것이다. 인공지능은 카프카와 베케트 같은 예술가들이 수수께끼로 형상화한 암호를 창조할 수는 없고 창조해서도 안 될 것이다. 인공지능이 수수께끼적인 형상으로 출현하는 암호를 창조하여 세계의 고통사로서의 역사를 예술에 퇴적시킬 수는 없을 것이다. 인공지능은, 세계의 고통사로서의 역사에 대항하여 인간의 감성만이 창조해 낼 수 있는 예술적인 암호 표지를 창조할 수는 없을 것이며, 창조해서도 안 될 것이다. 예술은, 인공지능 시대가 예술에게 가하는 소멸에의 압박 속에서도, 예술에 특별하게 고유한 수수께끼적인 성격에서 그것의 존재가치를 유지하고 보존할 수 있을 것이다.

---

19 Adorno, Theodor W., *Ästhetische Theorie*, op. cit., p.171.

8. 예술의 본질에 속하는 미적(예술적) 가상

미적(예술적) 가상은 예술의 본질에 속하는 요소이며, 예술을 이해하는 데 절대적으로 중요한 요소이다. 예술은 그것 자체로는 실제도 아니며, 경험 세계도 아니다. 예술은 경험 세계를 작동시키는 중심적인 요소들인 권력관계들, 지배관계들, 유용성, 편리성, 물질성, 효율성, 생산성 등과는 동떨어져 있는 현상이다. 예컨대 정치, 종교, 군사, 기술, 학문 등은 경험 세계에서 권력관계들, 지배관계들과 직접적으로 연관관계에 놓여 있으며, 종교를 제외하고는 유용성 등과도 직간접적으로 연관관계를 형성한다. 그러나 예술은 앞에서 예거한 요소들과 직접적으로는 물론이고 간접적으로도 거의 관련을 맺지 않은 채 존재한다.

아도르노는 경험 세계에서 출현하는 현상이면서도 경험 세계와는 동떨어져 있는 모습으로 존재하는 예술을 이분자(異分子)와 같은 것이라고 본다. 다른 분자들과 함께 하나의 물질을 구성하면서도 다른 분자들과는 동일한 질을 갖고 있지 않은 이분자와 같은 것이 예술이라는 것이다. "예술은 경험적 현실과는 경계가 지어져 있고 경험적 현실과는 이분자와 같은 영역으로 존재합니다."[20]

다른 요소들과 함께 경험 세계를 구성하는 요소에 속하지만 다른 요소들과는 질적으로 다른 것이 예술이라는 그의 사유는 미적(예술적) 가상이 존재할 수 있는 근거를 제공한다.

---

20 테오도르 W. 아도르노, 『미학 강의 I』, 문병호 역, 세창출판사, 2014, 108쪽.

권력관계들, 지배관계들, 유용성, 편리성, 물질성, 효율성, 생산성 등이 경험 세계를 작동시키는 본질적인 요소들이라면, 예술은 이 요소들에 속하지 못하면서도 예나 지금이나 존재하는 현상이다. 예술은 이처럼 본질적인 요소들에 속하지 못하지만 경험 세계가 작동하기 때문에 존재하는 현상이다. 경험 세계가 작동을 멈춘다면, 예술도 존재하지 않게 된다. 경험 세계에 속해 있는 상태에서 존재하면서도 경험 세계의 본질적인 요소들로부터는 동떨어져 있는 상태에서 존재하는 것이 예술의 —경험 세계로부터 추방당하는 위기를 역사적으로 감내하면서 살아남은— 존재 형식이다. 예술이 경험 세계를 구성하는 본질적인 분자에 속하지는 못하지만 이분자로서 명맥을 유지하게끔 해 주는 것이 바로 미적(예술적) 가상이다.

미적(예술적) 가상이 성립하는 근본적인 원리는 『계몽의 변증법』의 다음과 같은 구절에서 파악될 수 있다. 아도르노는 예술이 원시제전에서 발원했다고 보며, 발원할 때부터 예술은, 가상으로서, 경험 세계에서 진행되는 실제인 원시제전을 예술의 형상에 담았다.

> "원시제전의 의식(儀式)에서 주술사가 어떤 자리를, 곧 이 자리에는 성스러운 힘들이 작용하고 있다는 자리를 모든 환경에 대해 가장 먼저 경계를 지었듯이, 모든 예술작품과 함께 예술작품의 주변은 실제적인 것으로부터 닫혀진 상태에서 환경과 뚜렷하게 대조를 이루게 된다. 다른 것에 대해서 작용을 미치는 것을 포기하는 것을 통해 예술은 마법적인 교감과 분리되는바, 바로 이처럼 포기하는 것은 마법적인 유산을 더욱 더 깊게 붙들게 해 준다. 그러한 포기는 순수한 형상을 살아 있는 실존

과의 대립관계 속으로 밀어 넣으며, 순수한 형상은 살아 있는 실존의 요소들을 그 내부에서 없애 가진다. 예술작품의 의미, 미적(예술적) 가상에는 다음과 같은 것이 놓여 있다. 바로 이것 때문에 원시적인 것의 주술에서 새로운 소름끼치는 사건이 되도록 하였던 원인, 바로 이러한 원인이 되는 것이 예술작품의 의미, 미적(예술적) 가상에 놓여 있는 것이다. 이것은 특별한 것에서 전체가 출현한 모습이다."[21]

예술은 살아 있는 실존의 형식인 경험 세계를 예술의 내부로 받아들여서 그 내부에서 없애 가짐으로써 경험 세계를 형상화한다. 형상화된 모습은 오로지 가상으로서만 출현할 뿐이다. 예술이 경험 세계를 이것의 모습과 완전히 동일하게 모사한다면, 이 경우에는 예술이 가상으로서 출현하지 않고 경험 세계와 형식적으로도 동일한 모습으로 출현한다. 아도르노에게 이렇게 출현하는 예술은 예술이 아니다. 아도르노가 루카치의 사회주의적 리얼리즘을 매우 격렬하게 비판했던 이유도 이러한 시각에서 이해될 수 있다. 아도르노가 볼 때 루카치가 이해하는 예술은 가상이 아니고 경험 세계를 지배하는 이데올로기를 모사하는 본질이다. 본질로서 출현하는 예술은 경험 세계의 부정성을 인식할 수도 없고 오히려 이 부정성이 작동하는 데 시중을 들 뿐이다. 사회주의적 리얼리즘에 속하는 예술작품들은 현실 사회주의가 경험 세계에서 작동시키는 이데올로기가 작동하는 데 도구로서 기능할 뿐이다. 아도르노의 시각에서는, 가상으로서 존재

21 Horkheimer, Max & Adorno, Theodor W., *Dialektik der Aufklärung*, op. cit., p.20.

하지 않는 예술작품들은 경험 세계의 부정성을 비판할 수 없기 때문에 예술적 진리 내용을 가질 수 없고 오히려 지배체계에 시중을 드는 도구로 전락한다.

예술은 실제와 경험 세계가 존재하기 때문에 존재하는 가상(假像)이다. 예술은 거짓 형상이지만 거짓 형상으로만 머물러 있지 않다. 거짓 형상에 불과한 예술이, 앞의 인용문에서도 드러나지만, 참을 말할 수 있게 해 주는 것도, 아도르노의 시각에서는, 미적(예술적) 가상이다. "예술은, 그것이 가장 높이 올라간 곳에서는, 가상이다. 예술은 그러나 가상을, 곧 예술에서는 그렇게 되지 않고는 어쩔 도리가 없음인 가상을, 가상이 없는 것으로부터 받아들인다. 개념적 판단이 지배하는 영역으로부터 벗어남으로써 특히 허무주의적인 것으로 비난을 받는 예술은, 예술이 다만 아무것도 아닌 것만은 아니라는 것을 말한다."[22] 예술은 거짓 형상으로 존재하는 수밖에 없는 존재임에도 아무것도 아닌 것만은 아니다. 거짓 형상이지만 아무것도 아닌 것만은 아닌 것으로서의 예술의 존립을 가능하게 하는 것이 미적(예술적) 가상이며, 이 가상은 아도르노에게는, 앞의 인용문에서 명백하게 드러나듯이, 예술의 본질을 구성하는 결정적으로 중요한 요소이다.

바로 이 거짓 형상을 통해 예술은 실제와 경험 세계가 역사적으로, 그리고 사회의 형식에서 어떻게 전개되어 왔는가를 인식하게 해 주는 기능을 역사적으로 발휘해 왔다. 예술은 문명사와 사회의 전개에

22 Adorno, Theodor W., *Negative Dialektik*, 3. Aufl., Frankfurt/M. 1982, p.396.

관해 인식을 제공하는 관할처(Instanz)이다. 아도르노가 볼 때, 예술에게 이러한 성격을 갖는 인식의 관할처로서의 위상을 부여하는 요소들 중에서 앞에서 논의한 미적(예술적) 합리성, 미메시스적 충동 등과 함께 중심적인 요소에 해당하는 것이 미적(예술적) 가상이다. 예술은 가상을 통해서 문명사와 사회를 인식하는 역할을 수행해 온 것이다.

이러한 인식은 더 나아가 비판의 차원을 갖는다. 아도르노에게 문명사는 도구적 이성이 타락을 거듭해 온 역사이며, 사회는 도구적 이성이 구축한 총체적인 불의의 연관관계이기 때문이다. "가상으로서의 예술이 예술에 나타나는 것인 사회적 현실에 의해 거짓과 같은 것으로 비난받게 되는 것은, 예술에게는, 역으로, 어떤 특정 현실의 ―이 현실이 고통받으면서 불완전한 채로 존재하는 것에 대해 예술이 부담감을 느끼면서 불완전성을 해소하는― 경계선을 넘어가는 가능성을 허용해 준다."[23] 이처럼 경계선을 넘어가는 것이 다른 것이 아닌, 바로 사회적 현실에 대한 비판이다. 이 비판의 관할처가 예술이며, 예술은 가상으로 존재하지 않고는 이 비판을 수행할 수 없다. 따라서 아도르노에게는 미적(예술적) 가상을 배제한 미학이나 예술이론은 아무런 의미가 없다.

미적(예술적) 가상은 서구 인식론이 사용하는 인식의 수단과 방법들, 곧 개념, 논리, 체계, 연역법과 귀납법, 인과율을 통해 인식될 수

---

23 Adorno, Theodor W., *Einleitung in die Musiksoziologie, Zwölf theoretische Vorlesungen*, in: Gesammelte Schriften 14. hrsg. von R. Tiedemann, 1. Aufl., Frankfurt/M. 1973, p.420.

없는 거짓 형상에 지나지 않는다. 미적(예술적) 가상은 서구 인식론이 목표로 삼는 것, 곧 객관적 모사상을 획득함으로써 인식 대상을 객관적으로 인식하는 것과는 멀리 떨어져 있는 거짓 형상이다. 미적(예술적) 가상에 내재하는 이러한 성격으로 인해 이 가상은 실증주의가 지배적 이념으로 등장한 19세기 서구에서 위기에 처하게 되었다. 실증주의는 실재적(real)이지 않은 것은 인식의 대상으로부터 배제하기 때문이다. 그러나 미적(예술적) 가상의 존재를 전적으로 옹호하는 아도르노에게 미적(예술적) 가상의 위기는 예술의 존재의 위기와 동일하다. 이런 관점에서, 그는 19세기에 미적(예술적) 가상이 위기에 몰린 상황에 대해 진단하고 이어서 이 가상을 구출해야 한다는 필연성을 매우 강력하게 옹호한다.[24]

이제 인공지능과 미적(예술적) 가상의 관계에 대해 살펴볼 때가 되었다. 앞의 1, 2절에서 논의한 기술, 테크놀로지의 속성에서 확인되듯이, 인간을 가장 많이 닮은 기계이자 테크놀로지인 인공지능은 인간이 자신의 삶에서 추구하는 이해관계들의 충족을 위해 실행한 행위와 활동의 산물이다. 인공지능의 개발에는 특히 경제 권력과 자본 권력이 그 중심에 위치하는 권력관계들과 지배관계들이 추구하는 이해관계들이 개입되어 있다. 오늘날 경제·자본 권력이 정치·군사·사법·종교·언론·교육 권력보다 우위를 점하고 있다는 사실은 자명하다. 경제·자본 권력은 이러한 권력들을 필요에 따라 조정하고 심지어는 지배하여 경제·자본 권력 중심의 다양한 권력관계들

24 Vgl. Adorno, Theodor W., *Ästhetische Theorie*, op. cit., pp.154-163.

을 형성함으로써 세계를 경제·자본 권력의 관리 대상으로 이미 전락시켰으며, 이러한 추세가 더욱 강화되고 있음도 역시 자명하다. 인공지능의 개발에서 선도적 역할을 하는 구글은 오늘날 경제·자본 권력의 상징과도 같은 기업이며, GAFA[25]나 BAT[26]와 같은 표지들이 상징하는, 플랫폼 시대에서 세계적 지배력을 행사하는 기업들 중에서도 맨 앞에 위치하는 기업이다. 이 기업들이 구글처럼 인공지능을 집중적으로 사용하고 있고 인공지능의 성능 진화에 총력을 기울이고 있음은 두말할 나위가 없다. 오늘날 경제·자본 권력을 상징적으로 대변하는 이 기업들이 추구하는 일차적 목표는 이윤추구의 극대화이며, 이 목표는 편리성, 유용성, 효율성과 직결되어 있다. 따라서 인공지능의 개발과 경제·자본 권력이 형성하는 권력관계들과 지배관계들의 이해관계들은 상호 간에 친족관계에 놓여 있다고 볼 수 있다. 이러한 이해관계들이 유용성, 편리성, 물질성, 효율성, 생산성, 상업성, 오락성의 속성을 갖고 있음을 부인할 수 없기 때문에, 인공지능도 역시 이러한 속성을 지닌 채 활동할 개연성이 매우 높다고 볼 수 있다. 경제·자본 권력이 인공지능을 이용하여 그것의 이해관계를 극대화하면 할수록, 경제·자본 권력이 의도하여 실행하는 권력관계들과 지배관계들에 의한 세계 지배력은 더욱 총체적으로, 더욱 촘촘하게, 지배에서 거의 빈틈을 허용하지 않는 정도로 —부정적 의미에서— 진화할 것이다.

25 구글, 애플, 페이스북, 아마존을 지칭함.

26 바이두, 알리바바, 텐센트를 지칭함.

이러한 진행 과정은 경험 세계를 이 진행 과정과 거의 동일하게 만드는 단계로까지 치달을 것이며, 경험 세계는 인공지능의 다양한 능력을 최대한 활용하는 경제·자본 권력이 의도하는 모습으로 전적으로 변모하게 될 것이다. 경제 권력, 자본 권력, 인공지능이 결합하여 지배하는 세계가 바로 경험 세계가 될 것이다. 경험 세계를 구성하는 모든 요소들이 경제 권력, 자본 권력, 인공지능이 빈틈이 없이 구축한 지배체계에 의해 관리됨으로써 이 지배체계가 그것 자체로 경험 세계가 되는 상태에서, 예술적 가상조차 더 이상 존재하지 않게 된다면 경험 세계에 대한 예술적 인식과 예술적 비판도 소멸하게 될 것이다. 예술적 가상은 거짓 형상에 지나지 않지만, 예술은 바로 이 거짓 형상을 통해 경험 세계가 잘못된 방향으로 진행되고 있음을 인식하고 비판할 수 있다. 경제·자본 권력과 결합한 인공지능에 의한 세계 지배력이 급속도로 증대되고 있는 오늘날의 세계 상황에서 예술적 가상의 존재가치는 더욱 옹호되어야 할 것이다. 인공지능의 세계 지배력이 완성되고 인간이 창조한 예술적 가상이 소멸하는 날이 온다면, 그날은 인간을 가장 많이 닮은 기계인 인공지능이 인간을 완전하게 대체하게 될 것이고, 예술작품조차도 인간이 창조해 왔던 방식과 동일하게 창조하게 될 것이다. 그럼에도 인공지능은 카프카가 창조했던 예술적 가상, 곧 수수께끼의 형식으로 존재하면서 시간과 공간을 뛰어넘어 항상 새로운 해석을 요구하는 그러한 거짓 형상을 창조할 수는 없을 것이다. 예술적 가상은 인공지능 시대에서 예술의 존재가치를 담보해 주는 본질적인 요소이다.

9. 의미 매개와 의미 형성

예술이 존재한다는 것은, 아도르노에게는, 예술이 경험 세계, 곧 사회적 현실에 대해 인간에게 의미를 매개한다는 것을 뜻한다. 더 나아가 예술은 의미를 이처럼 매개함으로써 인간으로 하여금 의미를 형성하게 하는 계기를 제공한다. 따라서 예술의 존재가치는 예술의 사회적 기능과 불가분의 관계에 놓여 있다. 아도르노에게 사회적 기능을 갖지 않는 예술은 존재가치가 없다. 예술은 사회로부터 발원하지만, "사회에 대한 사회적인 반(反)테제이며, 사회로부터 직접적으로 연역될 수 없기"[27] 때문이다. 예술지상주의가 말하는 '예술을 위한 예술'은 그에게는 예술이 아니다. 그에게 예술의 의미 형성·의미 매개 능력의 척도가 되는 것은 부정성(Negativität)이다. 다시 말해, 예술의 의미 매개 기능은, 예술이 경험 세계가 부정적으로 진행되고 있음을 인간에게 인식시켜 주고 더 나아가 이를 바탕으로 경험 세계를 비판할 수 있는 모멘트를 제공하는 것을 통해 성립한다. 예술은, 개념과 논리를 사용하는 능력을 갖고 있지는 않지만, 예술에 고유한 미메시스적 충동을 통하여 경험 세계의 부정성을 표현함으로써 경험 세계에 대한 비판적인 인식을 매개하는바, 이러한 인식은 '문명사가 부정적으로 진행되지 말았어야 했음에도 불구하고 부정적으로 진행

27 Vgl. Adorno, Theodor W., *Ästhetische Theorie*, op. cit., p.19. 아도르노에게 사회로부터 직접적으로 연역되는 예술은 예술이 아니다. 그는 이 주장을 미메시스, 미메시스적 충동, 미메시스와 합리성의 변증법, 기법, 구성, 객체화, 정신화, 경험 세계와의 관계에서 이분자(異分子)로 존재하는 예술, 예술적 가상, 승화, 제2의 잠재력 등의 개념을 통해 근거를 세운다.

되고 말았으며, 그러한 부정적 진행이 더 이상 지속되어서는 안 된다'라는 의미를 함축한다. 바로 이것이 예술이 인간에게 역사적 차원에서 매개하는 의미이며, 예술은 이러한 의미 매개 능력에 힘입어 그것의 사회적 기능을 담보한다. 예술이 실행하는 의미 매개는 아도르노가 볼 때 중요한 의미를 갖는 예술작품들이 역사적으로 수행해 왔다. 예술적 현대에 국한시켜 본다면, 이 의미 매개는 예술적 현대의 출발을 알린 보들레르, 랭보, 카프카, 조이스, 프루스트, 피카소, 쇤베르크, 말러, 베베른, 베케트, 첼란과 같은 중요한 예술가들에 의해 실행되어 왔다.

현대 예술이 실행하는 의미 매개는 보들레르에서 본격적으로 시작된 추함(Häßlichkeit)과 충격(Schock)의 표현 기법을 통해 성취된다는 점이 특징적이다. 추함과 충격의 표현 기법은 20세기에 들어서서 특히 카프카에서 급진적으로 전개되었다. 「변신」의 첫 구절은 인류의 문학사에서 카프카 이전에는 한 번도 출현하지 않았던 추함과 충격의 전적으로 새로운 메타포를 보여 줌으로써 문학작품이 매개하는 의미의 차원을 전적으로 새로운 차원으로 끌어올리는 동인이 된다.

> "그레고르 잠자는 어느 날 아침 불안한 꿈에서 깨어났을 때, 자신이 잠자리 속에서 한 마리 흉측한 해충으로 변해 있음을 발견했다. 그는 장갑차처럼 딱딱한 등을 대고 벌렁 누워 있었는데, 고개를 약간 들자, 활 모양의 각질로 나뉘어진 불룩한 갈색배가 보였고, 그 위에 이불이 금방 미끄러져 떨어질 듯 간신이 걸려 있었다. 그의 다른 부분의 크기와 비교해 볼 때 형편없이 가느다란 여러 개의 다리가 눈앞에 맥없이 허우적

거리고 있었다."[28]

20세기 이후 인류 문학의 흐름에 결정적인 영향을 미친 이 구절은 현대 예술이 추함과 충격의 메타포를 통해 의미를 매개하는 경향을 형성하는 시발점으로 작용한다. 카프카가 추함과 충격을 통해 매개하는 의미는 사회적 현실의 폭력성과 이 현실에 의해 자행되는 개별 인간의 폐기이다. 카프카는 조직에 의해 철저하게 관리되고 조직에 완벽하게 종속된 개별 인간이, 곧 조직이 추구하는 경제적인 이해관계를 위해 도구로서 ―마치 소모품과 같은 물건처럼― 존재하는 개별 인간이 겪어야만 하는 비극적인 종말을 인간이 흉측한 해충으로 변신하는 메타포를 통해 형상화함으로써 사물화의 폭력성을 일차적으로 고발하고 있는 것이다.

이 작품이 매개하는 의미의 층들은 매우 다양하고 광범위하다. 「변신」은 개별 인간에 대한 사물 세계의 우위, 사물화, 개인의 폐기, 인간의 도구화, 사물화에 의한 가족의 해체, 소외로서의 노동, 경제 공동체인 가족에서 이해관계에 의해 형성되는 상반 감정 양립,[29] 진실과 허위의 전도, 자기보존의 강제적 속박이 자행하는 기만 등 수많은 의미를 인류에게 매개한다. 그뿐만 아니라 이러한 의미의 층들은 사회적 현실의 변화에 따라 새롭게 해석될 수 있다. 예컨대 「변

28 프란츠 카프카, 『변신·시골의사』, 전영애 역, 민음사, 서울, 2018, 9쪽.

29 이는 주인공의 어머니와 누이의 감정 상태에서 드러난다. 가족의 생계를 책임졌던 소중한 아들이라는 감정과 아들이 벌레로 전락함으로써 부담을 주는 존재가 되었다는 감정이 양립되어 있다. 이 감정은 누이에게서도 동일하게 드러난다.

신」의 주인공인 그레고르 잠자(Gregor Samsa)가 오늘날 진행되고 있는 제4차 산업혁명 시대에서 출현한 비극적인 노동자인 프레카리아트(precariat)[30]를 선취하였다는 해석도 가능해진다. 프레카리아트는 고용한 집단이나 조직의 이해관계를 충족시키기 위해 노동에 투입된 노동자이지만, 고용 안정이 없는 상태에서 생계를 위해 일거리를 찾아 전전하면서 일거리가 생겨도 언제든지 해고될 수 있고 노동권도 없으며 단체교섭권도 없이 노동하는 노동자이다. 이처럼 비극적인 프레카리아트의 운명을 20세기 초에 보여 준 사람이 바로 그레고르 잠자라는 해석을 가능하게 할 정도로 「변신」은 시간과 공간을 초월하여 인류에게 다층적인 의미를 매개하는 작품인 것이다.

「변신」이 성취하는 의미 매개는 매개 차원에서 끝나지 않는다. 이 작품은 앞에서 예거한 것처럼 다층적인 의미를 매개함으로써 인간으로 하여금 의미를 형성하게 하는 계기를 제공한다. 이 작품은 집단 또는 조직과 개별 인간과의 관계에서 전자가 후자에게 일방적으로 폭력을 행사하는 관계가 아닌 관계로 나아가야 한다는 의미, 사물 세계의 폭력으로부터 인간이 해방되어야 한다는 의미, 사물화가 개별 인간의 의식 상태에서뿐만 아니라 사회적인 병리 현상이 되었기 때문에 인간이 사물화로부터 벗어나는 길을 모색해야 한다는 의미, 인간이 이윤 추구를 위한 노동의 도구가 되어서는 안 된다는 의미, 사물화로부터 가족공동체의 행복을 지켜야 한다는 의미, 소외 없

30 precarious와 proletariat의 합성어인 이 개념은 다음의 문헌에서 등장한 후 세계적인 관심을 불러일으켰다. 클라우스 슈밥, 『제4차 산업혁명』, 송경진 역, 서울, 2016, 83쪽.

는 노동의 가능성을 추구해야 한다는 의미, 사물화가 진실과 허위의 구분조차도 파괴하는 것을 인식해야 한다는 의미, 자기보존은 강제적 속박이지만 이것이 인간을 기만하는 죄악을 저질러서는 안 된다는 의미 등을 형성하게끔 하는 계기를 촉발시키는 것이다. 「변신」이 촉발하는 이러한 의미 형성은 오늘날 전개되고 있는 인공지능 시대에서의 집단 또는 조직과 개별 인간의 관계, 사물화의 관점에서 새롭게 해석될 수 있으며, 새로운 차원의 의미 형성으로 나아갈 수 있다.

카프카의 장편 소설 『심판』이 매개하는 의미는 「변신」보다 더욱 충격적이고 더욱 근원적이다. 이 작품은 인간이 알 수 없는 어떤 힘에 의해 체포되어 있고 최종적으로 잔혹한 방법에 의해 살해되는 종말을 맞이한다는 충격적인 이야기를 전개함으로써 인간이 존재한다는 것의 의미를 묻고 있다. 아무런 죄도 없이 어느 날 아침 체포된 요제프 K.(Josef K.)는 체포되었지만 몸은 자유롭다. 그는 자신이 체포된 것을 처음에는 인정하지 않다가 자신을 옥죄는 여러 상황에서 때로는 체포를 인정하기도 하고 때로는 반박하는 고통스러운 과정에 놓이게 된다. 카프카는 주인공이 체포되어 죽음에 이르는 과정을 주인공의 주변 인물과의 대화로부터 시작하여 대성당에서 성직자와 만나는 상황까지 세밀하게 묘사함으로써 체포가 일상적인 것임을 암시한다. 재판이 열리는 곳은 재판소 건물, 인적 조직을 정식으로 갖춘 법원이 아니며 입구와 출구도 분명하지 않은 허름한 공간이다. 주인공이 죽기 전에 마지막으로 부딪치는 공간인 대성당도 인간을 종교적으로 구원하는 공간이 아니며 재판소이고, 성직자는 재판관이다. 요제프 K.는 체포 상태로부터 벗어나 자유롭게 살기 위해 갖은 노력을 다하고 법과 죄에 대해 자신이 할 수 있는 모든 논쟁을 시도하지만 결국은 채석장에서 처형을 당하는 종말을 맞이하게 된다. 『심판』의 마지막 묘사는 충격의 극치를 보여 준다.

"두 사람은 K[31]를 땅 위에다 놓고, 그 돌에 기대게 한 후 머리를 위로 쳐들게 하여 뉘었다. … 마침내 K를 어떤 자세로 놓았지만, 결코 제일 좋은 준비완료의 자세는 아니었다. 다음에 한 사나이가 프록코트를 벌리고 조끼 둘레에 맨 띠에 매달려 있는 칼집에서, 길고 얇은, 양쪽에 날이 선, 고기 써는 칼을 빼서 높이 쳐들어 달빛으로 칼날을 조사했다. 그리고 그 불유쾌한 은근한 행동이 시작되었는데, 한쪽이 K의 머리 너머로 칼을 다른 쪽에게 건네주면, 그는 다시 그것을 K의 머리 너머로 돌려주는 것이었다. K는 그때서야 분명히, 그 칼이 이 손에서 저 손으로 자신의 머리 위에서 왔다갔다하고 있을 때 그것을 붙잡아 자신의 몸을 찌르는 것이 자신의 의무임을 알았다. 그러나 그는 그렇게 하지 않고, 아직 자유로운 목을 움직여 주위를 돌아보았다. 완전히 그의 결백을 입증할 수는 없었고 재판소에서 모든 일을 제거할 수도 없었지만, 이 최후의 실책에 대한 책임은 거기에 필요한 나머지 힘을 내게 허락하지 않은 자가 져야 한다. … 그러나 K의 목에는 한 사나이의 두 손이 놓이고, 또 한 사나이는 그의 심장 깊숙이 찔러 두 번 그곳을 휘저었다. 흐려지는

31 아래에서 제시하는 번역본에는 K로 표기되어 있지만, 독일어 원문에 따라 K.로 표기하는 것이 맞다. 그러나 번역자가 K로 표기했기 때문에, 이를 수정할 수는 없다. 나의 글은 원전에 있는 K.를 따른다. 카프카의 장편 소설 『성』의 주인공도 원전에 K.로 표기되어 있으며, 이 표기는 Kafka를 축약한 것이라는 해석도 학계에서 오래전부터 제기되어 있다.

눈으로 K는 아직도, 두 사나이가 볼과 볼을 마주 대고 자신의 얼굴 앞에서 결말을 주시하고 있는 모습을 보았다. "개와 같구나"라고 그는 말했으나, 그는 죽어도 치욕은 남는 것 같았다."[32]

이처럼 충격의 극치를 보여 주는 장편 소설 『심판』이 매개하는 핵심적인 의미는 —제2장 최초의 심리에서부터 제9장 대성당에서까지 전개되는 상황들에서 여러 관점에서 다층적인 의미를 해석해 낼 수 있지만 이러한 가능성을 제쳐 두고— '인간이 존재한다는 것 자체가 형벌을 받는다는 것'으로 집약될 수 있다. 다른 말로 하면, 카프카는 『심판』을 통해서 현실이 곧 법정이라는 인식을 인류에게 매개하고 있는 것이다.

요제프 K.는 많은 사람들이 아무런 죄도 없이 재판을 받는 현실을 상징하는 인물이다. "내게 일어난 일은 다만 개인적인 사건에 불과하고, 나는 그것을 그다지 심각한 것으로 받아들이지 않고 있으므로 그것 자체로서는 그다지 중대하지는 않지만, 그것은 많은 사람들에 대해서 행해지고 있는 소송 절차의 본보기입니다. 이러한 사람들을 위해서 나는 이 같이 서 있는 것이지, 나 한 사람을 위한 것은 아닙니다"[33]라는 요제프 K.의 직설적인 언급은 많은 사람들이 그처럼 아무런 죄를 저지르지 않았음에도 소송 절차에 넘겨져서 재판을 받는 것이 곧 현실임을 알려 주고 있다. 법률 책에 규정되어 있는 법률은 규

32 프란츠 카프카, 『심판』, 박환덕 역, 서울, 2007, 264-265쪽.

33 같은 책, 57쪽.

정일 뿐 현실에서는 유죄와 무죄를 심판하는 재판소의 재판 행위와는 무관하다. 요제프 K.는 "틀림없이 법률 책일 터인데, 죄 없는 사람에게 아무것도 모르는 사이에 판결을 내려 버리는 것이 이 재판소의 일하는 방식이지요"[34]라고 말함으로써 법률서와 법률이 죄가 없는 사람들에게 폭력을 자행하는 도구가 되고 있음을 고발하고 있다. 카프카는 법률학을 "정체불명의 학문"[35]이라고 말함으로써 법률학이 현실을 형사 법정으로 만드는 것의 도구가 되어 있음을 고발하고 있으며, 그의 이러한 고발은 인류 역사의 전체 과정에서 출현하였던 다양한 종류의 지배체계에서 법률학이 죄를 짓지 않은 사람들을 형사적으로 처벌하는 데 도구로 이용되었다는 역사적인 사실에 의해 입증될 수 있을 것이다.

예컨대 나치즘이 구축한 폭력체계에서는 ―『심판』이 나치즘이 자행한 폭력을 선취적으로 보여 준 작품이라는 해석도 설득력을 가질 수 있는 해석에 속한다고 볼 수 있다― 법률은 나치즘이 자행하는 대량학살을 정당화하는 도구였다. 나치즘은 모든 살인이나 대량학살을 법률의 이름으로 자행했다. 나치 체제의 중심인물인 히믈러가 대량학살을 명령하는 문서에 서명하면 아무런 죄도 짓지 않은 수많은 사람들이 살해당했다. 존재한다는 것 자체가 죄가 되는 것이다. 유대인으로 존재한다는 이유만으로 형사적으로 처벌이 되는 것을 문구를 통해 규정한 것이 바로 법률이었다. 『심판』에서 보여 준 카프카

34 같은 책, 65쪽.

35 같은 책, 72쪽.

의 통찰은 한국 사회에서는 1950년대 자유당 독재와 군사독재 시절에 법과 비상사태의 이름으로 자행한 수많은 학살에서도 입증된다. 독재에 반대하는 생각을 갖고 존재한다는 것 자체가 죄가 되면 처벌의 대상이 된다. 『심판』이 보여 준 통찰은 한국 사회에서 2018년에 발생한 사법 농단 사태에서도 입증된다. 이른바 긴급조치란 이름으로 국가가 저지른 범죄에 의해 치명적인 희생을 당한 무력한 개별 인간들이 제기한 소송에 대해 재판관들이 법률을 자의적으로 해석하고 때로는 규정된 법률을 무시하면서 특정 권력의 편을 드는 재판을 하는 행위는 긴급조치의 폭력이 자행되었던 시기나 지금이나 무력한 개별 인간들에게는 현실이 형사 법정과 같다는 것을 반증한다고 볼 수 있겠다.

이처럼 『심판』이 매개하는 의미는 시간과 공간을 뛰어넘는 위력을 갖고 있으며, 이 의미는 오늘날의 세계 상황에서 창궐하는 극단적인 양극화의 폭력 아래에서 시달리는 절대 다수의 무력한 개별 인간들에게 더욱 절실하게 다가온다고 볼 수 있다. 이들 무력한 개별 인간들은 요제프 K.처럼 아무런 죄도 없이 생명을 박탈당하는 형식으로 종말을 맞이하지는 않는다. 그러나 그들은 세계를 지배하는 경제 권력과 자본 권력의 절대적인 위력이 구축한 지배체계에 의해 완벽하게 관리·통제·감시·지배·폐기당하는 비극을 감내할 때만이 자기보존을 유지할 수 있다. 자기보존을 유지하기 위해 경제 권력과 자본 권력의 지배를 감내하는 것은 아무런 죄도 없이 형사적으로 처벌을 당하는 것과 본질적으로 유사하다고 볼 수 있다. 무력한 개별 인간들이 형사 법정에서 처벌을 받아 폐기되는 것과 경제 권력과 자본 권력에 의해 완벽하게 지배를 받다 폐기되는 것이 거의 동일한 본질을 갖고 있다고 볼 수 있기 때문이다. 존재한다는 것 자체가 형벌인 것은 요제프 K.에게 해당될 뿐만 아니라 오늘날의 절대 다수의 무력한 개별 인간들에게도 해당하는 것이다. "죄가 있는 것은 조직이며, 위에 있는 높은 사람들이오."[36] 오늘날 이 조직은 경제·자본 권력이 구축하여 세계 전체를 지배하는 조직이며, 높은 사람들은 경제·사회적 양극화를 극대화시키고 있는 자본가들과 이들에게 시중을 드는 정치·행정·사법·언론·교육·종교 권력을 지배하는 권력자들이다.

시간과 공간을 뛰어넘어 작용하는, 『심판』이 매개하는 의미는 이처럼 다층적·심층적이고, 이 의미는 오늘날의 인류에게도 끊임없는 경고를 보내고 있다. 이 경고가 바로 의미 형성이다. 형사 법정처럼 작동되는 현실을 변혁시켜 죄 없는 사람이 처벌받지 않는 현실을 실현하라는 의미, 아무런 죄가 없는 절대 다수의 개별 인간들이 현실을 지배하는 거대 권력에 의해 관리·통제·감시·지배·폐기당하지 않는 현실을 실현하라는 의미, 관리되는 개별 인간이 독자적이고도 구체적이며 자율적인 개인으로 올라서고 개인과 사회가 마침내 화해에 도달해야 하다는 의미 등을 『심판』이 형성하고 있는 것이다.

「변신」과 『심판』에서 해석해 낼 수 있는 의미 매개와 의미 형성은 더욱 다층적이고 더욱 심층적으로 논의될 수 있을 것이다. 그러나 이러한 논의를 시도하는 것이 이 글의 목적이 아니기 때문에, 이제 예술이 실행하는 의미 매개와 의미 형성의 관점에서 인공지능 시대

36 같은 책, 105쪽.

의 예술의 존재가치를 살펴볼 차례가 되었다.

인간을 거의 닮은 기계인 인공지능은 현재의 진화 수준에서도 예술작품들을 생산하는 능력을 보여 주고 있다. 인공지능은 시, 소설, 희곡을 생산할 수 있으며, 그림을 그릴 수 있고 조각작품을 만들어 낼 수 있으며 작곡까지 할 수 있다. 이제 인류는 인간이 창조했는지 또는 인공지능이 생산했는지의 여부가 불투명한 예술작품들을 대해야만 하는 형편에 처해 있다. 그러나 인공지능이 생산하는 예술작품들은 카프카의 「변신」이나 『심판』, 또는 베토벤의 교향곡 9번, 또는 피카소의 회화처럼 인간의 예술적 창조 능력과 사유 능력의 정점을 보여 주는 단계에 도달하지 않고 있고, 도달해서도 안 될 것이다. 인류 역사에서 창조된 위대한 예술작품들이 매개하는 의미에 인공지능이 생산하는 예술작품이 매개하는 의미가 범접할 수는 없다. 바로 이 점에서, 카프카처럼 위대한 예술가가 인류에게 선물한 의미 매개와 의미 형성이 인공지능 시대에서 예술의 존재가치를 —예술의 사회적 기능의 차원에서— 담보하는 중요한 요소라는 것이 드러난다. 위대한 예술작품들만이 성취하는 의미 매개와 의미 형성을 인공지능이, 인간을 거의 닮았다고 할지라도, 탈취해 갈 수는 없다.

만약 인공 범용성 지능이 현실로 실현된다면, 이 지능이 기계임에도 불구하고 인간과 100% 동일한 능력을 갖게 된다면, 이 지능이 카프카처럼 인간을 흉측한 해충으로 변신시키는 상상력을 발휘할지도 모른다. 나는 인공지능의 진화가 이 단계에까지 도달하는 날이 마침내 온다면, 이 날이 바로 인류의 종말을 확인하는 날이 될 것이라고 본다. 인공지능이 카프카처럼 상상하고 사유할 수 있다면, 인간은 인공지능이 생산하는 충격적인 예술작품들이 매개하는 의미를 경험하게 될 것이며, 이 상태에서는 인간과 기계의 구분도 마침내 소멸하고 인간이기 때문에 갖는 능력이며 기계는 결코 범접할 수 없는 능력인 상상력과 사유 능력도 그 의미를 상실하게 될 것이다. 개념을 구사하지 못하면서도 개념을 통해서는 불가능한 상상력에 힘입어 예술이 성취하는 능력, 예술에 특유한 능력인 의미 매개와 의미 형성은 따라서 인공지능 시대에서 더욱 강조되어야 할 것이다.

경제·자본 권력과 친족관계를 형성하면서 급속도로 진화하고 있는 인공지능이 이윤 추구의 극대화, 생산성, 효율성, 편리성, 유용성, 상업성을 맹목적으로 지향하는 인간의 탐욕과 결합하여 진화 속도를 가속화한다면, 대량실업, 극단적인 양극화, 인간의 정체성 상실 등의 재앙으로 이어질 것이다. 예술작품들은 이처럼 예상되는 재앙을, 카프카처럼 충격적인 메타포를 구사하여, 형상화하여 인류에게 의미 매개와 의미 형성을 선물해야 할 것이다. 2016년 수천 대의 컴퓨터의 지원을 받아 세계적인 바둑 기사를 완파하였던 알파고가 인류를 놀라게 했던 당시만 해도 차라리 인류에게는 행복한 시절이었다는 한탄이 나올 수 있을 정도로 인공지능의 진화 속도는 오늘날 그것 자체로 충격이고 경악이다. 충격과 경악의 종점에 인류의 종말이 있을 것이고, 예술의 종말도 함께하게 될 것이다.

Adorno, Theodor W., *Einleitung in die Musiksoziologie, Zwölf theoretische Vorlesungen*, in: Gesammelte Schriften 14. hrsg. von R. Tiedemann, 1. Aufl., Frankfurt/M. 1973.

__________________, *Ästhetische Theorie*, 5. Aufl., Frankfurt/M, 1981.

__________________, *Negative Dialektik*, 3. Aufl., Frankfurt/M. 1982.

드러커, 피터, 『자본주의 이후의 사회』, 이재규 역, 한국경제신문사, 1997.

문병호, 『아도르노의 사회 이론과 예술 이론』, 문학과지성사, 2001.

______, 「자연-인간-사회관계의 구조화된 체계로서의 기술」, 『한국 사회학』 제43집 4호, 한국사회학회, 2009.

슈밥, 클라우스, 『제4차 산업혁명』, 송경진 역, 새로운 현재, 서울, 2016.

아도르노, 테오도르 W., 『미학 강의 I』, 문병호 역, 세창출판사, 2014.

카프카, 프란츠, 『심판』, 박환덕 역, 범우사, 서울, 2007.

____________, 『변신·시골의사』, 전영애 역, 민음사, 서울, 2018.

포드, 마틴, 『로봇의 부상』, 이창희 역, 세종서적, 2016.

Benjamin, Walter, *Ursprung des deutschen Trauerspiels*, in: ders., Gesammelte Schriften, Band I·1, hrsg. von R. Tiedemann, Frankfurt/M. 1980.

Horkheimer, Max & Adorno, Theodor W., *Dialektik der Aufklärung, Philosophische Fragmente*, Frankfurt/M. 1971.

Hughes, Thomas P., *Human-Built-World. How to Think about Technology and Culture*, Chicago & London 2004.

Ropohl, Günter, *Technologische Aufklärung, Beiträge zur Technikphilosophie*, Frankfurt/M. 1991.

아도르노의
생애와 사상

이 병 진

1. 유년기의 유토피아

테오도르 비젠그룬트 아도르노(Theodor Wiesengrund Adorno)는 1903년 독일 프랑크푸르트 암 마인에서 앵글로색슨계 유대인으로 와인 도매상을 운영하는 오스카 비젠그룬트와 젊은 시절 궁정 오페라 가수를 지냈던 마리아 칼벨리 아도르노의 외아들로 태어났다.

어린 시절의 아도르노는, 프랑스 장교 출신 아버지와 독일의 성악가였던 어머니 사이에서 출생한 어머니 마리아와 당시 유명한 성악가의 피아노 반주자로 활동하던 이모 아가테의 각별한 사랑을 받으며 자라났다. 어머니와 이모의 지극한 보살핌 속에서 음악을 듣고 피아노를 연주하며 자연스럽게 음악적인 재능을 키울 수 있었던 아도르노는 학교에 들어가서도 작곡을 하고 시를 짓고 드라마를 쓰는 등 두각을 나타냈다. 특이한 것은 독일 사회에 동화되어 성공한 부유한 유대인이었던 아버지는 아도르노의 성장 과정이나 직업생활에 별다른 영향을 끼치지 않았다는 사실이다. 그가 후일 미국 망명 시절, 아버지로부터 물려받았던 비젠그룬트라는 성을 버리고 어머니의 성인 아도르노로 바꾼 것도 그러한 사실을 반증한다. 어머니와 이모라는 '두 어머니'와 친밀감을 느끼며 하나가 되는 행복을 느끼던 어린 시절의 체험 속에 아버지가 끼어들 수 없었던 것처럼, 독일 시민사회에 동화된 프랑크푸르트 유대인 가정에서 자라난 아도르노에게서 유대적인 요소는 일찍이 추방되었다고 볼 수 있다.[1]

아도르노가 유년기에 경험했던 충만한 행복감이 그가 후일 충격적인 역사적 사건들을 경험하면서 비관주의적 색채가 농후한 극단적인 부정성으로 치달으면서도 언제나 그와 반대되는 유토피아적 희망을 완전히 포기하지 않는 독특한 정신적·정서적 세계를 형성하는 토대가 되었다는 것은 익히 알려진 사실이다. 그러나 어린 시절 여성적인 분위기에서 경험했던 원초적인 친근감과 정서적인 유대감이 다른 한편으로 부정적인 형태로 나타나는 모든 종류의 집단성을 강하게 비판하는 기준으로 작용하게 된 것도 사실이다. 유년기에 형성된 강렬한 공동체 의식이 아도르노를 인간소외와 사물화가 만연한 현대사회에 홀로 저항하는 철저하게 '고독한 지성'으로 변모시켰던 것이다.[2]

2. 프랑크푸르트에서의 청년 시절

음악적으로나 지적으로나 매우 조숙했던 아도르노는 15세의 나이에 당시 바이마르 공화국 시대의 유명한 문화비평가이자 영화이론가였던 크라카우어(Siegfried Kracauer)의 지도를 받으며 매주 한 번씩 칸트(Immanuel Kant)의 『순수이성비판』을 읽게 된다. 이것을 계기로 아도

1 하르트무트 샤이블레, 『아도르노』, 김유동 역, 한길사, 1997, 17쪽.

2 같은 책, 23쪽 참조.

르노는 일찍이 철학적 문헌을 역사적이고 사회적인 진술의 기록으로 읽는 크라카우어의 반관념적이고 미시학적인 문화비평의 영향을 받게 되었고, 이 영향은 그의 전 생애에 걸쳐 강력하게 남아 있게 된다.[3] 또 아도르노는 16세의 나이에 당시 혁명적이었던 마르크스주의 사상가 블로흐(Ernst Bloch)와 루카치(Georg Lukacs)의 책들을 읽었으며, 17세에는 프랑크푸르트 대학에 입학하여 철학, 사회학, 심리학, 음악학을 공부했고 6학기를 마친 1924년에 후설(Edmund Husserl)의 현상학에 관한 논문으로 철학박사학위를 받았다.

아도르노의 지도교수였던 코르넬리우스(Hans Cornelius)는 칸트의 선험철학을 경험주의적으로 재해석했던 신칸트주의자였다. 그러나 경험의 대상에서 분리된 개념의 추상성을 강화시킨 코르넬리우스의 제도권 철학과 거리를 두었던 아도르노는 "사물 자체로!"라는 구호를 외치며 인식 '대상'에 대한 관심을 촉구한 후설의 현상학에 매료되면서 주체의 의식을 중시한 전통 철학을 비판하는 자신의 관점을 발전시켜 나갔다. 그는 또 이른바 후설에서의 '현상학적 환원' 또는 관조라는 것이 미적인 지각 작용과 유사한 측면이 있고 후설의 현상학이 현대 예술의 결정적인 범주의 하나인 '새로움'을 향해 열려 있다고 생각했기 때문에, 일반적인 관습의 세계에는 존재하지 않는 어떤 진리 내용을 숨기고 있는 '미적 가상'을 구제하는 일이야말로 철학의 중요한 과제라고 생각하게 되었다.[4] 아도르노는 1922년 코르넬리우스

3 같은 책, 34-35쪽 참조.

4 같은 책, 47쪽.

가 지도하던 후설 세미나에서 호르크하이머(Max Horkheimer)를 처음 알게 되는데, 이후 반세기 가까이 계속된 그들의 만남은 돈독한 우정에 바탕을 둔 대단히 생산적인 지적 동반자의 관계로 발전해 나간다.

일찍부터 음악에 관심이 깊었던 아도르노는 이 무렵 유럽의 현대 문화와 예술을 선도하는 빈에서 발간하는 음악지에 기고하기 시작했다. 이때부터 그는 전통적인 조성 원리를 거부하고 자유로운 '무조음악'(atonale Musik)을 창시하여 음악계를 충격에 빠뜨렸던 쇤베르크(Arnold Schönberg)의 '신음악'(Neue Musik)을 지지하게 된다. 그렇게 쇤베르크에서 시작된 현대 전위음악에 관심을 두고 있던 아도르노는 박사학위를 제출하던 해, 프랑크푸르트에서 알게 된 알반 베르크(Alban Berg)에게 작곡 수업을 받기 위해 이듬해인 1925년 빈으로 이주한다. 그는 이곳에서 작곡가로 성공하려던 소기의 목적을 달성하지는 못했다. 그러나 급진적인 문화 도시 빈에서 2년간 체류하는 동안 최첨단 전위음악운동을 이끌던 쇤베르크 모임에 참가하면서 쌓은 음악적 훈련과 경험은 후일 그의 철학적 방법론을 형성하는 중요한 기틀이 되었다. 여러 갈래의 전통과 현대의 철학적 관점들을 수용하면서도 어느 특정한 사상적 조류에 편입되지 않는 다양성으로 자유롭게 변주되는 아도르노의 철학은 쇤베르크의 무조음악에 영향을 받은 '무조철학'[5]이라고 부를 수 있을 것이다.

1927년 빈 생활을 정리하고 프랑크푸르트에 돌아온 아도르노는 1923년 펠릭스 바일(Felix Weil)[6]에 의해 설립된 후 오스트리아 마르크

5 마틴 제이, 『변증법적 상상력』, 황재우 외 역, 돌베개, 1979, 121쪽.

스주의 노동운동 역사가였던 그륀베르크가 초대 소장을 맡아 이끌고 있던 〈사회연구소(Institut für Sozialforschung)〉를 통해 호르크하이머와 뢰벤탈(Leo Löwenthal) 같은 주요 인물들과 접촉하기 시작한다. 그러면서 1920년대 후반의 아도르노는 주기적으로 베를린을 방문하여 블로흐, 브레히트(Berthold Brecht), 벤야민(Walter Benjamin)과 같은 비정통적인 마르크스주의자들과 만나게 되는데, 이들과의 교류를 통해 얻은 '내재적 비판'이라는 새로운 관점은 경제적 토대와 문화적 상부구조의 관계에 대한 이데올로기 비판을 수행할 때 매우 유용한 관점으로 자리 잡게 된다.[7] 이런 맥락에서 정치적 상황과 음악의 상관성에 주목하게 된 젊은 음악비평가 아도르노는 현실의 부조화에 상응하는 음악에서의 불협화음을 신음악의 핵심 가치로 내세우면서 쇤베르크가 창시한 무조음악과 이것을 체계화시킨 12음 음악을 높이 평가한다. 그는 으뜸음과 이에 종속되는 음들의 관계로 이루어지는 조성체계를 거부한 무조음악이나 반음계의 12개 음들을 일정하게 배열하는 12음 음악이 종래의 아름다운 화음이 갖는 이데올로기를 고발하고 음들의 평등 원리를 구현하는 작곡 기법이라고 생각했다. 이런 의미에서 아도르노는 12음 기법의 토대가 되는 합리성을 형식적 합리성과 대비되는 내용적 합리성으로 규정하고, 더 나아가 쇤베르

6 정치학을 공부한 마르크스주의자 펠릭스 바일은 독일 태생으로 아르헨티나에서 큰 곡물상을 경영하던 아버지 헤르만 바일에게서 받은 막대한 자금으로 사회연구소 설립을 지원했다. 그 덕분에 초기부터 재정적으로 독립할 수 있었던 연구소는 이후에도 계속하여 자율적인 연구를 수행할 수가 있었다. 같은 책, 25-26쪽 참조.

7 하르트무트 샤이블레, 『아도르노』, 김유동 역, 한길사, 1997, 72쪽.

크의 12음 기법이 정치적·경제적 속박에서 벗어난 자유로운 주체의 힘으로 새로운 사회를 조직해 나가야 한다고 주장한 마르크스(Karl Max)의 이론과 유사성을 가지고 있음을 강조한다.[8]

1927년 아도르노는 프랑크푸르트 대학 교수 자격을 취득하기 위해 쓴 「선험적인 심리이론에서의 무의식의 개념」을 코르넬리우스에게 제출한다. 그러나 비정통적인 신칸트주의를 마르크스주의나 프로이트 심리분석과 연결하고자 시도한 이 논문에서 그는, 1920년대 독일에서 이성 적대적인 분위기가 팽배해 있음에도 불구하고, 선험철학의 입장에서 이데올로기 비판으로 방향을 전환했기 때문에 스승 코르넬리우스와의 단절을 초래하게 되었고 그의 논문은 받아들여지지 않았다. 1931년 신학자 파울 틸리히에게 다시 제출한 「키르케고르(Kierkegaard)」 논문이 통과되어 아도르노는 그해 5월 프랑크푸르트 대학 철학과 교수에 취임하게 된다.

아도르노는 「키르케고르」 논문에서 당시 저명한 젊은 철학자 하이데거(Martin Heidegger)를 둘러싼 모임에 큰 영향을 미치고 있던 19세기 덴마크 철학자 키르케고르(Søren Kierkegaard)와 비판적으로 대결하였다. 여기서 그는 헤겔 철학에 반대하여 객관적 세계정신의 체계 안에 포섭되지 않는 개인의 주관적 내면성을 옹호했던 키르케고르의 이른바 '순수한 주관성'이란 것이 극단적으로 추상화된 나머지 사회 속에 존재하는 모순을 외면하는 결과를 가져왔음을 비판하고 있다. 이런 관점에서 객관적 현실과 무관해 보이는 실존주의가 갖는 정치

8 같은 책, 80쪽 참조.

적 함의[9]의 문제점을 지적하는 아도르노는, 키르케고르가 중시한 '실존적 결단'이라는 것 역시 아무 내용 없는 추상적인 것에 불과하며, 역사적으로 형성된 주체와 객체의 소외가 바로 키르케고르가 옹호한 순수한 주관성 안에서 완성된다고 강조한다. 그처럼 내면 세계란 본래적으로 순수한 왕국이 아니라 어디까지나 역사 발전의 결과로 생겨난 소외 과정의 산물이기 때문에 주관적 내면성이라는 가상은 해체되어야 마땅하고 키르케고르가 부수려고 했던 '미적 가상'은 오히려 구성될 필요가 있다고 말하는 아도르노에게 (형상을 만들어 내는) 미적 왕국은 역사적이고 변증법적인 왕국이 되는 것이다.[10]

프랑크푸르트 대학 교수 취임 강연이었던 〈철학의 현재성〉에서 독일 관념론을 비판하고 철학의 시대 연관성을 강조하는 아도르노의 철학적 입장은 1930년 독일에서는 처음으로 프랑크푸르트 대학에 개설된 '사회철학' 강좌를 담당하면서 1931년 1월 사회연구소의 제2대 소장으로 취임한 호르크하이머와의 긴밀한 영향관계를 보여준다. 호르크하이머 역시 사회연구소장 취임 강연인 〈사회철학의 현재 상황과 사회연구소의 과제〉에서 현실과 괴리된 전통적인 관념 철학을 비판하면서 현대 개별 과학들의 연구 성과와 시대의 문제에 관여하는 사회철학적 연구의 접목을 연구소의 새로운 과제로 제시하고 있다. 호르크하이머가 이끌어 가는 사회연구소는 1932년부터 『사회연구지(Zeitschrift für Sozialforschung)』를 발간하는데, 여기에는 주로 연

9 마틴 제이, 『아도르노』, 최승일 역, 지성의 샘, 1995, 40-41쪽 참조.

10 Theodor W. Adorno, *Kierkegaard*, pp.227-228 참조.

구소 회원들 간의 토론과 평가를 거친 짧은 형태의 논문들이 실리게 된다.

아도르노의 프랑크푸르트 대학에서의 철학 강의는 오래 이어지지 못했다. 1933년 초 나치가 권력을 장악한 후 유대인 탄압이 시작되자 그는 뉘른베르크법에 따라 '절반의 유대인'으로 낙인찍혀 대학 교수직을 박탈당하고 출판금지를 당한다. 호르크하이머를 위시한 사회연구소 회원들은 곧바로 미국 망명 계획을 세우지만, 정치적으로 위협받는 상황에도 불구하고 벤야민과 마찬가지로 자신의 학문의 토양인 유럽을 떠나기를 꺼렸던 아도르노는 1934년 4월 영국으로 망명한다. 잠시 런던을 거쳐 옥스퍼드의 머튼 대학에서 다시 박사과정에 입학하여 연구를 계속해 나가던 아도르노는 그레텔 카르플루스(Gretel Karplus)를 만나기 위해 자주 베를린을 방문했고 1937년 그들은 런던에서 결혼한다. 이 시기의 아도르노는 이미 미국으로 망명을 떠난 호르크하이머를 비롯한 사회연구소 회원들과 교류를 유지하는 가운데, 아직 유럽에 남아 있던 벤야민과도 가능한 한 자주 접촉하며 특별한 우정을 쌓아 나갔다. 이때 아도르노와 벤야민이 몰두하고 있던 서로의 연구 작업에 대해 의견을 나눈 서신들은 20세기의 걸출한 두 사상가가 시대에 적합한 철학이 무엇인지를 놓고 진지하게 고민하는 흔적을 보여 주는 매우 중요한 역사적 기록으로 남게 된다.

옥스퍼드에 체류하던 1930년대 중반 아도르노는 바그너(Richard Wagner)와 재즈에 관한 논문을 완성했고, 프랑크푸르트 대학 박사 논문에서 이미 다룬 바 있는 후설에 관한 연구도 계속 이어 갔다. 그가 후설 현상학의 이율배반을 탐구하면서 사용했던 방법이 바로 내재적 비판인데, 이때 그가 주목한 것은 내재적 비판과 변증법 사이에 유사성이 있다는 점이었다. 내재적 비판은, 고정된 개념으로 현실을 재단함으로써 순수한 논리적 동일성을 추구하는 인식의 동어 반복으로 환원되는 관념론과도 다르고 또 관념론에 반대한 현상학이 귀결된 '의식의 내재성'과도 달리, 총체성에 대한 사유의 요구를 정지시키는 '변증법적 인식론'의 방법이었기 때문이었다.[11] 그렇게 해서 아도르노의 관심사였던 관념론과 현상학 사이에 벌어지던 갈등은 이제 변증법으로 해결 가능한 것이 된다.

3. 미국 망명지의 유럽인

1924년 프랑크푸르트 대학 근처에 건물을 세운 후 호르크하이머, 폴록(Friedrich Pollock), 뢰벤탈, 프롬(Erich Fromm), 마르쿠제(Herbert Marcuse) 등과 같은 젊은 유대인 지식인 중심의 공동 연구가 이루어지던 사회연구소는 1933년 나치 정권에 의해 강제 폐쇄되고 호르크하이머는 대학 교수직도 파면당한다. 그 후 잠시 스위스 제네바에 피해 있던 사회연구소는 1934년 미국으로 건너가 뉴욕 컬럼비아 대학에서 다시 〈사회연구소(Institute of Social Research)〉라는 이름으로 문을 열게 된다. 독일에 있을 때 사회연구소의 초기 활동은 당시 많은 지식인들이 유럽 자본주의사회의 모순을 혁파할 정치, 경제이론으로 주목한 마르크스주의에 경도되어 있던 만큼 주로 노동사 연구에 집중

11 하르트무트 샤이블레, 『아도르노』, 김유동 역, 한길사, 1997, 113-114쪽 참조.

되어 있었다. 그러나 호르크하이머가 1937년 『사회연구지』에 발표한 「전통이론과 비판이론」에는 이 무렵 프랑크푸르트 학파가 맞게 된 노선 변화가 확실하게 나타난다. 그들이 전통이론과 대비시키는 '비판이론'의 요체가 무엇인지를 밝히고 있는 이 논문에서 호르크하이머는 사회적 현실과 유리되어 있던 전통적인 관념철학을 강하게 비판하는 한편, 스탈린 체제의 소련에서 자행된 공개 재판에 무기력했던 정통 마르크스주의와도 결별을 선언하기에 이른다. 그리하여 파시즘과 스탈린 독재가 공존하던 1930년대 유럽의 정치 상황에 직면해 있던 사회연구소는 이제 종전의 노동사 연구에서 크게 선회하여, 마르크스주의 정치경제학을 프로이트 심층심리학으로 대체하게 되는 것이다.[12]

호르크하이머의 지속적인 권유와 초청으로 1938년 뉴욕으로 건너간 아도르노는 역시 호르크하이머의 주선으로, 빈 출신의 사회학자 라자르스펠트(Paul Lazarsfeld)가 록펠러 재단의 후원을 받아 진행하고 있던 프린스턴 대학의 〈라디오 연구 프로젝트(Radio Research Project)〉의 음악 분야를 담당하게 된다. 그러나 아도르노는, 음악적 현상에 대한 사회학적 통계 조사를 중시했던 라자르스펠트와 달리, 음악이라는 현상을 전체 사회이론과의 연관 속에서 해석하는 사회철학적 연구에 몰두하였다. 그 결과 아도르노가 주도하던 라디오 연구 프로젝트의 음악 분과에 대한 록펠러 재단의 재정 지원이 1년 후에 끊기고 만다. 이 무렵 아도르노가 발표한 글들은, 아직 그가 독일에 있

12 같은 책, 138쪽.

을 때 처음으로 『사회연구지』에 기고했던 논문인 「음악의 사회적 상황」(1932)과 내용적으로 연결되는 분석들로서, 사회과학의 연구 방법과 대상의 분리를 전제로 하는 미국적 학문 풍토에서 이해되지 못했다. 아도르노는 라자르스펠트가 교환의 추상성에 기반한 음악 시장 연구에 몰두했던 것과는 반대되는 방향으로 연구를 진행했던 것이다. 아도르노가 1938년에 『사회연구지』에 발표한 「음악의 물신적 성격과 음악 청취의 퇴화」 또한 자본주의사회에 만연한 문화 숭배 현상이나 수동적인 음악 소비 행태를 겨냥한 것으로서 그의 음악비평이 미국적인 음악비평과 단절되는 지점이 무엇인지를 분명하게 보여 준다. 작곡가의 위대함이나 지휘자의 천재성을 숭배하는 음악 감상자의 행위와 이와 맞물려 있는 음악의 물신적 성격을 비판한 이 글에서 아도르노는 음악의 진정한 수용은 작품의 전체 흐름과 부분들 사이에서 생겨나는 긴장에 주목하면서 작품의 객관성에 집중하여 '구조적으로 듣는' 행위에 있다고 강조한다.[13] 그의 대중음악비판은 사회의 부정성에 저항하는 개인의 자발성이나 진정한 주체성 대신 사이비 개성이나 가짜 능동성이 판치고 있는 현상을 문제 삼고 있다. 비슷한 맥락에서 그는 옥스퍼드 시절에 시작했던 바그너 연구의 일부로서 이 시기에 『사회연구지』에 발표한 「바그너에 관한 단편들」(1939)에서 바그너의 작품 속에는 문명사회에서 잘못 진행된 '개별화 과정'의 필연적인 결과로서 시민계급이 실체 없는 허깨비 같은 형상

13 아도르노의 이 논문은 새로운 복제 기술을 통해 사회를 변화시키는 혁명적 의식을 고취할 수 있다고 믿었던 벤야민의 「기술복제시대의 예술작품」(1935-1936)에 대한 반박문의 성격을 띠면서 벤야민과의 분명한 입장 차이를 보여 준다. 같은 책, 153쪽.

속에 몰락하고 있음을 비판하고 있다.

프린스턴 대학 라디오 연구 프로젝트 참여가 중단된 아도르노는 1941년 뉴욕을 떠나 로스앤젤레스로 가서 건강상의 이유로 그곳에 먼저 와 있던 호르크하이머와 합류하게 되는데, 이때부터 그는 사회연구소의 정식 회원으로 본격적인 활동을 시작한다. 같은 해 『사회연구지』 발간은 예산 감축 문제로 중단되고 만다. 이 무렵 프랑크푸르트 학파는 다시 한번 그들의 연구 방향을 바꾸게 만드는 중대한 역사적 사건에 직면하게 된다. 1939년 독일과 소련 간에 맺어진 불가침 조약에 심한 충격을 받은 그들은 그때까지만 해도 부분적으로 간직하고 있던 믿음, 즉 필연적으로 파시즘으로 귀결되는 자본주의의 계급 모순을 타파하고 새로운 사회를 건설할 역사적 주체로서의 프롤레타리아 계급에 대한 믿음을 완전히 포기하게 된 것이다. 그 대신 모든 역사의 실체는 고대로부터 현대에 이르기까지 그때그때 모습만 바꾼 '지배관계'에 있다는 새로운 인식이 이후 프랑크푸르트 학파의 연구에서 중심적인 위치를 차지하게 된다.

이러한 관점에서 2천 년에 이르는 인류 문명의 역사를 재구성한 『계몽의 변증법(Dialektik der Aufklärung)』(1947)이 탄생한다. 1942-1944년 캘리포니아에서 아도르노와 호르크하이머가 벌인 토론의 결과물이었던 이 책은 당시 전쟁으로 암울하던 상황에서 수신자가 누구인지 알지 못하는 편지를 호리병 속에 넣어 바다에 띄워 보내는 심정으로 씌어졌다. 그리고 원래 처음에는 '변증법적 논리'로 집필할 계획이었던 『계몽의 변증법』은 1944년 『철학적 단편들』이라는 제목으로 주변의 가까운 독자들을 위해 500부 정도의 타자 등사본 형태로 세상에 나왔다. 1947년 암스테르담의 한 출판사에서 『계몽의 변증법』이라는 제목으로 출간된 이 책은 1970년대에 독일에서 다시 정식 출판될 때까지 해적판으로 돌면서 엄청난 반향을 일으켰고, 역사상 그 유례를 찾을 수 없는 문명의 야만적 행태 앞에서 큰 충격을 받은 이들의 필독서가 되었다.

현대의 야만적인 파시즘과 나치즘의 역사적 기원과 행태를 파헤치기 위한 목적으로 쓰인 『계몽의 변증법』의 서문에서 "왜 인류는 진정으로 인간적인 상태에 들어서는 대신 새로운 종류의 야만 상태로 들어섰는가?"[14]라는 물음을 던지는 호르크하이머와 아도르노는 인류의 선사시대로부터 2천 년 동안 진행된 서구 문명의 역사를 추적하면서 신화와 계몽의 변증법적 착종관계를 밝혀내는 데 주력한다. 그들이 전개하는 '신화와 계몽의 변증법'의 논지는 고대 신화가 이미 계몽의 시작이었던 반면, 계몽은 현대 유럽 사회에서 발호한 파시즘에서 보이듯이 다시 신화로 돌아갔다는 이중 명제로 정리될 수 있다. 첫 번째 명제는, 원칙적으로 신인동형설(神人同形說)에 바탕을 둔 고대 신화에 이미 계몽의 요소들이 들어 있다는 것이고, 두 번째 명제는, 본래 신화로부터 해방되는 수단으로 사용되었던 이성이 이후의 역사 전개 과정에서 자체 목적으로 둔갑함으로써, 계몽은 그것이 완전히 벗어났다고 믿었던 신화적 세계로 회귀했다는 것이다. 그렇듯 신화와 계몽의 변증법에 바탕을 두고 전개된 서구 문명의 역사는 고대 그리스의 오디세우스 신화에서 시작하여 근대 독일의 철학자

14 Max Horkheimer & Theodor W. Adorno, *Dialektik der Aufklärung*, p.1.

칸트에 의해 정립된 바 있는 절대적인 도덕 관념을 거쳐 현대의 전체주의 사회의 이데올로기로 유포되고 있는 '반(反)유대주의'와 후기 자본주의 사회에서 획일적인 문화를 생산해 내는 '문화산업'에 이른다는 것이다.

아도르노와 호르크하이머가 신화의 문명으로의 이행 과정에서 일어난 중요한 삶의 방식 변화로 주목한 것은, 신화적 세계에서 탈출하기 위한 수단으로 사용되었던 합리성이 점차 인간의 삶 전체에 확장되면서, 자연을 모방하고 자연에 동화되어 살아가던 원시적 인간의 '미메시스적 행동 양식'이 퇴출되었다는 사실이다. 문명화 과정에서 발달한 '합리적 행동 양식'에 의한 미메시스적 행동 양식의 추방은 호르크하이머가 『이성의 부식(Eclipse of Reason)』(1946)에서 집중적으로 다루고 있는 '도구적 이성'의 확산과 불가분의 관계에 있다.[15] 이런 맥락에서 『계몽의 변증법』의 저자들은 「오디세우스」를 예로 들어, 자연의 힘을 무력화시킨 인간의 합리성이 인류의 진보를 앞세운 이후의 역사에서 인간의 삶의 목적이 무엇인지를 더 이상 묻지 않고 형식화된 도구적 이성으로 변질되었음을 비판한다. 그에 따르면 무시무시한 자연의 위협을 저지하는 책략을 사용했던 최초의 인간이자 근대적인 주체의 원형으로 묘사되는 오디세우스는 자신의 자연스러운 욕망과 감성의 측면을 억압하고 희생했을 뿐만 아니라 자신과 주종관계에 있는 부하들을 지배하고 희생시킴으로써 신화적 세계 탈

15 호르크하이머가 미국에서 썼던 『이성의 부식』은 1967년 독일에서 『도구적 이성의 비판』이라는 제목으로 출간되었다.

출에 성공할 수 있었던 것이다. 이런 관점에서 고대 신화에서 현대 문명에 이르는 인류의 역사를 근원적 지배관계의 연속으로 기술한 『계몽의 변증법』은 인간에 의한 외적 자연의 지배가 인간의 내적 자연지배로 전이되고 이것이 다시 인간이 인간을 지배하는 사회적 지배로 확장되었다는 사실에 초점이 맞춰져 있다. 그처럼 인간에 의한 자연 지배가 불가피하게 인간 사이의 지배관계로 귀결되었다고 강조하는 아도르노와 호르크하이머는 역사적 지배관계를, 정통 마르크스주의자들이 계급 갈등의 구조로 파악한 것과 달리, 인간과 자연 사이의 근본적인 갈등에서 빚어지는 문제로 서술하였다.[16]

수단에서 목적으로 둔갑한 도구적 이성의 확산으로 인해 인류의 미메시스적 행동 양식이 추방되었다는 견해는 '동일성 사유'에 기반한 정신사적 발전에 대한 비판으로 연결된다. 그에 따르면 인간의 자기보존본능을 위해 고안된 도구적 이성이 삶의 전 영역을 지배하게 된 것과 병행하여, 주체의 사유는 대상이 갖는 다양성을 무시한 채 자신이 투사한 추상적인 개념에 대상을 끼워 맞추는 동일성 사유 일변도로 발전했다는 것이다. 그리고 이러한 경향은 근대 주관철학으로 넘어오면서 더욱 심화되어, 주체는 대상을 인식한다는 명목으로 결국 '자기동일성'을 추구하는 결과를 가져오게 되었다는 것이다. 아도르노와 호르크하이머의 도구적 이성과 연계된 동일성 사유 비판은 여기서 한 걸음 더 나아가 전체주의사회에 대한 비판으로 넘어가는데, 그 이유는 주체의 관점에서 대상을 개념화하는 자기동일성

16 마틴 제이, 『변증법적 상상력』, 황재우 외 역, 돌베개, 1979, 383쪽.

원리의 절대화가 주체의 '잘못된 투사'와 미메시스에 대한 '병적인 혐오'로 이어지고 이것이 바로 지배적인 사회 체제에 동화되지 않는 타자를 배척하고 추방하는 전체주의적 광기를 낳게 되었기 때문이라는 것이다. 그 결과 유럽 사회에서 오랜 세월 타자성을 간직하며 살아온 유대인은 '전체주의적 동일성 원리'의 표적이 된 것이다.[17] 이처럼 아도르노와 호르크하이머가 「반유대주의 요소들」에서 다루고 있는 반유대주의 분석은 사회연구소의 공식적인 파시즘이론으로서 후일 평범한 미국 중산층의 반유대주의와 파시즘적 성향을 분석한 아도르노의 『권위주의적 성격』 연구의 기초를 이루게 된다.

계몽의 신화적 야만으로의 퇴행 과정을 추적하는 아도르노와 호르크하이머는 독일 나치즘 사회에서 횡행하던 반유대주의뿐만 아니라 미국의 자본주의사회에서 성행하던 문화산업 역시 현대의 야만적 현상으로 간주한다. 마르크스주의 시각에서 사회적 불평등의 기원을 잊어버린 모든 종류의 문화에 대해서 깊은 불신을 품고 있던 아도르노는 특히 모든 문화에는 그것이 고상한 것이든 저속한 것이든 똑같이 야만성의 요소가 포함되어 있다고 생각했다. 또한 전 저작에서 내재적 비판과 초월적 비판을 아우르는 '변증법적 문화이론'을 전개했던 그는, 문화와 삶을 서로 무관한 것으로 가르는 이분법에 반대한 것과 마찬가지로 문화와 삶 사이의 구분을 추상적으로 부정하는 것 또한 반대하였다. 그리하여 '대중 기만'이라는 부제가 붙은 「문화산업」의 주요 논점은 현실초월적 기능이 있는 문화와 사회를 구조적

17 마틴 제이, 『아도르노』, 최승일 역, 지성의 샘, 1995, 54쪽.

으로 지배하고 있는 산업이 결합한 아주 기이한 현상으로서 후기 자본주의 사회에 광범하게 침투된 문화산업의 본질은 바로 정치와 경제와 기술이 결탁하여 대중을 기만하는 이데올로기에 있다는 것이었다.[18] 이런 연관에서 『계몽의 변증법』의 저자들은 19세기 고도 자본주의 시대에 꽃피었던 부르주아 문화를 대신하여 20세기 산업사회에서 출현한 이른바 대중문화라는 것이, 대중들 사이에서 자발적으로 형성된 긍정적 의미의 대중문화가 아니라 경제 독점 자본주의 국가에서 생산되어 (위에서) 강요된 문화라는 점을 강조하기 위해 부정적 의미가 내포된 문화산업이라는 용어를 의도적으로 사용하였다.[19]

그러므로 획일적으로 생산, 유포되는 문화산업에 대한 비판에는 대중에게 편안한 오락거리를 제공함으로써 자본주의 경제에서 파생되는 사회적 불평등의 구조를 은폐하는 문화산업의 이데올로기를 똑바로 꿰뚫어 보라는 강력한 호소가 담겨 있음을 간과해서는 안 될 것이다. 더 나아가 아도르노와 호르크하이머의 문화산업 비판은 문화를 구성하는 모든 요소를 체계적으로 분류, 조사해서 최대 수익의 창출이라는 경제적 목표에 가장 적합한 문화상품을 생산, 유통, 소비시키는 문화산업이 대중의 사회에 대한 올바른 의식을 마비시킴으로써 이들을 기존의 지배관계에 종속시켜 정치적으로 언제든지 전체주의 국가에 순응하는 인물로 만들 수 있다는 위험을 경고하

18 전통적으로 사용되던 생산기술(technique)을 현대의 재생산적 과학기술(technology)로 대체한 문화산업에 이르러 주술의 외피를 두르고 있던 이데올로기가 이제 기술의 영역으로 진입한 것이다. 같은 책, 173쪽.

19 Theodor W. Adorno, *Ohne Leidbild*, p.60.

는 데 그 목적이 있었다고 보아야 할 것이다. 『계몽의 변증법』의 저자들은 정치적 전체주의에 대한 '문화 순응주의'가 독일의 바이마르 시대의 시민문화나 나치 시대의 허위적 서민문화에서뿐만 아니라 1940년대 미국에서 유행하던 대중문화에도 만연해 있음을 확신하고 있었기 때문이다.[20] 그와 같은 경고성 추론이 역사적 맥락과 사회적 상황의 차이를 무시하는 논리적 비약인 측면이 다분히 있음에도 불구하고 호르크하이머와 아도르노가 대중의 사물화된 의식을 일거에 깨기 위한 특유의 과장법을 사용하면서 전개하고 있는 문화산업론은 1930-1940년대 미국에서 유행하던 대중문화에 대한 첨예한 논쟁을 촉발하였다. 그로써 1940년대 후반 미국의 지적 풍토에 일대 지각변동을 일으킨 프랑크푸르트 학파의 대중문화 비판은 19세기 고급문화를 대체한 20세기 대중문화가 (처음으로) 부르주아 고급문화의 몰락을 한탄하는 과거지향적 보수진영이 아닌, 급진적인 진영으로부터 공격을 받게 되는 계기를 마련해 주었다.[21] 그러나 문화산업을 대상으로 한 세부적인 분석들은 사실과 맞지 않는 문제점을 드러내기도 했다. 이를테면 재즈의 퇴행성을 신랄하게 비판한 아도르노가 정치적 망명객이자 문화적 아웃사이더로서 재즈를 비롯한 미국의 대중문화가 자발적으로 형성된 측면에 둔감하거나 무지했던 것은 사실이었다.[22] 그의 유럽 중심주의 시각으로는 서구 밖의 원시적

20 마틴 제이, 『아도르노』, 최승일 역, 지성의 샘, 1995, 167-168쪽.

21 마틴 제이, 『변증법적 상상력』, 황재우 외 역, 돌베개, 1979, 333쪽.

22 같은 책, 330쪽 참조. 아도르노의 미국 대중문화에 대한 비판적 논점들은 이미 그가 영국 망명 시절 헥토르 로트바일러라는 가명으로 발표했던 「재즈에 관하여」(1936)에서 분명하

인 문화에 대해서는 말할 것도 없고, 미국의 대중문화 일반에 대해서도 (전혀) 공감할 수 없었던 것이다.[23] 그럼에도 한 가지 흥미로운 것은 일찍이 벤야민이나 아이슬러(Hans Eisler)가 강조했던 영화의 해방적 가능성을 줄곧 부정하면서 영화의 대중 기만적 성격을 비판해 오던 아도르노가 1960년대 후반 독일의 젊은 감독들의 주도로 출현한 '신독일영화'에 대해서는 영화가 갖는 비판적 잠재력을 긍정적으로 평가했다는 사실이다.[24]

『계몽의 변증법』의 저자들은 고대 신화에서 현대의 반유대주의와 문화산업에 이르기까지 신화적 세계를 벗어난 계몽이 다시 야만적 신화 상태로 회귀했다는 사실을 정신사적이고 사회적이고 문화적인 측면에서 입증하고자 전력투구하였다. 그런 만큼 온통 '부정적 총체성'으로 직조되어 하버마스(Jürgen Habermas) 또한 '가장 음울한 책'이라고 불렀던 『계몽의 변증법』이 가져온 파급력은 대단했다. 제2차 세계대전이 한창이던 당시의 역사적 상황을 빗대어 "완전히 계몽된 지구가 재앙의 승리라는 표지 속에 빛나고 있다"[25]고 개탄하는 아도르노와 호르크하이머가 장구한 인류 문명의 역사를 계몽의 신화로의 퇴행 과정으로 재구성하면서 현대의 특수한 역사적 상황을 모든 시대와 사회에 적용한 것은 탈역사적이라는 반론들 또한 만만찮게 제

게 드러나 있다. 그는 마르쿠제와 달리 대중음악의 진정한 해방적 국면보다는 사이비 해방적 국면에 더 깊은 인상을 받았다. 같은 책, 290쪽.

23 같은 책, 288쪽 참조.

24 마틴 제이, 『아도르노』, 최승일 역, 지성의 샘, 1995, 176쪽.

25 Max Horkheimer & Theodor W. Adorno, *Dialektik der Aufklärung*, p.9.

기되었다. 그러나 여기서 중요한 것은 아도르노와 호르크하이머가 문명의 역사를 거치면서 사회적 지배 수단으로 변질된 합리성과 동일성 사유에 대한 철저한 비판으로 일관하면서도, 다른 한편으로는 도구화되고 형식화된 주관적 이성의 횡포를 막는 '객관적 이성'의 중요성을 간과하지 않았으며[26] 인간 이성이 지닌 궁극적인 타당성에 대한 신념을 끝까지 버리지 않았다는 사실이다. 그들은 또 이성의 전횡에 대한 반발로서 자연을 신격화하거나 자연으로의 복귀를 주장하는 보수적인 문화비평가들을 비판했지만, 자연과 인간 사이의 궁극적인 화해에 대한 희망을 포기하지 않았다. 다만 유토피아적 화해가 성급하게 실체화되는 것을 경계했던 그들이 중요하게 여긴 철학의 과제는 궁극적인 사회 변화가 오기 전까지는 오직 부정적 현상을 거부하는 데 있었다.[27] 하지만 프랑크푸르트 학파는 그토록 '부정의 원리'에 충실했기 때문에 그들이 초기에 사회적 실천에 역점을 두었던 것과 달리 구체적인 사회 변화를 위한 어떤 실용적인 지침을 주지는 못했으며 또 그들이 목표로 삼았던 자연과의 화해가 무엇을 의미하는지도 명확하게 제시하지 못했다.[28] 1940년대의 비판이론은 구체적인 비판적 실천을 제시할 수 없었던 만큼 이론을 (유일한) 실천의 형태로 이해했다고 볼 수 있다.[29]

호르크하이머와 함께 캘리포니아에 거주하던 시절 아도르노의 이

26 마틴 제이, 『변증법적 상상력』, 황재우 외 역, 돌베개, 1979, 389쪽.

27 같은 책, 393쪽.

28 같은 책, 399쪽.

29 같은 책, 417쪽.

론적 작업은 매우 풍성한 결실을 맺는다. 이 시기의 아도르노는 『계몽의 변증법』의 부록으로 구상했던 『신음악의 철학(Philosophie der neuen Musik)』(1949)을 완성하게 되는데, 신화적 자연에서 탈출하기 위해 사용된 합리성이 인간 본연의 자연성을 몰아내고 무분별하게 사용됨으로써 고대 신화에서 시작된 계몽이 현대의 전체주의사회에 이르는 변증법적 발전을 이루게 되었다는 『계몽의 변증법』의 논지는 『신음악의 철학』에서 고찰하는 음악의 변증법적 발전에도 적용되고 있다. 계몽의 변증법적 발전에 상응하여 음악에서도 불모성과 불구화가 초래되었음을 기술한 이 책에서 아도르노는 현대사회의 억압적 체계를 고발하는 무조음악을 창시함으로써 역사적 주체의 해방성을 담보했던 쇤베르크가 후기에 가서 경직된 12음 기법을 사용한 것을 비판하면서 '진보적인' 작곡가 쇤베르크에 대한 이중적 감정을 토로하고 있다.[30] 이와 대조적으로 아도르노는 고전음악의 낡은 형식을 파괴하는 데 급급하여 음악에서 주체를 추방하고 '개별화의 원리'를 부정하는 원시적 집단주의를 불러냄으로써 신음악을 극단적인 퇴행으로 몰고 간 '반동적인' 작곡가 스트라빈스키(Igor Stravinsky)가 다른 한편으로 신고전주의 음악을 표방하면서 내세운 권위주의는 맹목적인 체제 순응을 강요하는 파시즘과 친화성을 가지고 있음을 비판하고 있다.[31]

캘리포니아 체류 시절의 아도르노는 미국 사회에 완전히 뿌리내

30 Theodor W. Adorno, *Philosophie der neuen Musik*, pp.59, 62 참조.

31 같은 책, pp.153, 161, 189 참조.

리지 못한 망명 철학자로서의 자서전적 요소들을 가장 많이 담고 있는 『한줌의 도덕(Minima Moralia)』(1951)을 틈틈이 집필하였다. 그는 그곳에서 호르크하이머를 비롯하여 토마스 만(Thomas Mann), 브레히트, 한스 아이슬러 등, 독일에서 망명 와 있던 상당수의 지식인과 예술가와 교류하면서 자유롭고 평화로운 삶을 누리면서도 문화적 뿌리가 다른 미국 사회에 동화되지 못한 망명인으로서의 소외감을 완전히 벗어나지는 못했다. 그가 미국 사회에서 겪은 사적인 체험들을 망명 전 유럽 사회에서의 체험들과 교차시키는 탁월한 문학적 감성을 유려한 문체로 그려 내고 있는 『한줌의 도덕』은, '상처받은 삶에서 나온 성찰'이라는 부제가 말해 주듯이, 유럽의 전체주의적 정치 상황이든 미국의 대중문화 현상이든 어디서나 똑같이 '관리되는 세계'에서 깊이 상처받고 살아가는 개인의 삶을 섬세하게 조명해 준다. 짧은 경구들로 이루어진 잠언집을 통해 저자는 지극히 사적인 영역에서 일어나는 일들에 대한 세밀한 관찰을 통해 사회 전체에 드리운 암흑을 성찰하는 '슬픈 학문'을 전개하고 있다. 고향을 잃고 떠도는 지식인으로서 낯선 사회를 바라보는 아도르노로의 '비동일적 시선'은 다른 한편으로 그의 이데올로기 비판적 입장과 정치 의식을 더욱 예리하고 강고하게 만들어 주었다. 사회에 통합되지 못한 타자의 비동일적 시선에 의해 포착되는 사회적 총체성에 대한 비판은 『한줌의 도덕』에서 "전체는 참이 아니다"[32]라는 간단한 명제로 표현된다. 그러나 여기에는 거짓된 총체성에서 벗어나야 하고 또 벗어날 수 있다는 실

32 Theodor W. Adorno, *Minima Moralia*, p.57.

낱같은 유토피아적 희망이 숨겨져 있음을 알 수 있다.

그 밖에도 아도르노는 미국 유대인협회의 재정적 지원을 받은 프랑크푸르트 학파가 반유대주의의 역사와 현상을 분석하기 위해 1944년부터 광범위하게 진행한 『편견에 관한 연구』에 참여했는데, 그가 버클리 여론연구소와의 공동연구로 수행했던 『권위주의적 성격(The Authoritarian Personality)』(1950)은 다섯 권의 책으로 간행되어 미국 사회과학계에 큰 파장을 일으킨 『편견에 관한 연구』 시리즈 중에서도 가장 탁월한 성과물로 손꼽힌다. 미국으로 건너가 가장 먼저 관여했던 라자르스펠트와의 공동 프로젝트에서 드러났듯이 미국식 경험적 연구 방법에 강한 거부감을 가지고 있던 아도르노는 1940년대 후반에 참여한 『권위주의적 성격』 연구에서는 이론을 경험과 연결하고 미국 사회학의 계량적 조사와 독일 사회학 연구의 질적 해석 사이를 매개하는 데 성공하였다. 특히 아도르노가 주축이 되어 진행된 『권위주의적 성격』 연구는 경험적 자료 분석과 심층 심리학적 분석을 결합하여 성공을 거둔 선구자적 연구 사례로 평가받았다. 이 또한 프랑크푸르트 학파가 1930년대를 지나면서 한편에서는 독일 나치즘이 발호하고 다른 한편에서는 소련에서 스탈린 독재가 구축되는 것을 목도한 후 기존의 마르크스주의 중심의 연구에서 프로이트 심리분석 연구로 방향을 전환함으로써 가능한 일이었다. 정통 마르크스주의자들이 프롤레타리아의 계급 의식에 올바른 사회 의식을 정초시키려 했던 모든 시도에 대해 일찍부터 아도르노가 취했던 비판적 입장은 이제 다양한 계층과 여러 부류에 속한 인간의 성격에 잠재해 있는 전체주의 성향 또는 파시즘의 심리학적 측면에 대한 경험

적 조사를 통해 더욱 타당한 것으로 입증되었던 것이다.[33]

4. 전후 독일 사회의 비타협적 지식인

『계몽의 변증법』이나 『권위주의적 성격』과 같은 저작들의 출간으로 미국에서 사회이론가와 문화비평가로서 입지를 굳혔음에도 불구하고 아도르노가 제2차 세계대전이 끝나고 동·서독으로 분할된 조국으로 돌아올 결심을 하게 된 것은 그가 '독일어와 철학적 사변의 친화력'[34]에 대해 갖고 있던 강한 믿음 때문이었다. 11년에 걸친 미국 망명생활을 끝내고 1949년 가을, 호르크하이머, 폴록 등과 함께 아데나우어(Konrad Adenauer) 수상이 통치하던 서독으로 돌아온 아도르노는 프랑크푸르트 대학 철학과 교수로 복직한다. 역시 프랑크푸르트 대학 철학과 교수로 복직한 호르크하이머는 1950년 초 활동을 재개한 사회연구소를 다시 이끌어 가게 되며, 연구소는 1951년에 전쟁 중 폭격으로 파괴된 연구소 건물이 있던 자리에서 멀지 않은 곳에 다시 세워진다. 이어서 호르크하이머는 유대인으로는 최초로 독일 대학의 총장으로 임명된다.

아도르노가 지금까지 주로 이론적인 차원에서 현대사회와 문화를 비판한 지식인이었다면 독일로 돌아온 후에는 많은 강연과 토론, 집필을 통해 사회문제에 적극적으로 발언하고 참여하는 '공적인 지식

---

33 하르트무트 샤이블레, 『아도르노』, 김유동 역, 한길사, 1997, 184-185쪽.

34 같은 책, 191쪽.

인'으로 변모함으로써 전후 독일 사회를 지배하던 복고적인 분위기를 타파하는 새로운 지식인의 모습을 창출하게 된다.[35] 귀국한 지 얼마 되지 않은 1950년 초 헤센 라디오 방송에 출연했던 아도르노는 '문화의 부활'이라는 주제를 다루면서 최근의 역사에서 전례 없는 만행을 저지른 책임을 망각한 채 전후 독일 사회에서 부활하고 있는 문화는 "야만으로의 회귀를 은폐하고 있다"라는 발언으로 큰 물의를 일으켰다. 그는 또 프랑크푸르트에서 열렸던 아우슈비츠 재판이나 이스라엘에서 있었던 아이히만 전범 재판을 계기로 과거를 극복하자는 논의가 조심스럽게 일어나던 1960년대 전반 독일 사회에서 매우 민감한 '과거청산'이라는 주제를 가지고 공개적인 토론을 주도해 나갔다. 과거청산을 제대로 이루지 못하는 독일 사회는 민주주의가 결여된 사회라고 비판한 그는 '계몽으로서의 과거청산'이 제대로 이루어지려면 무엇보다 사회적 강제에 저항하는 자율적 주체가 요구된다는 점을 강조하였다. 정치적 현안과 관련된 아도르노의 발언은 다름 아닌 '계몽으로서의 사회학'[36]을 실천하는 일이었고 획일적인 삶의 방식에 순응하는 것을 거부하는 주체의 자율성에 대한 촉구로 수렴된다. 같은 맥락에서 잘못된 현실에 저항하는 주체의 역량을 기르는 교육의 중요성을 강조하는 아도르노가 『성숙에 이르는 교육(Erziehung zur Mündigkeit)』(1970)에서 제시했던 실천적 지침들은 실제로 1970년대 독일 중등학교와 대학을 개혁하는 원동력으로 작용하면서

35 Richard Kelin, *Adorno Handbuch*, p.6.

36 같은 책, p.5.

교육학 분야에 가히 혁명적인 영향을 끼쳤다.[37] 1970년대 이후 독일 사회의 각 분야에서 광범위한 민주화운동이 전개되고 무엇보다 개인의 자율성이 침범할 수 없는 최고의 가치로 여겨진 것은 아도르노의 비판적 사유가 알게 모르게 중요한 사회적 실천으로 자리 잡은 것으로 평가할 수 있을 것이다.

라디오 방송이라는 대중매체를 통해 불과 얼마 전에 파시즘과 홀로코스트를 경험하고도 아직 과거청산을 제대로 하지 못한 독일 사회에서 마치 아무 일 없었던 것처럼 거짓 문화가 버젓이 부활하는 것을 비판했던 아도르노는 비타협적인 지식인의 표본이었다. 그렇게 1950-1960년대 서독의 정치, 경제, 사회, 문화를 대상으로 펼쳐진 그의 전방위적 비판은 서구 '문화의 실패'에 대한 선언으로 요약된다. 그는 1951년에 출판된 「문화비판과 사회」라는 글에서 "아우슈비츠 이후에 서정시를 쓴다는 것은 야만적이다"[38]라는 매우 과격한 발언으로 최근에 일어난 역사적 재앙을 망각한 채 '잡스러운 수다'에 빠진 독일 문화 전반에 대해 유죄 선고를 내렸다. 『계몽의 변증법』에서 문화산업의 기만성에 가했던 비판이 이제 아우슈비츠라는 역사적 사건 앞에서 그 속살을 드러낸 문화의 야만성에 대한 보다 강도 높은 비판으로 이어진 것이다. 아도르노의 급진적인 문화비판은 벤야민이 남긴 유산[39]이라고 볼 수 있는데, 그는 1920년대에 프랑크푸르트

37 같은 책, p.7.

38 Theodor W. Adorno, *Prismen*, p.31.

39 제이는 아도르노의 이러한 주장이 벤야민이 「역사철학 테제」에서 언급한 '문화의 야만성'에 근거한다고 말한다. 마틴 제이, 『아도르노』, 최승일 역, 지성의 샘, 1995, 68-69쪽 참조.

에서 알게 된 벤야민이 독일에서 탈출한 후 파리에 머물면서 경제적으로 몹시 궁핍한 처지에 있을 때 『사회연구지』 기고를 통해 재정적 지원을 받을 수 있도록 도움을 주었다. 파리에서 도피생활을 하면서 집필에 몰두하던 중 점점 더 신변의 위협을 느낀 벤야민이 1940년 미국 망명길에 올랐으나 이 도정이 피레네 산맥의 스페인 국경에서 차단되자 스스로 죽음을 택할 때까지 아도르노는 벤야민과 지속적으로 교류하면서 정신적으로 매우 긴밀한 관계를 유지했다. 미국에서 벤야민의 안타까운 죽음을 전해 들은 아도르노는 1942년 처음으로 벤야민 기념 문집을 발간한 것을 시작으로 독일로 돌아온 후에도 벤야민의 에세이와 서신들을 출간하면서 이 독창적인 사상가를 적극적으로 소개하고 해석함으로써 20세기 독일 문화비평의 원조라고 할 수 있는 벤야민의 중요성을 부각하는 데 크게 기여하였다.

아도르노는 귀국 후 캘리포니아 망명 시절에 집필했던 『한줌의 도덕』(1951)이 출간됨으로써 일약 독일을 대표하는 사회분석가이자 시대 비판자로서의 명성을 얻었다. 그 밖에도 그는 1950-1960년대에 이르는 동안 광범위한 문화적 주제를 다룬 방대한 글들을 발표했는데, 『프리즘』(1955), 「어설픈 교양이론」(1959), 『개입』(1963), 『문학노트』(1958-1965), 『표어』(1969) 등과 같이 잇따라 출간된 에세이들은 그의 명성을 한층 더 높여 주었다. 그러나 아도르노가 명실공히 전후 독일을 대표하는 지식인으로서 끼친 영향은 비단 철학, 미학, 문학, 사회학, 교육학에 국한되지 않았다. 프랑크푸르트 청년 시절 음악비평을 시작했던 음악이론가로서 스스로 작곡도 하고 피아노를 즐겨 연주한 아도르노가 음악 분야에 끼친 영향 또한 실로 지대하다.

1951년 다름슈타트 근처 크라니히슈타인에서 열린 〈하계 신음악 강좌〉에서는 슈테판 게오르게(Stefan George)의 시에 아도르노가 곡을 붙인 노래들이 직접 그의 피아노 반주로 초연되기도 했다. 정평 있는 음악이론가로서 또 실제로 활동하는 작곡가로서 명성을 날리던 아도르노는 1954년에도 크라니히슈타인에서 열린 〈현대음악의 포럼〉에 참가했는데, 여기서 그는 자유로운 무조음악을 서양 음악사의 최고봉으로 평가하고 제2 빈악파에 찬사를 보냈던 반면, 당시 젊은 음악가들이 중시하던 '음열주의' 기법과 전자음악을 강도 높게 비판했기 때문에 불레즈(Pierre Boulez)와 슈톡하우젠(Karlheinz Stockhausen)같은 젊은 음악가들로 구성된 다름슈타트 악파와 논쟁을 불러일으키기도 했다. 아도르노가 재료를 완전히 자유롭게 다룰 줄 아는 자율적인 형상화 능력을 음악에서 가장 중요한 것으로 강조한 것은 그의 미학적 논의에서 일관되게 거론되는 예술의 자율성에 대한 옹호와 연결된다. 그 밖에도 아도르노는 『불협화음』(1956), 『소리의 형상들』(1959) 같은 다양한 음악 이론들을 발표하여 1950-1960년대에 유행하던 '신전위음악' 운동에 결정적인 영향을 미쳤다.

미국에서 『권위주의적 성격』에 대한 공동연구를 수행하면서 상당한 정도로 미국 사회학자들의 방법론을 수용했던 아도르노는 귀국 후에도 한동안 미국식 경험적 사회연구에 큰 관심을 두고 있었다. 그러나 1952년 해커 재단의 요청으로 대중문화의 사회심리학적 분석을 위해 다시 캘리포니아에 갔다가 1년 후에 돌아온 아도르노가 경험적 연구에 보인 관심은 1950년대 후반에 접어들면서 점차 사그라졌다고 볼 수 있다. 그리하여 어디까지나 개별적인 경험 사실들을 토대로 전체 사회이론을 도출해 내는 사회철학적 입장을 견지했던 아도르노가, 어떤 그럴듯한 이론도 반드시 경험적 검증을 거쳐야만 그 진위가 밝혀진다고 주장한 실증주의 사회학자 칼 포퍼(Karl Popper)와 1961년 튀빙겐에서 열린 독일 사회학회에서 '사회과학의 논리'라는 주제에 대해 공동으로 발표한 것이 계기가 되어 촉발되었던 이른바 '실증주의 논쟁'은 전후 독일 학계에 큰 파장을 일으킨 것으로 유명하다. 아도르노의 입장을 지지하는 하버마스와 포퍼 진영의 한스 알베르트(Hans Albert) 등이 가담했던 실증주의 논쟁은 포퍼의 비판적 합리주의와 아도르노가 대표하는 변증법적 비판이론을 구분하는 논제들이 어떤 것인지를 명확하게 보여 주었다.[40] 아도르노는 1963년부터 1968년까지 독일 사회학회 회장을 지냈다.

나치의 탄압을 피해 망명생활을 하던 아도르노의 사회비판이 주로 빌헬름 황제(Kaiser Wilhelm)가 통치하던 '독일제국'이라는 권위주의 사회에서 자라난 파시즘의 속성과 그 원인 분석에 집중했다면, 제2차 세계대전이 끝나고 돌아온 그가 전쟁의 폐해를 딛고 경제 부흥에 총력을 기울이던 재건기 서독 사회에 가한 비판은 자본주의사회를 지배하는 총체적인 '교환 원칙'에 집중되었다. 젊은 시절 마르크스주의를 학습한 이후 첨예화된 아도르노의 사회비판적 시각은 철저한 교환 원칙으로 작동되는 자본주의사회의 경제 이데올로기 비판에 그 뿌리가 닿아 있다. 그는 실제적인 사용가치와 달리 머릿속에서 만들어진 가상으로서 세계를 마법 속에 가두는 교환가치[41]에 대한 숭상이

40 같은 책, 73쪽.

현대 자본주의사회에 만연한 인간소외와 사물화 현상의 근본 원인이라고 생각했다. 그러면서 아도르노는 일찍이 마르크스가 상품의 사용가치와 교환가치를 구분하면서 부각한 바 있는 '교환의 추상성'이라는 개념을 후기 자본주의사회 전체를 특징짓는 '총체적 기만관계'라는 개념으로 발전시켜 나갔다.[42]

그렇듯 현존하는 사회의 부정성을 '총체적 부정성'으로 규정하는 아도르노의 철학적 입장은 그의 만년의 역작인 『부정 변증법(Negative Dialektik)』(1966)으로 종합된다. 『계몽의 변증법』에서 전개된 계몽 비판이 결국은 인간 주체가 본래 가지고 있는 자연성의 회복과 이성의 자각에 대한 간절한 호소와 맞닿아 있는 것처럼, 이제 유물론적 관점에서 '객체의 우위'를 강조하는 『부정 변증법』은 그동안 현실과 유리된 관념의 성채를 쌓고 실천의 문제에 무기력했던 철학이 지난날의 과오를 반성하고 새롭게 거듭나기를 촉구하고 있다. 따라서 그릇된 현실과 타협하지 않는 사유의 긴장을 유지하면서 사물화된 인간 의식과 현실 세계의 해체를 주요 과제로 삼는 『부정 변증법』은 역사적으로 실패한 것으로 드러난 계몽의 본래적인 이념을 온전한 의미에서 철학적으로 실현할 가능성을 탐구하는 시도라고 할 수 있다.

이런 의미에서 『계몽의 변증법』을 인식론적이고 철학사적인 관점에서 재구성한 『부정 변증법』의 첫머리에서 아도르노는 지금껏 각각 이론에 치우치거나 실천만을 앞세웠던 동서 진영에서 다 같이 패배

41 Theodor W. Adorno, *Gesammelte Schriften* 8, p.209.

42 하르트무트 샤이블레, 『아도르노』, 김유동 역, 한길사, 1997, 203쪽 참조.

한 철학이 다시 살아남으려면 철학의 오래된 과제인 '철학의 실현'에 대해 다시 진지하게 고민해야 한다는 점을 강조한다.[43] 현실에서의 무능력으로 사멸 위기에 처한 철학의 근본 문제를 파헤치기 위해 그는 무엇보다 인간 정신을 절대시함으로써 기존 세계의 옹호로 귀결된 헤겔의 '긍정 변증법'을 비판하고, 본래적인 의미의 사유는 현실의 부정적인 현상들이 모두 사라질 때까지 계속 부정으로 남아 있어야 한다는 요지의 '부정 변증법'을 개진하고 있다. 그리고 그처럼 헤겔(Georg Wilhelm Friedrich Hegel)의 관념론적 변증법과 비판적으로 대결하는 아도르노의 부정 변증법은 주체의 동일적 사유에 의해 훼손된 비동일적 객체의 구제를 목표로 삼는다. 그러나 개념으로 완전히 포착될 수 없는 '비동일자'는 어떤 존재 자체를 지시하는 것이 아니라 어디까지나 바로 동일적 사유에 의해 생겨나거나 밀려난 것이기 때문에, 일체의 경험적 현실을 초월한 어떤 완전한 존재의 이념을 상정하는 하이데거의 존재론 역시 비판의 대상이 된다. 서로 완전히 상반되는 헤겔의 관념론과 하이데거의 존재론이 똑같이 문제가 되는 이유는 사유의 동일성 원리를 절대시한 헤겔적인 '개념의 형이상학'이나 초월적 존재 개념을 신비화시킨 하이데거적인 '존재의 형이상학'은 비록 서로 다른 방식이지만 똑같이 그릇된 현실을 긍정하는 결과를 초래하기 때문인 것이다. 이들 추상적인 관념론이나 초월적인 존재론처럼 주체와 객체, 개념과 대상의 상호매개성을 망각하고 어느 한쪽을 절대시하는 어떤 종류의 형이상학도 배격하는 아도르노

43 Theodor W. Adorno, *Negative Dialektik*, pp.15-16 참조.

는 다른 한편으로 거대한 개념의 체계를 수립한 관념론에 반기를 들고 등장했던 실증주의나 유물론에서 보이는 독단론의 문제 또한 지적한다. 전통적인 관념철학이 추구했던 사유의 동일성이라는 것이 대립 항쟁 속에 있는 실제 사회와 모순된 관계를 이루는 한 한낱 환상에 불과한 것이라면, 그와 정반대 입장에서 오직 사실만을 숭배하는 실증주의는 잘못된 현실을 변호하는 결과를 낳았을 뿐이며, 이론을 경시한 채 실천만을 주장하는 '속류 유물론' 역시 현실의 변화를 저해하는 결과를 초래했기 때문인 것이다.

그러나 그처럼 모든 종류의 형이상학과 독단론을 배격하는 아도르노의 부정 변증법은 동일화 사유가 저지른 모든 과오에도 불구하고 대상 인식을 위한 개념화 작업을 완전히 포기할 수 없는 한 '개념으로 개념을 넘어서야 한다'는 역설에 기초해 있다. 동일성 철학의 이데올로기를 부수고자 하는 부정 변증법은 사유의 동일화 작업 자체를 부정하는 것이 아니라, 사물의 다양성을 개념의 통일성에 종속시키는 동일적 사유의 '총체성 요구'를 비판의 대상으로 삼기 때문이다. 그러므로 여기서 간과하지 말아야 할 것은 아도르노가 체제 긍정으로 빠진 관념론적 변증법과 대결시키는 부정 변증법의 목표는 어디까지나 사물의 위계질서를 폐지하는 데 있다는 사실이다. 이런 연관에서 그는 주체의 동일적 사유로 완전하게 포착되지 않는 비동일적 객체를 온전하게 드러내기 위해서는 대상을 개념에 합치시키는 대신 미메시스적으로 대상에 다가가는 사유가 필요하다고 강조한다. 그러면서 아도르노는 대상을 향한 '미메시스적 접근'이 흥미롭게도 대상을 중심으로 빙 둘러싸는 개념들의 배열 또는 '성좌' 구조를 통해 가능한 것으로 설명하고 있다. 그렇게 함으로써 대상의 다양한 요소들이 하나의 개념으로 통합되거나 환원되는 것을 막는다고 보는 그는, 벤야민이 『독일 비극의 원천』에서 사물의 내부가 드러나게 하는 주효한 인식 방법으로 기술했던 성좌 개념을 차용하여, 사물을 일의적으로 규정하는 개념의 독단과 횡포를 막고 동일적 개념으로 흡수, 통합되지 않는 사물의 비동일성의 구제를 목표로 삼는 부정 변증법의 철학적 방법론으로 발전시켰다.

그러므로 아도르노가 꿈꾸는 '인식의 유토피아'는 현실에서 해결되지 않은 채 긴장관계를 이루고 있는 모순들을 적시하는 비판적 사유이면서 동시에 다수자의 모순과 불화로 가득한 그릇된 현실 너머에 존재하는 유토피아적 화해를 염원하는 사유를 통해 실현 가능한 것이 된다. 그의 부정 변증법은 그 철저한 부정의 정신에도 불구하고 역사적으로 억압받은 비동일적 타자의 구제를 염원하는 한, 인간과 자연의 화해가 진정으로 실현되는 유토피아적 이념을 포기하지 않는다. 그러나 부정주의 철학자로서의 아도르노가 포기하지 않는 유토피아적 화해 이념은 단지 부정적 현실에 대한 '부정자'로서 기능한다. 그것은 그가 우상 금지 원칙에 충실하게 유토피아의 그림을 그리는 것을 원칙적으로 허용하지 않기 때문이다. 그럼에도 행복한 유년 시절에 대한 기억처럼 아도르노가 완전히 떨쳐 버릴 수 없었던 유토피아의 표상이 있다면, 그것은 현실의 지배관계에 대한 비판적 성찰에서 비롯된 그의 부정적 역사철학 너머 저 멀리, 여러 상이한 비동일자가 서로 소통하며 평화롭게 조화를 이루는 '타자들의 공동체'로서 희미하게 빛나고 있을 뿐이다. 그처럼 아도르노가 한편으로 그릇된 현실과의 적당한 타협을 용납하지 않을뿐더러 다른 한편으로 '아직 존재하지 않는 것'으로서의 유토피아적 화해가 구체화되는 것을 끊임없이 경계한 것은 전적으로 그의 부정적인 역사 경험에서 비롯되었다고 할 수 있다. 그의 모든 사회비판과 문화이론 전체에 어두운 색채를 드리우는 부정주의 철학을 추동하는 것은 바로 그가 유대인으로서 운 좋게 홀로코스트를 비켜 갈 수 있었다는, 그래서 우연히 살아남았다는 양심의 가책이었기 때문이다. 이런 맥락에서 아도르노는 칸트의 실천이성의 정언명법을 "아우슈비츠는 다시 되풀이되지 말아야 한다"[44]는 아주 간명한 정언명법으로 바꾸어 놓았다.

5. 68운동과 아도르노

아우슈비츠라는 역사적 사건 앞에서 문화의 실패가 입증된 독일사회에서 비타협의 원칙을 철저하게 고수함으로써 1950년대 이후 하이데거와 함께 전후 독일 문화계의 거두로 부상했던 아도르노는 무엇보다 새로운 사회적 실천을 열망했던 젊은이들에게 심대한 영향을 끼쳤다. 그러나 아도르노는, 1960년대에 이르러 자신의 철저한 사회비판의 이론적 세례를 받으며 성장했던 바로 그 젊은이들로부터 그들의 스승이 점점 실천과 등을 돌리고 있다는 거센 비난을 받게 된다. 이에 아도르노는 유한성을 절대화시킨 하이데거의 실존철학과 존재론에 대해 비판적 분석을 수행한 『본래성의 은어(Jargon

44 Theodor W. Adorno, *Stichworte*, p.85.

der Eigentlichkeit)』(1964)를 가지고 자기방어를 시도하기도 한다. 그가 1931년 프랑크푸르트 대학 교수 자격 취득을 위해 제출한 「키르케고르」에서 주관적 내면성의 절대화를 비판했던 논점은 자연스럽게 하이데거, 야스퍼스(Karl Jaspers), 부버(Martin Buber) 등의 실존주의가 내세운 순수한 주관성이라는 것이 사회적 지배의 영속화에 기여하고 있음을 비판한 『본래성의 은어』로 이어졌던 것이다.[45]

그러나 지식인으로서의 아도르노에게 가능한 실천이란 어디까지나 그릇된 현실을 적시하는 비판을 의미했으며 이때 비판의 기준점이 된 것은 당시의 현실 속에서는 실현 불가능한 것으로 판단된, 보다 나은 삶의 잠재적 가능성이었다. 숱한 논란을 불러일으킨 바 있는 "그릇된 삶 속에서 올바른 삶은 없다"[46]는 저 유명한 문구는 그러한 맥락에서 이해되어야 할 것이다. 아도르노가 이론의 도구화를 지나치게 두려워한 나머지 정치적 발언이나 논의에 대해서 거의 관심을 기울이지 않은 것도 사실이다. 그는 심지어 1960년대 말, 한 신문과의 인터뷰에서 실천에 대한 혐오를 나타내면서 "실천을 위해 실천은 포기되어야 한다"는 말을 하기도 했다. 아도르노는 자신이 실천에 무관심한 심미주의자라는 혐의를 강하게 부인했지만 그가 이해하는 혁명적 실천이란 일종의 동면전략이었던 것이 사실이고 그의 이론이 당시 급박하게 돌아가는 상황에서 심각한 정치적 결손으로 비판받는 것도 불가피했다.[47] 그렇기 때문에 아도르노가 후기 자본

45 마틴 제이, 『아도르노』, 최승일 역, 지성의 샘, 1995, 73쪽.

46 Theodor W. Adorno, *Minima Moralia*, p.42.

47 마틴 제이, 『아도르노』, 최승일 역, 지성의 샘, 1995, 120쪽.

주의사회에 대해 가했던 신랄한 비판이 바로 그의 제자들로 하여금 거리에 바리케이드를 치고 화염병을 만들게 하는 중요한 이론적 모델을 제공했던 것은 하나의 역설이 아닐 수 없다.

1960년대 후반 아도르노는 점차 국내 정치의 보수화 경향과 베트남 전쟁에 반대하면서 일어났던 68학생운동의 소용돌이에 휩싸이게 된다. 1967년 5월 브뤼셀의 한 백화점 방화 사건이 일어난 직후 베를린에서는 '코뮌 1'이라는 운동 조직이 더 많은 백화점 방화를 선동하는 전단을 살포했고, 6월에는 한 학생이 이란 왕의 방문을 반대하는 시위 도중에 피살되는 사건이 일어났다. 아도르노는 학생들이 백화점 방화를 선동한 혐의로 재판이 시작되자 그들이 뿌렸던 전단이 실은 단순한 풍자에 불과했다는 변호사의 논조를 지지하는 추천장을 써 달라는 제의를 받았지만 거절한다. 그해 7월 베를린 자유 대학에서 있었던 아도르노의 강연장에서는 학생들이 그를 조소하고 괴테에 대한 그의 강연을 거부하는 소동이 한바탕 벌어지기도 했다.

학생운동이 정점에 달했던 1968년 5월 프랑스 파리에서는 대규모 소요가 일어났고, 독일에서는 '비상조치법' 가결에 대한 격렬한 항의 시위가 있었으며 학생운동의 주동자였던 루디 두취케(Rudi Dutschke)의 암살 기도가 있었다. 아도르노가 지도하는 박사과정의 한 제자가 지휘하는 학생들에 의해 폐쇄당한 프랑크푸르트 대학이 '카를 마르크스 대학'으로 개명되는 일도 있었다. 그 와중에 아도르노는 '후기 자본주의사회인가 아니면 산업사회인가?'라는 주제를 다룬 제16차 사회학회를 프랑크푸르트에서 개최했는데 여기서 그는 사회문제를 바라보는 그의 시각에 대한 도전을 받았다. 그럼에도 아도르노가 과격한 행동주의 성향을 드러내는 학생들이 가해 오는 압력에 굴복하여 운동의 선두에 서는 것을 거부한 것은 그가 학생운동이 폭력화되는 양상을 단호하게 반대했기 때문이었다.

1969년 1월에는 자신의 집무실이 있는 사회연구소를 에워싼 한 무리의 학생들이 물러가라는 요구를 듣지 않자 평소 공권력 행사에 대해 누구보다도 날카로운 비판을 서슴지 않던 아도르노가 직접 경찰을 불러 학생들을 해산시킨 일이 일어났다. 그 후 아도르노의 여름학기 강의는 여러 번 교란을 당한 끝에 결국 중단되었고 그는 사회연구소 건물의 점령을 주도했던 제자의 공판에 참석하여 증언대에 서게 된다. 그처럼 아도르노는 점점 과격한 양상을 보이는 학생운동으로 인해 발생하는 사회적 소요와 거리를 두었기 때문에 겪은 일련의 사건들로 인해 몹시 혼란스러웠던 한 학기를 마치고 부인과 함께 휴갓길에 올랐으나 1969년 8월 스위스에서 갑작스럽게 죽음을 맞이한다. 그렇게 해서 상징적인 '부친 살해'는 슬프게도 현실이 되었다.

6. 비판이론의 유산

진보적인 지식인으로서 전후 독일 사회에 큰 영향력을 행사했던 아도르노의 사상은 주체와 객체, 의식과 대상, 개인과 사회, 또는 이론과 실천의 '변증법적 매개'에 대한 성찰로 수렴된다. 그가 20세기 초반 독일 철학계를 지배하던 서로 다른 입장인 현상학과 실존주의와 이중 대결을 벌였던 것 또한 같은 맥락에서 이해할 수 있을 것이다. 1930년대 초 교수 자격을 얻기 위해 프랑크푸르트 대학에 제출했던 「키르케고르」 논문이 주관적 내면성의 절대화에 대한 비판이었다면, 1930년대 중반 옥스퍼드 대학 시절에 시작하여 1956년에 완성, 출간된 후설 현상학에 관한 광범위한 연구인 『인식론 메타비판』는 객관적 대상의 절대화에 대한 비판이었던 것이다.

호르크하이머와 함께 프랑크푸르트 학파를 대표한 아도르노는 루카치와 코르쉬(Karl Korsch)에서 시작된 서구 마르크스주의 전통에 서 있었지만 이들이 표방한 마르크스주의적 휴머니즘이나 좌파 헤겔주의와 거리를 두었다.[48] 그는 헤겔 변증법과 마르크스 유물론의 종합을 꾀한 프랑크푸르트 학파의 '변증법적 유물론'[49]에 충실하게, 주체와 대상의 동일성이 실현된 것으로 간주했던 헤겔 철학이나 이론과 실천의 거리를 성급하게 좁히려고 했던 정통 마르크스주의는 똑같이 거부하였다. 헤겔주의자로서의 아도르노는 헤겔 변증법을 역사와 사회를 바라보는 기본 시각으로 받아들였으나 헤겔 철학이 내세운 동일성 논리가 갖는 이데올로기적 측면을 누구보다도 맹렬하게 비판하였다. 마르크스주의자로서의 아도르노는 순응주의와 허위의식이 팽배한 현대사회에서 주관적인 계급 의식은 비록 소멸했으나 객관적인 계급구조는 여전히 존재하고 있는 것으로 보았으며, 그런

---

48 프랑크푸르트 학파는 경직된 유물론을 비판함으로써 마르크스주의 관련 토론의 수준을 높여 주었고 사회주의 리얼리즘이라는 메마른 도식주의로부터 유물론적 문화비판을 구출해 내었다. 그러나 1950년대 이후 확실하게 유물론과 결별한 프랑크푸르트 학파는 1960년대에 이르러 독일 신좌파와 심각한 마찰을 빚게 되었다. 마틴 제이, 『변증법적 상상력』, 황재우 외 역, 돌베개, 1979, 440-441쪽 참조.

49 사회연구소의 뉴욕 이전 후 프랑크푸르트 학파는 그들의 마르크스주의적 입장을 '변증법적 유물론'이나 '유물론적 사회이론'으로 이해했다. 같은 책, 81쪽.

의미에서 현대사회는 생산력의 단계에서 보자면 산업사회이지만, 생산관계의 측면에서 보자면 자본주의사회라고 강조하였다.[50] 그러면서 그는 정통 마르크스주의자들이 주장했던 것과 달리 서구 사회 붕괴의 주요 원인을 계급구조가 고착된 자본주의의 발흥보다 훨씬 앞서 진행된 주체와 객체의 분리, 노동의 분화, 인간의 자연 지배에서 찾았다.[51]

그 밖에도 아도르노는 급변하는 사회적 관계를 총체적으로 파악하기 위해 정통 마르크스주의의 경제 우선주의와 협소한 계급이론을 넘어서 현대사회와 문화 전반에 큰 관심을 기울였다. 칸트에서 헤겔을 거쳐 마르크스에 이르는 철학적 입장들과 비판적으로 대결하면서 인간 심리의 거대한 무의식의 지평을 드러낸 프로이트 심리분석을 받아들인 아도르노는 현대 자본주의사회에서 일어나는 대중의 욕구 및 의식의 조작 문제에 대한 괄목할 만한 연구 성과를 내놓았다.[52] 더 나아가 서구 형이상학에 대한 니체(Friedrich Nietzsche)의 과격한 비판과 사물에 대한 벤야민 특유의 미시적 관찰 방식을 받아들인 그는 무엇보다 인간과 자연의 비동일성, 사유와 대상의 비동일성, 그리고 인간의 삶 속에 존재하는 비동일성에 주목하였다. 그로써 사

50 Theodor W. Adorno, *Gesellschaftstheorie und Kulturkritik*, p.165.

51 마틴 제이, 『아도르노』, 최승일 역, 지성의 샘, 1995, 149쪽.

52 그러나 초기 프로이트와 고전적 심리분석에 공감했던 아도르노는 프랑크푸르트 학파의 대표적인 심리분석학자들인 프롬이나 마르쿠제 등이 표방한 수정주의 심리분석이나 후기 프로이트의 순응주의적 '자아 심리학'이 전체 사회의 비합리성 속에서 갖는 이데올로기적 성격을 비판했으며, 고통받는 주체의 경험으로부터 '윤리적인 유물론적 계기'를 읽어 냈다. 같은 책, 123-125쪽 참조.

유의 동일성과 사회적 총체성이 갖는 억압적 측면을 폭로하고 논리적인 차원뿐만 아니라 역사적인 차원에서 나타나는 '비동일적 타자'들의 존재를 환기시킨 아도르노는 독보적인 부정 변증법과 비동일성의 철학자로 자리매김하였다. 당대의 중요한 역사적 경험과 복합적인 사회 현상을 분석하기 위해 전통과 현대를 아우르는 주요 사상들을 비판적으로 수용했던 아도르노의 이론적 작업은 한마디로 '모든 것들이 교차하는, 움직이는 교차점'[53]이었다.

아도르노가 사회적 관계의 총체성을 탐구하기 위해 사회, 문화, 인간 심리 전반에 폭넓은 관심을 가졌음에도 불구하고 사회적 총체성의 이름으로 보편과 특수의 대립을 극복하려는 모든 시도를 시기상조로 본 것은 그가 무엇보다 동일성 논리에 의해 생산되면서 또 배척당하는 비동일자를 중요하게 생각했기 때문이었다.[54] 개별적 다수자들이 평화 속에 공존하는 다원주의 사회를 지향하던 아도르노의 시각으로는 그 어떤 종류의 현실적 총체성도 비동일자를 억압하는 징표로 보였기 때문이다. 이런 연유에서 현실에 존재하는 일체의 억압적 총체성을 경계한 아도르노의 철학은 현실에서 화해되지 못한 충동들이 벌이는 팽팽한 '힘겨루기'에 대한 성찰을 근간으로 한다. 그처럼 한편으로 특수한 개별자를 강제로 통합하는 초월적 사회이론을 거부했던 아도르노는 다른 한편으로 언젠가 사회를 전체화하는 초월적 주체의 합리성이 극복되면 유구한 역사 속에서 지속되어 온

53 같은 책, 30쪽.

54 같은 책, 121쪽.

인간의 자연 지배가 사라지고 마침내 인간과 자연 사이에는 미적인 관계[55]가 들어설 것이라고 내다보았다.

이런 맥락에서 아도르노의 갑작스런 죽음으로 미완성 유고로 남게 된 『미학이론(Ästhetische Theorie)』(1970)은 기본적으로 그의 부정주의 철학의 입장에 충실하면서도 그것을 보완하는 특별한 의미가 있다. 『계몽의 변증법』 이후 서구 문명의 역사를 점진적인 자연 지배의 확장과 심화로 파악하고 아우슈비츠 이후 문화가 도대체 아직도 가능한 것인지에 대한 근본적인 물음을 제기하면서 문화와 야만의 변증법적 관계를 천착했던 아도르노는 사회 전반에서와 마찬가지로 미적인 영역에서도 계몽의 변증법이 완성되고 문화의 실패가 드러났다고 본다. 그 이유는 근대 이후 본격화된 계몽의 과정에서 탄생한 자율적 예술이 본래의 사회 연관성을 잃어버리고 절대화된 결과, 다른 문화 현상들과 마찬가지로 파시즘의 대두에서 그 정점을 찍은 사회의 야만화라는 일반적인 역사 과정 속에 함께 휩쓸려 들어갔기 때문이라는 것이다. 이런 관점에서 예술의 기원과 역사적 발전에 대한 변증법적 논의를 펼치고 있는 아도르노의 『미학이론』에 따르면 태곳적 주술 행위에서 시작된 예술은 중세와 르네상스를 거쳐 근대에 이르는 동안 점차 종교적·정치적 예속을 벗어나 바야흐로 시민사회의 자유 이념에 부합한 자율성을 획득하게 된다. 그러나 그렇게 외적인 조건들로부터 자유로워져 독자적인 영역을 구축한 예술은 이후의 발전 과정에서 점점 현실과 유리된 채 19세기 말을 풍미한 유미주의

55 Theodor W. Adorno, *Gesammelte Schriften* 8, p.396 참조.

에서처럼 스스로 신화화됨으로써 다시 기존 현실을 긍정하게 되는 결과를 초래하게 된다. 이것이 바로 미적 영역에서 진행된 계몽의 변증법이라고 할 수 있다. 그로부터 과연 예술이 앞으로도 계속 존재할 정당성이 있는지, 만일 그렇다면 그 가능성은 어디에서 발견할 수 있는지에 대한 물음이 제기된다.

여기에 현대 예술이 처한 딜레마가 있다. 예술의 역사적 발전과 사회적 위상을 고찰할 때 객관적 세계의 사물화와 이에 상응하는 주관적 의식의 물화 경향이 가속화된 산업 시대의 개막과 더불어 시작된 현대 예술은 이제 더 이상 이른바 순수예술이 탐닉했던 아름다운 가상의 세계로 도피할 수 없는 것이다. 부르주아 사회에서 두 갈래로 나뉜 고급 예술과 저급 예술은 "완전한 자유의 찢어진 반쪽"이기 때문이다.[56] 그렇다고 예술 지상주의가 표방했던 순수예술이라는 환상이 사라진 오늘날, 그 반대급부로서 현실 세계와 극단적으로 대립해 있던 예술을 현대 상품 사회로 끌어들임으로써 예술과 현실의 차이를 제거한 문화산업에서 제공되는 값싼 위안으로 만족할 수도 없는 것이다. 이와 같이 현대 예술이 처한 위기 상황에서 아도르노가 개인과 사회를 거짓으로 화해시키는 문화산업에 반대되는 개념으로 제시한 것은 부르주아 계층의 고상한 엘리트 문화가 아니라, 제1차 세계대전을 전후한 시대적 혼란 속에서 탄생한 표현주의, 다다이즘, 초현실주의와 같은 전위예술이었다. 전위예술이 공격 대상으로

56 아도르노가 1936년 3월 18일 벤야민에게 보낸 편지 참조. 마틴 제이, 『아도르노』, 최승일 역, 지성의 샘, 1995, 145쪽에서 재인용.

삼았던 부르주아 고급 예술이 주체가 현실에서 겪는 고통을 미화 또는 승화함으로써 짐짓 현실과 화해하는 가능성을 보여 주었다면, 그와 반대로 현실의 불협화음과 추함을 적나라하게 표현하는 것을 과제로 삼은 현대 예술은 불가피하게 전통 예술의 파괴와 해체를 가져오게 되었다. 그리하여 내용과 형식 면에서 현대 예술에 나타난 '탈예술화'[57] 경향은 바로 합리적 정신이 주도한 문명의 역사에서 관념화되고 정신화되었던 예술에 대한 반작용으로 이해해야 할 것이다.

이런 연관에서 아도르노는 예술에서의 미메시스적 계기를 강조한다. 그 이유는 본래 자연 모방에서 유래했던 예술은 비록 자연 지배에 토대를 둔 문명화 과정에서 합리화되고 정신화되었지만, 그 기원에 합당하게 여전히 합리적 정신에 의해 완전히 지배당하지 않는 미메시스적 계기를 간직하고 있기 때문이다. 그렇듯 주체의 동일적 사유 속에 흡수, 소멸되지 않는 비동일성의 범주로 오롯이 살아남은 미메시스적 계기는 인간에 의한 자연 지배의 폐해를 상기시키는 기능을 갖는다. 예술에서 미메시스가 중요한 또 다른 이유는 그것이 다른 것으로 대체 불가능한 개별자의 고유한 경험을 묘사함으로써 자본주의사회를 지배하는 추상적인 교환 원리에서 벗어나기 때문이다. 예술의 미메시스적 계기는 등가 원리에 따라 조직된 사회적 총체성에 포섭되지 않는 비동일성을 지시함으로써 총체적으로 관리되는 세계에 대한 훌륭한 방파제[58]가 되는 것이다. 그러므로 유용성

---

57 Theodor W. Adorno, *Ästhetische Theorie*, p.32.

58 마틴 제이, 『아도르노』, 최승일 역, 지성의 샘, 1995, 220쪽.

의 기준으로 모든 것을 판단하는 '기능화된' 현대사회에서 미메시스적 예술이 갖는 특별한 기능이 있다면 그것은 역설적이게도 도구적 이성으로 포섭되지 않는 '무용성' 또는 '무기능성'에 있는 것이다. 이러한 견지에서 직접적인 정치적·사회적 참여와 거리를 둔 모더니즘 예술을 옹호하는 아도르노는 현대사회를 특징짓는 현상으로 주체의 몰락에 따른 불안과 공포와 소외와 고독의 문제를 깊이 있게 다룬 카프카, 첼란, 베케트와 같은 작가들에게서 예술의 사회비판적 힘을 발견하였으나, 브레히트와 사르트르(Jean Paul Sartre)와 같은 적극적인 현실 참여 작가들에 대해서는 반대하는 입장을 표명하였다.

그러므로 아도르노가 강조하듯이 총체적으로 합리화된 현대 세계에서 원초적인 미메시스적 행동 양식이 아직 남아 있는 영역으로 특별한 위치를 차지하는 예술의 일차적 과제는 사회적 부정의로 인해 야기되는 인간의 '고통'을 표현하는 데 있다. 그러면서 그가 요청하고 있는 진정한 예술은 현실의 부정성을 미메시스적으로 표현하는 것에서 끝나지 않고 궁극적으로 인간과 자연이, 동일적 주체와 비동일적 객체가 화해할 수 있는 유토피아적 희망을 형상화하는 예술이어야 한다. 그리하여 사물화된 세계와 타협하지 않는 부정성을 본질로 하는 예술은 부정적인 현실을 넘어서는 유토피아적 화해를 선취함으로써 기존 사회에 대한 비판적 기능을 수행할 수 있게 되는 것이다. 모름지기 예술은 그 기원에 따라 사회적 모순과 소외된 현실을 모방해야 하지만, 동시에 그 개념에 맞게 현실을 초월하여 현재와는 '다른' 세계의 모습을 보여 줘야 하기 때문이다. 여기에서 다시 예술에서의 합리적 계기가 중요하게 되는데, 예술이 미메시스적으로 그려 내는 현실의 부정성을 넘어서기 위해서는 그 현실에서 취한 요소들을 가지고 현실과 전혀 다른 새로운 '형상'을 만들어 내는 '합리적 구성'이 필수적이기 때문이다. 그렇게 해서 미메시스와 합리성을 두 축으로 하는 예술 작품 속에서는 현실에 상존하는 모순과 유토피아적 화해에 대한 전망이 서로 팽팽한 힘겨루기를 할 수밖에 없는 것이다. 그리고 그렇듯 현실의 불합리한 요소들을 합리적으로 재구성하여 '미적 정합성'을 이루어 내는 예술 작품은 다가오는 미래에 실현될 자율적인 사회와 그 속에 살아가는 자율적인 인간의 모습을 미리 보여 주게 된다. 이런 의미에서 아도르노가 예술을 '사회적 사실'과 '자율성'이라는 양가성[59]으로 규정한 것은 의미심장하다.

그처럼 아도르노의 부정주의 철학에 이어지는 부정성의 미학에는 언제나 역사 속에서 억압받은 비동일자가 구제되는 유토피아에 대한 갈망이 깃들어 있음을 알 수 있다. 아우슈비츠라는 역사적 사건 앞에서 메시아적 구원의 역사가 파멸의 역사로 대체된 것은 분명한 사실이지만, 이 파멸의 역사가 '전도된 메시아주의'[60]로 전환되는 것은 그가 출구 없는 암흑 속에서도 완전히 포기할 수 없는 유토피아의 계기를 다시 불러들이기 때문이다. 아도르노의 부정주의 철학이 유토피아에 대한 절망적인 부정인 동시에 희망의 형식이 되는 것과 마찬가지로, 그의 부정성의 미학에서는 고통의 절규가 바로 '행복의 약속'을 호출하고 있으며 현대사회가 빚어내는 온갖 불협화음 속에서

59 Theodor W. Adorno, *Ästhetische Theorie*, p.335.

60 마틴 제이, 『아도르노』, 최승일 역, 지성의 샘, 1995, 150쪽.

도 유토피아의 화음이 미약하게나마 고동치는 것이다. 그리고 만일 아도르노가 꿈꾸는 유토피아의 형상이 현실에서 모습을 드러내는 곳이 있다면 그것은 (오직) 미적 가상에서 (순간적으로) 나타날 뿐이다. 아도르노가 표상하는 진정한 예술에서 이루어지는 유토피아적 화해는 고전 미학에서 추구한 영원하고 완전하고 절대적인 것에 반대되는, 일시성과 우연성과 가변성을 그 특징으로 하기 때문이다.

예술의 변천 과정을 역사철학적으로 고찰하고 있는 아도르노의 변증법적 상상력이 가장 자유롭게 움직일 수 있는 영역은 무엇보다 가장 비재현적인 예술로서 '표상 없는 타자'를 지시하는 음악이었다.[61] 스스로 연주와 작곡을 하는 음악비평가였으며 근대 이후 가속화된 음악의 합리화 과정에 대한 탁월한 분석을 제시했던 막스 베버(Max Weber)의 훌륭한 후계자로서 음악사회학자이자 음악철학자였던 아도르노에게 음악은 단순히 자연적인 현상이 아니라 어디까지나 특수한 상황이 투영된 역사적 현상이었고 음악의 미학적 가치와 사회적 내용은 서로 분리될 수 없는 것이었다. 이런 맥락에서 아도르노는 음악이 종교적 연관에서 벗어나 세속화되는 과정의 정점에 있던 베토벤 음악을 부르주아 휴머니즘의 완성이자 능동적 주관성의 위대한 실현으로 높이 평가했다. 그와 반대로 아도르노는 바그너 음악을 부르주아 문화가 퇴폐에 이른 가장 명백한 표징으로 간주했는데, 그가 바그너 음악이 파시즘을 배양시킨 부르주아 사회의 억압적인 힘들의 결합이라고 비판하는 근거로 제시한 것은 바그너에게서

---

61 마틴 제이, 『변증법적 상상력』, 황재우 외 역, 돌베개, 1979, 281쪽.

보이는 반유대주의나 인종주의, 권위주의적 성격 등의 비음악적인 요소들이었다.[62] 한편 루카치와 달리 부르주아 영웅 시대 이후 쇠퇴한 부르주아 문화를 계승할 프롤레타리아적 출현을 믿지 않았던 아도르노는, 부르주아 주체가 몰락하는 역사적 상황 속에서 깊은 고뇌에 빠졌던 모더니스트로서 자유로운 무조음악을 창시하여 음악사의 혁명을 일으킨 쇤베르크에 대한 찬사를 아끼지 않았다. 그러나 그는 쇤베르크가 후기에 이르러 창안한 12음 기법이 어떤 음도 나머지 열한 개의 음이 다 울리기 전에 반복하는 것을 엄격하게 금지함으로써 음악에서 일체의 우연성을 배제하고 음이라는 자연 재료를 오만한 주체에 예속시킨 것은 극단적인 자연 지배의 음악적 차원이라고 비판했다.[63] 그가 젊은 시절 변증법적 작곡가로 추앙했던 쇤베르크는 마침내 음악에서 변증법의 정지를 가져온 것이었다.

자유의 정신에서 강제성의 체계로 넘어간 신음악의 변증법에서도 나타나듯이 여타의 문화 현상과 마찬가지로 그릇된 현실의 긍정으로 기울었던 예술이 앞으로도 존속 가능한 것인지에 대한 물음 앞에서 아도르노는 예술이 자신의 과거 역사를 되돌아보고 현재 위상을 비판적으로 성찰해야 할 것을 강조한다. 그 이유는 역사적으로 형성된 예술의 자율성이 지니는 이데올로기적 성격으로 인해 현대에 이르러 해체되기 시작한 예술의 구제는 오직 예술의 자기비판에 의해서만 가능하기 때문이다. 그러므로 아도르노가 개진하고 있는 예술

62 마틴 제이, 『아도르노』, 최승일 역, 지성의 샘, 1995, 203-204쪽 참조.

63 Theodor W. Adorno, *Philosophie der neuen Musik*, pp.62, 65 참조.

비판의 궁극적인 목적은 예술의 자율성 개념에 내포된, 사회에 대항하는 비판적 잠재력을 다시 활성화하는 데 있다고 보아야 할 것이다. 그 까닭은 태고의 주술적 단계를 거쳐 중세와 종교적·정치적 속박에서 해방된 근대 시민사회에서 계몽의 이념을 자양분으로 취하면서 자라난 예술의 자율성이 종래의 종교적·정치적 지배관계로부터 벗어난 인간의 자유 의식을 함축하고 있기 때문이다. 그렇듯 예술의 자기비판을 요구하는 『미학이론』은 계몽의 자각을 호소한 『계몽의 변증법』이나 사유의 자기반성을 촉구한 『부정 변증법』과 더불어, 어떤 종류의 비합리적인 힘들도 물리칠 수 있는 인간 이성에 대한 신뢰를 끝까지 간직하고 있었던 프랑크푸르트 학파의 비판이론이 남긴 합리적 유산이라고 할 수 있다. 이것은 누구보다도 철저하게 계몽의 어두운 역사를 날카롭게 파헤치면서도 온전한 의미의 계몽이 실현될 것을 꿈꾸었던 계몽주의자로서의 아도르노가 이성과 주체를 거부하면서 극단적인 계몽 비판으로 치달았던 니체나 후기구조주의자들과 분명하게 갈라지는 지점이기도 하다.

그러나 여기서 간과하지 말아야 할 것은, 아도르노가 궁극적으로 계몽의 올바른 이념을 계승하려는 계몽주의자였다고 할지라도, 프랑크푸르트 청년 시절에 시작된 음악비평에서 미국 망명기에 나온 『계몽의 변증법』과 『한줌의 도덕』을 거쳐 만년에 남긴 『부정 변증법』과 『미학이론』에 이르기까지 그의 저작 전체를 관통하는 변증법적 사유는 사물의 고유성을 제거함으로써 얻어진 논리적 동일성과 여기에 근거하여 비동일적 타자를 배척하는 사회적 총체성을 만들어냈던 계몽의 이중적 속성을 밝혀내는 데 집중되어 있다는 사실이다.

이는 아도르노를 일반적으로 혁명적인 모더니즘의 사상가로 평가하는 것을 넘어 포스트모더니즘적인 해체주의를 선도한 사상가로 해석할 수 있는 여지를 충분히 제공해 준다. 그런데 이와 관련하여 파생되는 한 가지 문제는 비동일자와 타자를 억압하는 동일적 사유와 사회적 총체성을 배격하는 아도르노의 '반체계적 충동'[64]이 바로 그의 글쓰기에도 적용되어 그의 텍스트가 일반 독자에게 쉽사리 접근을 허용하지 않는 난해성을 특징으로 한다는 점이다. 이에 부합하게 수준 높은 예술 작품의 감상자 또한 단순한 감상의 차원을 넘어서서 작품 속에 들어 있는 사회적 모순관계를 제대로 읽어 내야 하는 과제를 부여받게 된다. 또 다른 문제로 지적될 수 있는 것은 대립과 모순으로 가득한 역사적 현실을 은폐하는 사이비 동일성이나 억지 화해에 대한 철저한 부정으로 일관하는 아도르노의 문화 비판은 역설적으로 그가 추구하는 변증법적 철학이 정지될 수 있는 위험을 내포한다는 점이다. 그 까닭은 아도르노의 비판적 사유를 이끌어 가는 강렬한 반체계적 충동들이 바로 그가 비판해 마지않았던 '닫힌 체계'를 만들어 버림으로써 그가 그토록 혐오하던 동일성이 바로 그 자신의 사유에도 각인될 수 있기 때문이다.[65] 아도르노가 우리 시대의 창조적인 지적 흐름이 펼쳐지는 역동적인 힘의 장에서 중요한 매듭을 이루고 있는 것은 분명한 사실이지만, 그가 처했던 특수한 역사적 상황에서 출구를 찾기란 불가능했는지도 모른다.[66] 그것은 어떤 이론이든지

64 마틴 제이, 『변증법적 상상력』, 황재우 외 역, 돌베개, 1979, 272쪽.
65 마틴 제이, 『아도르노』, 최승일 역, 지성의 샘, 1995, 225쪽 참조.
66 같은 책, 227쪽.

특정한 시대의 특별한 상황에서 탄생하는 것이기 때문에 그 각각의 역사적 특수성과 더불어 시대적 한계 또한 갖고 있기 때문일 것이다.

7. 아도르노 사상의 수용사

아도르노가 바이마르 공화국에 이어 두 번째 공화국을 수립했던 전후 독일에 돌아와서 끼친 영향은 지대하다. 전쟁이 끝나고 다시 문을 연 프랑크푸르트 대학에 복직한 그는 곧 학생들의 존경과 찬탄을 받는 교수로서 막강한 권위와 명성을 누리게 되었다. 그러나 대학 강단에서 젊은 학생들을 다시 가르치고 싶은 소망을 품고 불안과 설렘 속에 귀국했던 아도르노는 단순히 나치 시대에 교수직을 빼앗기고 망명길에 올랐다가 다시 원래 자리로 복직한 평범한 교수가 아니었다. 그의 강의를 듣는 젊은이들은 바로 나치 시대의 범죄자였던 부모를 둔 자식들로서 그들의 개인사와 20세기 초반에 자행된 폭력의 역사는 서로 뗄 수 없이 얽혀 있었기 때문이었다. 그들은 아도르노가 역사적 파국에서 살아남은 '지식인의 원조'로서 그들이 수치스러운 부모의 과거와 결별하고 완전히 새로운 삶을 시작할 수 있도록 방향을 제시하는 길잡이가 되어 줄 것을 기대하면서 그들의 특별한 스승에게 특별한 충성을 맹세하였다.

그렇게 해서 아도르노는 20세기에 저질러진 인류의 재앙에 대한 경악으로 어찌할 바를 모르는 전후 세대에게 아우슈비츠 이후의 '다른 사회'라는 이념을 제시하면서 비판이론을 통해 독일 사회를 새롭게 건설하려는 목표를 세웠다. 그는 나치에 의해 파괴된 독일의 전통 문화와 예술을 회복하기 위해 고심하는 '정신적인 좌표'로서 큰 신망을 얻었고 역사의 과오를 반성하고 새롭게 출발하려는 독일 공화국이 표본으로 삼는 '공적인 지식인'의 역할을 훌륭하게 수행하게 된다. 이런 맥락에서 아도르노는 독일의 제2공화국의 '정치철학자'의 면모를 보였다는 긍정적 평가를 받기도 하는데, 그가 가령 독일의 청년 음악이 나치즘 이데올로기와 같은 연속선상에 있다는 점을 비판한 것은 그의 중요한 정치 사회적 참여 사례로 꼽을 수 있을 것이다.[67] 그러나 다른 한편으로 아도르노는 좌파 테러조직인 적군파의 '정신적인 아버지'로 양식화되면서 독일 청년들을 좌파로 유혹한 장본인이라는 비난을 받는가 하면, 또 반대로 구제받을 길 없는 '자유주의자'라는 낙인이 찍히기도 하면서, 아도르노에 대한 평가는 양극으로 분열되었다.[68] 그처럼 매우 다양한 측면에서 접근할 수 있는 아도르노의 사상에 대한 서로 엇갈린 숱한 평가와 무관하게 한 가지 분명한 사실은 그가 『계몽의 변증법』에서처럼 유사 이래 잘못 흘러온 계몽의 역사를 가차 없이 비판하면서도 언제나 본래적인 의미의 올바른 계몽의 이념을 실현하고자 부심했다는 점이다. 또 하나 중요한 사실은 그의 철두철미한 비판적 사유가 다름 아닌 '사회의 부정성'에 의해 촉발되었던 것인 만큼 현실을 지배하는 이데올로기를 비판적으로 성찰하는 것을 철학의 최우선 과제라고 생각했다는 점이다. 그러므로 1940년대까지 주로 이론적 작업에 전념하던 아도르노가 전

67 Richard Kelin, *Adorno Handbuch*, p.436.

68 같은 책, p.431.

후 독일의 정치적인 상황과 맞닥뜨려 구체적인 실천의 문제들에 개입하게 된 것은 주목할 만한 사실이다.

1949년에 귀국하여 68운동의 소용돌이에 휘말려 돌연 죽음을 맞이한 1969년까지 20년간 수많은 강의와 저술과 발언을 통해 전후 독일의 청년 지식인들에게 지대한 영향을 끼쳤던 아도르노의 사상이 학문적으로 수용되기 시작한 것은 1960년대 말경이었다. 그로부터 1980년대에 이르는 제1기 아도르노 수용에서는 그가 이론과 실제 또는 철학과 정치적 행동과 관련된 문제에서 실패하고 미학으로 도피했다는 거센 비난이 주류를 이루었다. 이러한 비판은 아도르노가 실천적이거나 혁명적이지 못하고 지나치게 부르주아였다고 비난한 좌파 쪽에서뿐만 아니라 그가 지나치게 학생들에 동조한 정치적 낭만주의자에 불과했다고 비난한 우파 쪽에서도 제기되었다. 그들은 서로 다른 입장이지만 공통적으로 미학자로서의 아도르노에 대한 깊은 불신을 품고 있었기 때문에 아도르노에게 중요한 위치를 차지하는 예술을 한갓 '행위의 대용물'에 불과한 것으로 폄하했고 미완성으로 남은 그의 마지막 저작인 『미학이론』은 그 자체가 하나의 '매혹적인 예술 작품'이기는 하지만 그것이 갖는 이론적이고 역사적인 본질은 '퇴보'에 있다고 비판했다.[69] 또 이 시기에 나온 많은 아도르노 연구논문들은 그의 『부정 변증법』의 핵심을 이루는 철학적 인식비판이 사회이론을 방해한다는 주장을 펼쳤다. 이와 비슷한 맥락에서 『계몽의 변증법』은 계몽의 긍정적인 측면을 소홀히 취급함으로써 사회의

69 같은 책, pp.436-437.

변화를 일체 불가능하게 만든다는 이유를 들어 아예 가장 음울한 책이라는 낙인을 찍었던 하버마스 역시 프랑크푸르트 학파를 계승하면서 비판이론을 넘어서는 자신의 '소통행위이론'을 발전시키는 과정에서 아도르노 철학에 적지 않은 해를 끼쳤다고 볼 수 있다. 아도르노가 소통의 개념을 도구적인 것으로 제한했다는 하버마스의 비판은 정당하다고 볼 수 있다. 하지만 아도르노의 『부정 변증법』에서 철학이 신앙적인 묵상의 형태로 퇴행해 버렸고 그의 『미학이론』은 인식 능력을 마침내 예술에 양도해 버렸다는 하버마스의 경직된 비판이 온당하지 못한 이유는 그가 아도르노가 누구보다 이론의 경험 연관성을 중요시하면서 경험에서의 '객체의 우위'를 강조한 사실을 간과하고 있기 때문이다. 아도르노는 파시즘이 순전히 현대사회가 낳은 재앙이라고 생각했던 반면, 하버마스는 파시즘을 현대의 합리성의 표준에서 벗어난 퇴행적인 재앙으로 보았다.[70]

그처럼 제1기 아도르노 수용은 부정 변증법을 제외시킨 비판적 사회이론에 치중했다면, 제2기 수용에서는 정반대로 비판적 사회이론과 무관한 부정 변증법이 논의의 중심에 놓이게 된다. 여기서는 아도르노 사상의 전제들이 철학적 전통 안에서 어떤 위치를 점하고 있는지, 그로부터 어떤 새로운 가능성이 도출될 수 있는지에 대한 관심이 고조되었고 이에 따라 아도르노 철학에 대한 논의의 수준은 한층 높아졌다. 그런데도 이 시기의 많은 연구는 아도르노에서는 언제나 동일성 사유의 비판과 '등가 교환'의 비판이 하나였다는 사실에 관심

70 같은 책, p.438.

을 두지 않았고 인식비판과 사회비판의 내밀한 연관성을 거부했기 때문에, 아도르노의 사유에 내포된 정치경제적 차원이나 마르크스주의적 단초는 거의 주목을 받지 못했다.[71]

제3기에 해당하는 1990년대 이후 현재에 이르는 아도르노 수용은 이전보다 훨씬 다양한 측면에서 급속도로 이루어지는 현상을 보이고 있다. 그 스펙트럼은 아도르노와 데리다(Jacques Derrida), 아도르노와 푸코(Michel Foucault), 아도르노와 비트겐슈타인(Ludwig Wittgenstein), 아도르노와 니체, 아도르노와 카시러(Ernst Cassirer), 아도르노와 하이데거에서 아도르노와 리오타르(Jean-François Lyotard) , 아도르노와 루만(Niklas Luhmann), 아도르노와 로티(Richard Rorty)의 비교 연구에 이른다. 그 배경에는 과거의 진영 논리를 깨고 다양성을 존중하는 의미에서 1995년부터 발간되기 시작한 『비판이론 학술지』가 중요한 역할을 하고 있다고 보아야 할 것이다. 제3기의 아도르노 수용에서 또 하나 주목할 만한 현상으로는 무엇보다 그의 도덕철학이 새로운 중대한 패러다임으로 집중 조명을 받게 되었다는 점이다. 최근에 쏟아져 나온 많은 연구는 무엇보다 아도르노의 부정 변증법이 비판적 사회이론과 연관성을 갖고 있다는 전제에서 출발하면서 과연 아도르노의 '부정적 윤리학'으로 사회의 병리학적 현상들을 부정할 수 있는지의 문제와 또 성공적인 삶을 방해하는 조건들이 무엇인지에 대한 물음들을 다루고 있다. 그처럼 아도르노의 부정적 윤리학은 한편으로 잘못된 사회에 대한 비판이 그 핵심을 이루지만 다른 한편으로 사회의 부

71 같은 책, pp.440-441.

정성을 논구하는 이론에 대해 자율적인 담론의 성격을 띠고 있다.[72]

오늘날 아도르노의 수용이 점점 다원화되고 있는 경향을 보이는 만큼 그의 사상이 드러내는 또 다른 근본 문제들이 앞으로 중요한 탐구의 대상이 될 것으로 기대해 볼 수 있다. 이를테면 아도르노의 변증법이 방법론으로서의 변증법인지 아니면 현실의 변증법인지의 문제, 아도르노가 특수자의 구원을 강조함으로 인해 그가 비판했던 이원론이 회귀하는 것은 아닌지의 문제, 아도르노가 매개를 고수하면서 동시에 매개를 중단하지는 않는가 하는 문제, 아도르노가 변증법적 성찰을 요구하면서 동시에 변증법의 종말을 가져오지는 않는가 하는 문제 등에서 시작하여 아도르노가 옛 동독에 끼친 영향은 어떤 것이었는지의 문제에 이르기까지, 여러 가능한 문제 제기와 비판적 관점들은 아도르노에 대한 논의를 확장하면서 그의 사상을 보다 자유롭게 이해하는 폭을 넓힌다는 점에서 긍정적이라고 할 수 있다.[73]

---

72 같은 책, p.442.

73 같은 책, p.443 참조.

Adorno, Theodor W., *Stichworte*, Suhrkamp Verlag, Frankfurt/M. 1969.

__________________, *Erziehung zur Mündigkeit*, Suhrkamp Verlag, Frankfurt/M. 1971.

__________________, *Kierkegaard*, Suhrkamp Verlag, Frankfurt/M. 1974.

__________________, *Gesellschaftstheorie und Kulturkritik*, Suhrkamp Verlag, Frankfurt/M. 1975.

__________________, *Negative Dialektik*, Suhrkamp Verlag, Frankfurt/M. 1975.

__________________, *Prismen*, Suhrkamp Verlag, Frankfurt/M. 1976.

__________________, *Ohne Leidbild*, Suhrkamp Verlag, Frankfurt/M. 1979

__________________, *Gesammelte Schriften* 8, Suhrkamp Verlag, Frankfurt/M. 1980.

__________________, *Ästhetische Theorie*, Suhrkamp Verlag, Frankfurt/M. 1981.

__________________, *Philosophie der neuen Musik*, Suhrkamp Verlag, Frankfurt/M. 1989.

__________________, *Minima Moralia*, Suhrkamp Verlag, Frankfurt/M. 1993.

Horkheimer, Max & Adorno, Theodor W., *Dialektik der Aufklärung*, Fischer Verlag, Frankfurt/M. 1972.

아도르노, 테오도르 W., 『신음악의 철학』, 문병호·김방현 역 세창출판사, 2012.

샤이블레, 하르트무트, 『아도르노』, 김유동 역, 한길사, 1997.

제이, 마틴, 『변증법적 상상력』, 황재우 외 역, 돌베개, 1979.

_________, 『아도르노』, 최승일 역, 지성의 샘, 1995.

Adorno Archiv(Hg.), *Adorno*, Suhrkamp Verlag, Frankfurt/M. 2003.

Claussen, Detlev, *Ein letztes Genie*, Fischer Verlag, Frankfurt/M. 2003.

Kelin, Richard u.a.(Hg.), *Adorno Handbuch*, Metzler Verlag, Stuttgart 2011.

Müller-Doohm, Stefan, *Adorno*, Suhrkamp Verlag, Frankfurt/M. 2003.

Schweppenhäuser, Gerhard, *Theodor W. Adorno zur Einführung*, Junius Verlag, Hamburg 1996.

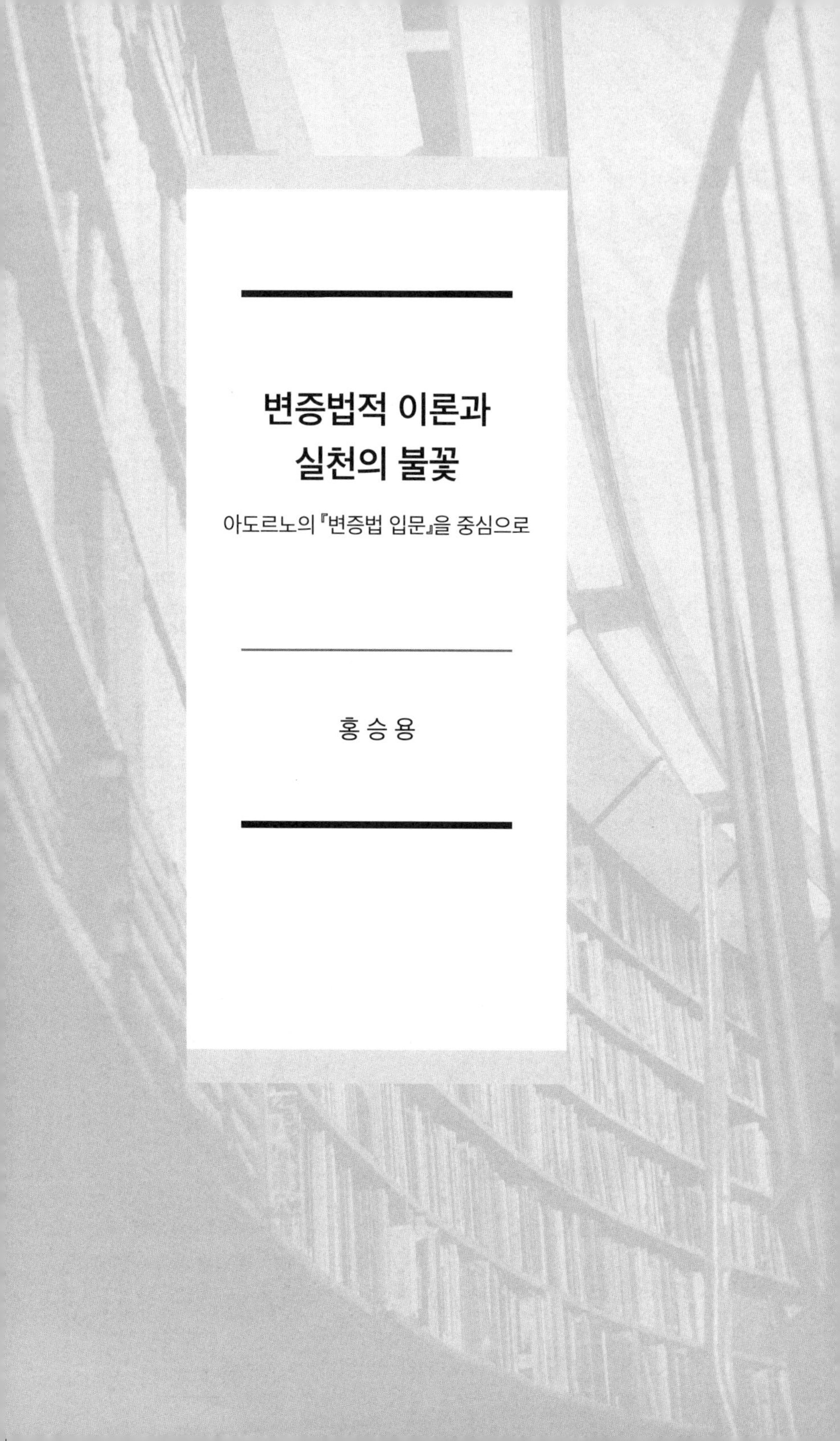

변증법적 이론과 실천의 불꽃

아도르노의 『변증법 입문』을 중심으로

홍 승 용

❖

이 글은 『변증법 입문』 해설 논문을 기초로 필자가 현대사상연구소에서 진행한 유물변증법 세미나 초안과 2018년 경북대에서 진행한 변증법 블록 세미나의 결과들을 정리한 것이다. 향후 변증법과 관련해 필자가 준비하고 있는 좀 더 상세한 글의 골격으로 활용할 계획이다.

1. 들어가며: 변증법의 혁명성

변증법은 한동안 혁명의 대수학이라는 명예를 누리기도 했다. 마르크스와 엥겔스, 그리고 레닌과 마오의 이론과 실천이 변증법의 혁명적 의미를 실증하는 것으로 여겨졌다. 이들은 관념론과 엄격히 선을 그으면서도 변증법 발전에 기여한 헤겔의 몫을 전혀 부정하지 않고 그의 변증법이론이 거둔 주요 성과들을 적극 수용했다. 하지만 그동안 현실사회주의가 무너지면서 혁명의 꿈이 조각나는 속도를 앞지르며 변증법의 존재감도 소멸해 가고 있다. 변증법을 다시 불러내려는 것은 자신이 죽었다는 사실을 받아들이지 못하는 사회주의 망령의 몸짓으로 비쳐질 수 있다. 현실 자체가 실제로 그처럼 변증법에 대해 논의할 필요도 없게 되어 있다면 나쁠 것도 없다. 오늘의 자본주의사회가 인류 문명 발전의 종착점이며, 그동안 인류가 겪어온 갈등과 불행의 근본 원인인 제반 모순들을 해결할 능력을 갖추고 있어, 그저 자본주의사회의 불문율에 따르기만 하면 누구나 존중받으며 풍요롭고 의미 있게 살 만하다면 변증법이야 어찌되든 무슨 상관인가.

하지만 자본주의가 자본주의로 남아 있는 한 자본주의가 만들어내는 모순들을 자본주의 스스로는 해결하지 못한다는 점, 결국 자본의 무한 증식 본성을 근본적으로 제어함으로써 자본주의를 넘어서야 비로소 오늘의 야만과 파국 위기를 극복할 수 있으리라는 점을 우리는 현실사회주의 붕괴 이후 점점 더 뼈저리게 체감하고 있다. 그래서 현대 자본주의사회의 본질적 모순들과 변혁의 역동을 면밀히 살피고 대안 사회를 만들어 가자는 요구를 억눌러 두거나 회피할 수만은 없다. 현실의 모순과 역동에 주목해 온 변증법적 사유 방법을 다시 살려 내는 일은 그러한 현실 당면 요구와 별개의 문제가 아니다. 변증법에 대한 깊은 이해와 이에 근거한 실천은 바로 이 시대 자본주의 현실에서 절실히 필요하다. 그러나 오늘의 이론 지형 속에서 변증법을 다시 불러내기 위해서는 이론적 격전이 불가피하다.

변증법이 변혁운동과 학문의 주요 무대에서 밀려나게 된 데에는 현실사회주의의 패배 못지않게 변증법을 대하는 지식인들의 방식들도 크게 기여했다. 변증법의 현실적 의미가 그처럼 소멸하게 된 원인으로는 우선 변증법을 간단히 배우고 익혀 현실 문제에 즉각 적용할 수 있는 것처럼 단순화하는 교과서식 논의 방식을 들 수 있다. 변증법이 무엇이냐는 물음에 곧장 헤겔과 정·반·합이라는 공식을 연상하는 반응 방식이 그 전형적 성과다. 간혹 그로부터 한 발 더 나아가 부정의 부정, 양질 전환, 대립물의 통일 등의 공식을 특정 사안들에 적용하고 싶어 할 수도 있다. 그리고 그 적용이 매끄럽게 이루어질 때마다 변증법을 체득했고 그에 따라 실천했다고 자부한다면, 변증법은 몇 가지 '법칙'으로 박제되기 쉬울 것이다.

이때 헤겔 자신은 정·반·합이라는 공식을 피했고, 도식적 사고를 신랄하게 야유했다는 점은 묵살되기 일쑤다. 헤겔이 변증법적 인식

방법론을 면밀히 펼치고 있는 『정신현상학』을 직접 읽는다면,[1] 변증법을 간단히 도식화할 수 있다는 희망을 일찌감치 버릴 수밖에 없을 것이다. 여기서 헤겔은 형식주의적 사유 방법과 관련해, "모든 천상의 것과 현세의 것, 모든 자연적 형태와 정신적 형태에 몇 가지 보편적 도식의 규정들을 갖다 붙이고 이런 식으로 모든 것을 분류하는 이 방법이 산출하는 것은 삼라만상의 조직에 대한 뻔한 보고서에 지나지 않는다"[2]고 지적하며, 그러한 방법은 "사태의 살아 있는 본질을 생략하거나 감춰 버린다"(현상학51)고 비판한다. 심지어 헤겔은 그러한 방법을 "써먹기 손쉬운 것인 만큼이나 금방 배울 수 있지만, 그것이 알려지면 그것을 반복하는 일은 이미 들통이 난 요술을 반복하는 것처럼 참을 수 없게 된다"(현상학50)고 단언한다. 물론 이처럼 도식에 맞춰 현실의 복잡하고 풍부한 문제들을 단순히 파악하는 태도는 마르크스나 엥겔스 혹은 레닌의 경우에도 금물이며, 이 점에서는 이들과 헤겔의 대립 구도를 만들어 놓기 어렵다.

헤겔과 마르크스는 각각 관념변증법과 유물변증법의 상징적 존재다. 마르크스는 자신의 변증법적 방법이 헤겔의 방법과 어떻게 다른지 분명히 밝힌다. "나의 변증법적 방법은 그 근본에서 헤겔의 그것과 다를 뿐 아니라 정반대다. 헤겔에게는 그가 이념이라는 명칭 아

1 아도르노는 『정신현상학』을 변증법의 '현장' 내지 "변증법 철학 최초의 위대한 구상"이라고 칭한다. 테오도르 W. 아도르노, 『변증법 입문』, 홍승용 역, 세창출판사, 2015, 43쪽. 이하 '입문'으로 약칭함.

2 Hegel, G. W. F., *Werke 3(Phänomenologie des Geistes)*, Frankfurt/M. 1986, p.50. 이하 '현상학'으로 약칭함.

래 자립적인 주체로까지 전환시키고 있는 사유 과정이 현실세계의 창조자이고, 현실세계는 이념의 외부 현상에 지나지 않는다. 나에게는, 반대로, 관념적인 것은 물질적인 것이 인간의 두뇌에 반영되어 생각의 형태로 변형된 것에 지나지 않는다."[3] 인용문에서 '정반대'라는 것은 실질적으로 변증법 자체와 관련되기보다 관념론과 유물론의 대립관계를 뜻하고 있음을 눈여겨볼 필요가 있다. 이어지는 논의들도 관념론과 함께 헤겔의 변증법도 내버리자는 것과 거리가 멀다. "나는 나 자신을 이 위대한 사상가의 제자라고 공언하고 가치론에 관한 장에서는 군데군데 헤겔의 특유한 표현방식을 흉내 내기까지 했다. 변증법이 헤겔의 수중에서 신비화되기는 했지만, 변증법의 일반적 운동 형태를 포괄적으로 또 알아볼 수 있게 서술한 최초의 사람은 헤겔이다. 헤겔에게는 변증법이 거꾸로 서 있다. 신비한 껍질 속에 들어 있는 합리적인 알맹이를 찾아내기 위해서는 그것을 바로 세워야 한다"(자본1,19).

여기서 마르크스는 '거꾸로 서 있다'는 말로 헤겔의 관념론을 비판하면서, '변증법의 일반적 운동 형태'라는 말로 그 '합리적 알맹이'를 암시한다고 보아야 할 것이다. 헤겔의 변증법에 '합리적 알맹이'가 없다면 마르크스가 자신을 '이 위대한 사상가의 제자라고 공언'할 이유도 없었기 때문이다. 이 '합리적 알맹이'의 본질적 의미를 마르크스는 다음과 같이 압축해서 설명한다. "변증법은 그 합리적인 형태에서는 부르주아지와 그 이론적 대변인들에게 분노와 공포를 줄 뿐

3 카를 마르크스, 『자본론 I』, 김수행 역, 비봉출판사, 2015, 19쪽. 이하 '자본1'로 약칭함.

이다. 왜냐하면 변증법은 현존하는 것을 긍정적인 것으로 이해하면서도 동시에 그것의 부정, 즉 그것의 불가피한 파멸을 인정하기 때문이며, 또 변증법은 역사적으로 전개되는 모든 형태들을 유동상태·운동상태에 있다고 여김으로써 그것들의 일시적 측면을 동시에 파악하기 때문이며, 또한 변증법은 본질상 비판적·혁명적이어서 어떤 것에 의해서도 제약을 받지 않기 때문이다"(자본1,19). 마르크스는 '합리적인 형태'의 변증법이 곧 자신만의 변증법이라고 자부하지 않는다. 오히려 현존하는 것의 일시성, 운동성을 파악하는 비판적·혁명적 본질이야말로 헤겔 변증법의 '합리적 알맹이'라고 말하는 셈이다. 엥겔스는 변증법적 방법이 헤겔 철학의 혁명적 측면임을 좀 더 담백하게 명시한다.[4] 이러한 맥락을 감안하면, 변증법을 통해 연결된 마르크스와 헤겔의 관계를 끊어 놓는 것은 처음부터 무리수다.

무리하게 마르크스에게서 헤겔의 흔적을 모두 지운다면, 마르크스와 엥겔스가 헤겔에게서 찾은 변증법의 '합리적 알맹이'도 함께 포기하는 것이 일관성 있다고 해야 할 것이다. 알튀세르의 반(反)헤겔주의는 이런 일관성을 자랑할 만하다. 그는 오늘의 마르크스주의를 위해 헤겔과 마르크스 사이의 '인식론적 절단'을, 헤겔주의의 '전도'가 아닌 '폐기'를 단호히 주창한다. 스탈린주의와 서구 마르크스주의를 상대로 양면 전선을 펼치면서 알튀세르는 '지양', '부정의 부정' 등의 헤겔주의적 범주들 전체를 버리고 자신의 마르크스주의적 범주

4 프리드리히 엥겔스, 『포이어바흐와 독일 고전철학의 종말』, 양재혁 역, 돌베개, 2015, 37, 91, 93쪽 등 참조.

로서 '지배관계를 갖는 복잡한 구조', '모순들의 불균등성', '과잉 결정' 등을 내세운다. 현실사회주의 붕괴 직후 혼돈의 시기에 한동안 알튀세르의 '과학적' 마르크스주의는 소련과 동구 교과서들의 대안으로 떠올랐고, 한국 사회의 진보적 지식인 운동에서 나름의 영향력을 발휘했다. 그 영향에 대한 평가에는 극단적인 입장 차이들이 있어 면밀한 검토가 필요할 테지만, 헤겔 변증법의 풍부한 유산들과 아울러 변증법 자체를 천시하는 지적 풍토를 퍼뜨리는 데에 알튀세르의 이론도 크게 기여했다는 점은 말할 수 있을 것이다. 유물변증법을 다루는 긴 논문에서 알튀세르는 헤겔 변증법과 변증법 자체의 "합리적 핵심"에서 무엇이 남느냐는 정당한 질문에 대해[5] '폐기', '포기', '제거', '절단' 등의 간편한 논의 방식으로 헤겔 변증법의 모든 흔적들을 지우는 지적 마녀사냥으로 일관한다.

예컨대 변증법은 '사물 자체의 본질 속에 있는 모순을 탐구하는 것', 달리 말하면 '대립물의 동일성의 이론'이라는 레닌의 말을 알튀세르는 복잡한 모순들의 형태들 속에서조차 그 '기원적 본질'을 기술하는 것이 아니냐고 의심한다. 즉 그것은 "복잡한 것은 단순한 것의 발전이자 현상에 불과한 것"이라고 보는 "헤겔적 모순의 모형"임을 감지해 낸다(위하여337-338). 아마 알튀세르는 레닌이 제1차 세계대전의 와중에 왜 하필 헤겔의 『논리학』을 읽고 그토록 열심히 발췌·논평했는지 불편했을 듯하다. 그런데 레닌은 이 단순한 모델에 입각한

5 루이 알튀세르, 『마르크스를 위하여』, 서관모 역, 후마니타스, 2017, 281쪽. 이하 '위하여'로 약칭함.

토막글에서 이미 변증법의 정수를 한 가지 맛보게 해 준다. "변증법이란 대립물이 어떻게 동일할 수 있으며, 어떻게 동일한가(어떻게 동일하게 되는가) ―그것들은 어떤 조건하에서 상호전화함으로써 동일하게 되는가― 왜 인간의 오성은 이러한 대립물들을 죽은 경직된 것으로서가 아니라 살아 있는, 조건적인, 동적인, 상호전화하는 것으로서 파악하지 않으면 안 되는가에 관한 학설이다. 헤겔을 읽고서."[6] 레닌은 "개념들의 상호의존성, 예외 없이 모든 개념의 상호의존성. / 개념들의 상호이행. 예외 없이 모든 개념의 상호이행. / 개념 상호 간의 대립의 상대성 … 개념 상호 간의 대립의 동일성"(철학150)을 변증법의 본질이라고 강조하기도 한다.

이처럼 '대립물들을 죽은 경직된 것으로서가 아니라 살아 있는, 조건적인, 동적인, 상호전화하는 것'으로 파악할 때, 알튀세르의 단순한 '절단' 논리가 얼마나 비변증법적인 태도의 산물인지 실감할 수 있다. 다음과 같은 레닌의 극언을 알튀세르라면 아마 레닌의 단순함 탓으로 돌리고 '제거'하고 싶어 했을 듯하다. "마르크스, 엥겔스, J. 디츠겐은 선전가들이 많은 책을 통해 외쳐 왔던 유물론의 기초적 진리에 관해서 염려했던 것이 아니라, 이러한 기초적 진리가 속류화되지 않도록, 과도하게 단순화되지 않도록, 사상적 혼탁('하반신은 유물론, 상반신은 관념론')에 이르지 않도록, 관념론적 체계의 귀중한 성과, 즉 헤겔의 변증법 ―뷔히너, 듀링 일파(또한 레클레어, 마하, 아베나리우스 등)와 같은 농장의 닭들이 절대적 관념론이라는 두엄 더미 속에서

6 블라디미르 일리치 레닌, 『철학노트』, 홍영두 역, 논장, 1989, 54쪽. 이하 '철학'으로 약칭함.

찾아낼 수 없었던 그 보물— 을 망각하지 않도록 보장하는 데에 그들의 전력을 경주하였다."[7]

알튀세르가 거부하는 지양의 논리를 알튀세르에게도 적용하는 것이 헤겔 변증법의 정신을 살리는 방식일 것이다. 즉 알튀세르 이론에 대한 구체적 비판을 통해 그로부터 버릴 것은 버리고 보존할 것은 보존하며 한 단계 고양시킬 필요가 있다. 알튀세르의 변증법 이론, 특히 마오의 『모순론』을 핵심으로 하는 과잉 결정론의 이론적 의미와 실천적 효과를 평가하는 것은 매우 중요하고 또 간단한 일이 아닌지라 추후에 상론하기로 한다. 다만 복잡한 지배구조나 과잉 결정을 단언하는 것만으로는 현실의 모순들을 해결하려는 실천 과정에서 별 도움이 되지 않으며, 변증법적 사유는 그로부터 한 걸음 더 나아가야 한다는 점을 미리 지적해 둔다.

헤겔 지우기 사업의 주도권은 알튀세르에게서 들뢰즈에게로 넘어간 지 오래인 듯하다. 들뢰즈는 헤겔 변증법의 개별 개념들이나 논의 방식에 연연하지 않는다. 그는 변증법적 사유만 아니라 인식 일반의 본질적 자질로 간주되는 공준들에 의문을 제기하며, 그것들이 사유를 근본적으로 차단한다고 비판한다. 대상을 동일한 것으로 고착시키고 추상적 개념으로 파악하는 재현적 사유 방식이 비판의 주요 대상이다. 그에 따르면 주체나 대상의 동일성은 "차이와 반복이라는 보다 심층적인 유희에 의한 광학적 '효과'에 지나지 않는다."[8]

7 블라디미르 일리치 레닌, 『유물론과 경험비판론』, 정광희 역, 아침, 1988, 259쪽. 이하 '유물론'으로 약칭함.

8 질 들뢰즈, 『차이와 반복』, 김상환 역, 민음사, 2004, 19쪽. 이하 '차이'로 약칭함.

이러한 비판을 통해 그는 개념을 통한 재현의 형식들로 파악되지 않는, "재현 이하의 요소"(차이391), 곧 차이 자체를 사유하자고 한다. "우리는 차이 자체를, 즉자적 차이를 사유하고자 하며 차이소들의 상호관계를 사유하고자 한다. 이는 차이나는 것들을 같음으로 환원하고 부정적인 것들로 만들어 버리는 재현의 형식들에서 벗어나야 가능한 일이다"(차이18). 개념적 사유의 문제점에 대한 비판은 들뢰즈나 현대철학에 이르러 시작된 것이 아니라, 니체와 베르그송에 이르러 정점에 달하는 오랜 전통을 갖고 있다. 대상의 무궁무진한 속성들을 잘라 버리고 죽이지 않고는 추상적 개념이 만들어질 수 없다는 점에서 개념의 폭력성이나 개념적 사유의 허위에 대해 눈감을 수는 없을 것이다.

헤겔은 이 문제에 대해 다른 태도를 취한다. "구분(Scheiden)이라는 활동은 오성, 즉 가장 경탄할 만하고 가장 위대한, 또는 오히려 절대적인 권능의 힘이자 노동이다. … 죽음을 회피하고 황폐화 과정으로부터 자신을 순수하게 보존하는 삶이 아니라, 죽음을 견뎌 내고 죽음 속에서 자신을 지키는 삶이 정신의 삶이다. … 정신이 이러한 권능인 것은, 마치 우리가 어떤 것에 관해서 이것은 아무것도 아니라거나 이것은 거짓이라고 말하고, 이제 그 일을 끝내고 그로부터 어떤 다른 것으로 넘어가는 경우에 그렇듯이, 부정적인 것으로부터 시선을 돌려 버리는 긍정적인 것으로서가 아니다. 오히려 정신은 부정적인 것을 직시하고, 거기에 머무름으로써만 그러한 권능이다"(현상학36). 형식주의적 사고를 비판하고 '사태의 살아 있는 본질'에 다가갈 것을 강조하면서도 헤겔은 구분이라는 오성의 추상 작업, 죽음 내지 부정적인 것을 직시하고 거기에 머물러야 한다고 보는 것이다.

헤겔의 입장을 적극 받아들이는 아도르노는 개념과 대상을 동일시하는 '동일성 사유'를 비판하면서도 개념적 사유의 불가피성을 역설한다. 개념적 사유를 받아들이면서 동일성 사유에 빠지지 않기 위해, 아도르노는 "인식의 유토피아는 개념들을 통해 비개념적인 것을 밝히되 그것을 개념들과 동일시하지 않는 것"[9]이라고 보며 "철학은 개념을 통해 개념을 넘어서려고 노력해야 한다"(부정70-71)고 주장한다. 다소 역설적인 언어유희로 보일 수도 있지만, 동일성 사유의 문제를 인정하고 비판하면서도 가능한 대안을 찾는 현실적 방법이라고 여겨진다.

재현을 버린 들뢰즈식 변증법의 핵심은 '문제 제기'에 있다. "문제들은 언제나 변증법적이다. 바로 이런 이유에서 변증론은 자신이 이념들로서의 문제들과 긴밀히 맺고 있는 관계를 '망각'하고 명제들을 기초로 문제들을 전사하는 것으로 만족할 때, 자신의 참된 역량을 상실하고 결국 부정적인 것의 영향력 아래 놓이게 된다. 또 필연적으로 문제 제기적인 것의 이념적 객체성의 자리에 대립 명제들, 상반적이거나 모순적인 명제들 사이에서 성립하는 어떤 단순한 대결 상황을 설정하게 된다. 이것이 곧 변증론 자체와 더불어 시작되었고 헤겔주의에서 극단적 형식이 발견되는 그 오래된 변질과 타락의 역사이다"(차이361). 여기서 들뢰즈가 말하는 '이념들로서의 문제들' 또

9 테오도르 W. 아도르노, 『부정변증법』, 홍승용 역, 한길사, 2005, 63-64쪽. 이하 '부정'으로 약칭함.

는 '문제 제기적인 것의 이념적 객체성'은 차이의 형이상학으로 수렴한다. 모순의 지위는 '단순한 대결 상황'을 별로 넘어서지 못한다. 즉 모순은 차이보다 깊이가 없다고 확인되며, 정치적으로도 수상쩍은 위치로 추락한다. "모순은 프롤레타리아의 무기라기보다는 차라리 부르주아가 자신을 방어하고 보존하는 방식이고, 그 뒤에 숨어 어떤 문제들을 결정하려는 자신의 요망을 지탱하는 그림자이다"(차이 565). "그렇기 때문에 무의식은 문제와 차이들 속에서 살고 있는 반면 갈등, 대립, 모순들은 우리에게 어떤 표면 효과들, 의식의 어떤 부대 현상들처럼 나타난다. 역사는 부정을 통해, 부정의 부정을 통해 앞으로 나아가는 것이 아니라 문제들의 규정을 통해, 차이들의 긍정을 통해 앞으로 나아간다"(차이564). '차이들의 긍정을 통해 앞으로 나아가는' 역사를 위해 들뢰즈는 "참된 혁명은 또한 축제의 분위기를 띤다"(차이565)고 노래한다.

차이들의 긍정은 이 시대의 운동문화를 강력히 규정하고 있다. 알튀세르가 끌고 다닌 마르크스주의나 마오주의의 짐덩어리를 버리고 '축제=혁명'이라는 환상적 분위기에 부담 없이 몸을 맡길 수 있게 선동하기 때문일 것이다. 물론 차이들의 긍정을 통해 노동과 자본의 모순, 그 집요한 지배의 역사가 이제는 긍정할 만한 방향으로 들어섰다는 소식은 없다. 범사회적으로 들끓고 있으면서 우리의 현실적인 삶을 결정적으로 좌우하는 모순과 적대를 표면 효과나 부대 현상으로 본다면, 더 깊은 곳에 자리 잡은 차이가 우리에게 어떤 실천적 의미를 지니는지 물을 필요가 있을 것이다. 나아가 차이들의 긍정은, 자본과 그 대리 권력이 반대 세력들을 저항감 없이 '축제 분위기' 속에서 흡수하는 데에 도움을 주고 있지 않은지도 물어야 할 것이다. 이 물음을 던지며 우리는 다시 마르크스와 엥겔스 그리고 레닌과 함께 변증법의 비판적 혁명적 본질을 움켜쥘 필요가 있다.

2. 개념의 노동

화폐-상품-화폐로 탈바꿈하며 자기증식하는 화폐가 자본이라는 공식(M-C-M')은 자본의 본질적 측면을 압축해서 말해 주지만, 그것만으로는 매우 추상적인 인식을 얻을 수 있을 뿐이다. 자본을 충분히 이해하기 위해서는 상품, 가치, 화폐, 노동력 상품, 불변자본과 가변자본, 잉여가치, 잉여가치율, 절대적 잉여가치, 상대적 잉여가치, 특별 잉여가치, 노동일, 릴레이 제도, 공장법, 시초 축적, 자본의 유통, 순환, 회전, 자본의 유기적 구성, 상업자본, 이자 낳는 자본, 공황 등으로 이어지는 주요 개념들의 전개 과정과 이에 조응하는 현실 사태를 함께 파악할 필요가 있다. 즉 추상적인 자본 공식만 아니라 『자본론』 전체와 그 이상이 필요한 것이다. '인간은 정치적 동물'이라는 규정만으로 인간을 얼마나 알 수 있겠는가. 마찬가지로 재현의 해악이 말끔히 제거된 '문제 제기'라는 들뢰즈의 규정, 혹은 헤겔 변증법의 '합리적 핵심'을 대신하는 알튀세르의 '과잉 결정' 등만으로는 변증법의 풍부한 내용을 대신할 수 없다. 물론 '대립물의 통일성에 관한 학설'이라는 레닌의 핵심 규정만으로도 변증법을 충분히 이해할 수는 없다.

레닌은 이러한 규정에 머물지 않고 그것을 ① 고찰의 객관성,

② 사물들 간의 관계들의 총체성, ③ 사물의 발전 및 고유한 운동과 생명, ④ 사물 속의 모순적 경향들 및 측면들, ⑤ 대립물들 내지 모순된 경향들의 통일, ⑥ 투쟁 내지 전개, ⑦ 분석과 종합의 통일, ⑧ 각 사물들의 관계들의 다양성과 보편성, ⑨ 대립물의 각 규정·질·특징·측면·성질들의 타자로의 이행, ⑩ 새로운 측면·관계 등이 해명되는 무한한 과정, ⑪ 사물·현상·과정 등에 관한 인식이 현상에서 본질로, 보다 얕은 본질에서 보다 깊은 본질로 심화해 가는 무한한 과정, ⑫ 병존에서 인과관계로, 연관과 상호의존 형식에서 보다 깊고 일반적인 형식으로, ⑬ 낮은 단계의 특징·성질 등의 높은 단계에서의 반복, ⑭ 낡은 것으로의 외관상 복귀, ⑮ 형식에 대한 내용의 투쟁 및 그 역의 투쟁, ⑯ 양에서 질로 혹은 그 역의 이행 등으로 세분해서 파악할 필요성을 제기한다(철학177-178). 변증법을 한두 마디로 요약 정리하거나 심지어 그 '합리적 알맹이'를 뽑아내는 데에 만족해서는 변증법에 대한 추상적 인식 언저리에서 맴돌기 쉬울 것이다.

레닌이 펼쳐 놓는 주요 규정들만으로 변증법에 대한 논의가 마무리될 수는 없지만, 그것을 논의 전개의 출발점으로 삼을 수는 있을 것이다. 우선 그의 규정들이 서로 성격이 다른 두 부류로 구분된다는 점을 눈여겨보자. 그러면 순서와 관계없이 한쪽에는 대상 혹은 사물 자체의 대립·이행·운동에 대한 규정들이 있고, 다른 한쪽에는 이를 해명하고 인식하는 사유 방법에 대한 규정들이 있다는 점을 확인할 수 있다. 즉 변증법에 대한 레닌의 규정들은 사물 자체의 운동과 이를 파악하는 사유 방법을 결합하고 있는 것이다.

사유 방법으로서의 변증법과 사물 자체에서 이루어지는 운동으로서의 변증법은 이미 고대 그리스 철학에서 모두 등장했다. 한편으로 변증법은 엘레아 학파의 제논(기원전 490년경-430년경)이 운동을 부정하기 위해 제시하는 역설들에서 출발해 논쟁술 내지 문답법으로 발전했다. 플라톤(기원전 424-347)은 소피스트들의 상대주의적 논쟁술에 맞서 올바른 인식을 위한 사유 방법으로서 변증법(변증술: dialektike)을 파악했다. 그는 대상을 분명하게 드러내기 위해, 여러 곳에 흩어져 있는 것들을 함께 바라보면서 그것들을 하나의 이데아로 모으는 일과, 다시 형상들에 따라 나누는 능력을 갖추는 일이 필요하다고 주장하며, 특히 나눌 때에는 "본성적으로 갖춰진 마디를 따라 나누어야지 미숙한 푸주한이 그렇게 하듯 부분을 쪼개려 해서는"[10] 절대 안 된다고 가르친다. 그리고 자신은 이 나눔과 모음을 사랑하는 사람이라고 자처하는데, 이는 말을 하거나 생각하는 능력을 갖추기 위함이라고 설명한다. "내가 만일 다른 어떤 사람이 본성적으로 하나로 모이면서 여럿으로 나뉘는 것을 통찰할 능력을 갖고 있다고 여기면, 나는 그의 뒤를 '마치 신의 발자국을 좇듯' 따라가네. 그 일을 할 수 있는 능력을 갖춘 사람들에게 내가 붙인 이름이 옳은지 여부는 신이 알겠지만, 이제껏 나는 그들을 변증가라고 부르지."[11] 플라톤은 수많은 대화편들에서 어떤 주제에 대해 대화하는 가운데 그 주제에 대한 특정 사고의 부조리 내지 모순을 드러냄으로써 그것을 논박하고 다음 단계로 논의를 진행시키는 방식을 능숙하게 구사한다. 이처럼 사고

10 플라톤, 『파이드로스』, 조대호 역해, 문예출판사, 2004, 113-114쪽.

11 같은 책, 114쪽.

의 모순을 밝히고 비판하는 변증법의 특성은 칸트의 『순수이성비판』에서도 확인할 수 있다.[12]

다른 한편으로 제논보다 조금 앞서 헤라클레이토스(기원전 535-475)는 "만물은 움직이고 있어서 무릇 모든 것이 머물러 있지 않는다. 사람도 두 번 다시 같은 물에 들어갈 수 없다"는 말을 남겼다. 그는 우주의 만물이 서로 상반되는 것들의 다툼에서 생겨난다는 생각을 했다. 이러한 생각은 플라톤이 발전시킨 사유 방법으로서의 변증법에 머물지 않고, 현실 자체의 운동 원리로서 모순과 생성을 주목하도록 한다. 헤겔은 이러한 헤라클레이토스의 생각을 적극 받아들인다.[13] 아도르노가 지적하듯이 헤겔은 현실 자체의 운동 원리로서의 변증법과 사유 방법으로서의 변증법을 결합한다. 헤겔과 함께 변증법은 사유 방법만도 아니고, 사유 방법을 도외시한 사물의 운동 원리만도 아닌 양자의 결합물로 등장한 것이다. 물론 사물과 사유를 결합하는 헤겔의 방식은 마르크스, 엥겔스, 레닌의 유물론적인 방식과 근본적으로 구별된다. 하지만 이제 헤겔은 대상을 완성되고 불변하는 어떤 것으로 취급하는 '형이상학적' 방법을 거부하고, 인간의 사유 및 활동의 결과가 종국적 의의를 가진다고 보는 사유 방법을 궁극적으로 청산하며, 이로써 그의 철학은 '혁명적 성격'을 띠게 된다(고전94).

사물과 함께 사유 방법도 모순 속에서 생성·변화·운동하는 것으로 파악하는 변증법은 어떤 확고부동한 고정불변의 원리, 이른바 제

12 Kant, I., *Kritik der reinen Vernunft*, Hamburg 1956, p.334 이하 참조.

13 "내가 나의 『논리학』 속에 받아들이지 않았던 것은 헤라클레이토스의 명제에도 없다"(철학218에서 재인용).

일원리에 의존할 수 없을 것이다. 어떤 도식이나 확고부동한 개념들을 고집하면서 역동하는 대상에 어울리는 사고를 하기도 어려울 것이다. 아도르노는 변증법적 사유의 가장 중요한 특징을 대상에 대한 충실성에서 찾는다. 이런 이유에서 그는 사유 방법으로서의 변증법을 "개념적 질서에 만족하지 않고 대상들의 존재를 통해 개념적 질서를 수정하는 기술을 수행하는 사유"(입문19)라고 느슨하게 정의한다. 또 "단순한 개념적 조작을 극복하고 사유와 사유 아래 포괄되는 것 사이의 긴장을 매 단계에서 견뎌 내려는 시도", 혹은 "사유의 방법이지만 단순한 방법이 아니라 방법의 단순한 자의를 극복하고 개념 속에 개념 자체가 아닌 것을 받아들이려는 시도", 혹은 "사태를 통해 사유를 스스로 제한하려는 시도"(입문19) 등으로 규정하기도 한다.

여기서 우선적인 것은 사태, 대상, '사유 아래 포괄되는 것', '개념 자체가 아닌 것'이고 사유, 개념, '개념적 질서', '사유의 방법' 등은 전자와의 긴장관계 속에서 그것에 근거해 수정되어야 하는 위치에 있다. 이러한 수정의 가능성 내지 필요성을 전제함으로써, 어떤 인식이든 고정불변의 절대 진리로 확정될 수 없고, 더 나은 인식을 위한 과정 속에 들어가 있게 된다. 아도르노는 그러한 수정 과정을 나타내는 헤겔의 용어인 개념의 운동, 노동, 노고 등을 적극 받아들인다(입문87, 89 등).

한편 현실적 대상 자체의 생성·변화에 초점을 맞추어, 아도르노는 변증법이 사태 자체 혹은 세계 일반의 원칙적 역동성에 대한 경험에 근거한다고 본다. 즉 "하늘과 땅 사이에는 단순하게 그냥 존재하는 것은 본래 아무것도 없으며, 존재하는 모든 것은 본래 역동적인 것, 형성되는 것으로 파악해야 한다는 원칙적 경험”(입문31)에서 출발한다는 것이다. 이런 관점에서 흔히 진리를 보증하는 것처럼 보이는 고정적이고 불변적인 것이 변증법에서는 “처음부터 일종의 응고 현상으로, 철학을 통해 용해시켜야 할 것”(입문32-33)으로 파악된다. 아도르노는 “세계가 사물화되고 관습화될 때에는 역사적으로 생성된 것, 얼어붙은 것, 굳어 버린 것이 마치 우리에게 단적으로 언제나 타당한 즉자존재자처럼 보이는데, 그러한 사물화 내지 관습화에 맞선 싸움이 말하자면 변증법적 사유 일반의 논쟁적 출발점을 이루는 것”(입문33)이라고 주장한다. 또한 그는 “예컨대 몽테스키외와 비코 이래, 또 18세기를 지나며 콩도르세를 거쳐 마침내는 피히테와 헤겔에 이르러 완성된 역사적 차원의 발견은 이 지점에서 실제로 코페르니쿠스적 전회를 의미하며, 그 파급 효과는 이른바 칸트 철학의 코페르니쿠스적 전회와 충분히 비교될 수 있을 것”(입문31)이라고 평가한다.

역사적 차원을 인식에 끌어들임으로써 얻는 가히 혁명적인 성과들은 특히 『자본론』에서 수없이 확인할 수 있을 것이다. 자본가들이나 부르주아 경제학자들이 부르주아 사회의 생산 조건에 기인하는 사고의 한계 때문에 빠지는 혼선과 착각들을 신랄하게 비판하고, 자본주의적 착취의 근본 메커니즘을 밝히는 데에는 부르주아적 의식의 산물들을 고정불변의 진리로 상정하지 않는 변증법적 사유 방법이 결정적인 역할을 한다고 볼 수 있다. 이로써 마르크스는 부르주아 경제학의 한계를 드러낼 뿐 아니라, 인류가 어떤 미래 사회를 향해 나아갈 것인지를 생각할 수 있게 만드는 것이다.

우리는 대개 사태와 사유 사이의 긴장 혹은 개념의 노고를 피하고, 대상들을 특정한 도식이나 개념 혹은 원리 아래 집어넣으려 하며, 이에 들어맞지 않는 부분들에 대해서는 아예 생각하기도 싫어하기 일쑤다. 나아가 그렇게 개념으로 파악되지 않는 부분들을 무시한 채, 개념과 그 개념의 대상을 동일한 것이라고 믿어 버리기도 한다. 이러한 사유, 곧 '동일성 사유'에 대한 비판은 아도르노의 주요 업무이기도 하다. 그는 동일성 사유의 극단적인 변형들로서, 대상이 어디에 속하고 어느 위치에 있는지만 알려 하고 더 이상 대상 자체에 대해 연구하지 않는 '위상학적 사유'[14] 혹은 '행정적 사유'(입문82)를 지적한다. 이러한 사유 방식은 변화하는 현실을 인식하는 과정에서 심각한 오류에 빠질 가능성이 클 뿐 아니라, 실천적으로도 단순하고 무자비한 결정으로 치닫기 쉽다. 예컨대 학생들을 우등생과 열등생이라는 틀로만 나누어 보는 교사나, 노동자를 노동력으로만 계산하는 자본가 등에게 인간을 목적으로 대하라는 칸트의 고귀한 요청은 현실을 모르는 자의 공허한 덕담일 것이다. 또한 원칙을 내세우며 모든 사람을 적과 아군으로 나누어 놓는 진영 논리에 만족하고 더 이상 상대에 대해 연구하지 않는다면, 적을 아군으로 바꿔 놓을 방법을 찾지 못하고 아군이 적으로 돌아설 가능성을 간과하여 고립되고 영향력을 잃기 쉬울 것이다.

아도르노는 변증법적 유물론 혹은 디아마트(Diamat)도 대상과의 긴장관계를 잃고 사태를 단순화하는 사고방식이라고 보고 비판한다.

14 테오도르 W. 아도르노, 『프리즘』, 홍승용 역, 문학동네, 2004, 27쪽.

비판의 논지는 디아마트가 사태의 변화를 따라잡는 적극적 사고를 중단시킨다는 것, 즉 '개념의 운동, 노동, 노고'를 기울이지 않는다는 것이다. 어떤 원리나 공식 몇 가지를 암송하고 모든 문제를 이에 꿰맞추려 드는 것은 변증법과 완전히 이질적이라고 할 수 있는데, 아도르노는 디아마트가 그러한 공식으로 타락했다고 본다(입문176). 이 경우 디아마트의 이론적 성과를 면밀히 평가하는 작업과는 별도로, 아도르노의 다음 주장은 새겨들을 만하다. "심지어 기계론적 사유에 대립하는 변증법의 원칙조차도 변증법적으로, 그러니까 그 대상과 밀접한 관계 속에서 대상을 상대로 유연하게, 다루어지지 않을 경우 매 순간 기계적인 사유로 돌아갈 수 있습니다. 혹은 달리 말하자면 변증법 자체도 그 나름으로 이데올로기가 되지 않으리라는 특허장을 가지고 있지는 않습니다"(입문90). 비판적 독서의 의무는 마르크스주의 이론서들을 읽을 때에도 면제될 수 없다. 아도르노의 경고는 아도르노의 이론에도 당연히 해당된다. "변증법적 사유에 그 자체의 악용에 대한 경고"(입문101)도 담겨 있기 때문이다.

확고부동한 절대적 제일원리를 거부하는 변증법적 관점에서는 데카르트의 인식방법론에 대한 아도르노의 비판을 눈여겨볼 만하다. 이른바 '방법적 회의'를 통해 얻어 낸 명석판명한 인식에서 출발하고, 복잡한 대상을 요소들로 분해하고, 단계적으로 진행하며, 아무것도 빼먹지 말고 완전성을 기하라는 데카르트의 원칙을 아도르노는 전면적으로 거부한다. 우선 그는 명석판명하다고 여겨지는 어떤 인식의 대상도 실제로 면밀히 파악해 들어가면 그처럼 궁극적이거나 확고부동한 것이 아니라 역동적인 과정으로 나타난다는 점을 지적한다(입문231). 또 그는 복잡한 사태를 요소들로 환원한다고 해서 사태가 해명되는 것이 아니며, 부분들을 이해하기 위해서는 전체와의 관계뿐만 아니라 부분들 사이의 역동적 관계를 파악할 필요가 있다고 주장한다(입문234-235). 그의 비판에 의하면 비약 없는 단계적 진행이라는 규칙은 대상 자체가 내적으로 일관되고 단절 없이 연결되어 있음을 전제하는데, 현실은 그렇지 않을 뿐 아니라, 이 규칙에 따를 경우 이미 알고 있는 것을 반복하는 데에 머물기 쉽고 사유의 생산력은 마비된다. 이와 관련해 그는 메스트르(1753-1821)가 써먹은 '계단의 우상'이라는 말을 끄집어내기도 한다(입문257). "사고가 실제로 이루어지는 곳에서 사실상 —나를 너무 감상적이라고 생각하지 말기 바랍니다— 사고는 날아가지 한 발씩 진행되지 않습니다. 더 이상 날아가지 못하는 사고는 물론 단지 날아갈 줄만 아는 사고와 꼭 마찬가지로 사고가 아닙니다"(입문253-254). 아도르노는 완전성 원리 또한 극히 협소한 수학 영역에서나 적용될 수 있을 뿐이며, 현실적 대상들의 경우 자의적으로 특정한 부분까지만 인식하고 그 이상으로 부가되는 무한한 요소들을 잘라내 버리는 독단이며, 인식 대상과 인식의 직접적 관계를 단절하는 도식주의 내지 사물화의 산물이라고 규정한다(입문278-279).

데카르트의 인식방법론은 예컨대 자연과학의 특정 분야에서는 유용할 수 있다. 그러나 무궁무진한 속성들과 관계들 속에 존재하는 복잡한 대상들, 역사적·사회적 대상들을 인식해야 할 경우 데카르트의 방법으로는 아도르노가 지적하는 한계에 부딪칠 수밖에 없을 것이다. 한때 의심할 여지가 없이 확실하다고 여겨지던 인식들이 좀 더 복잡해진 관계와 발전된 인식 도구들에 의해 재조명되고 재인식되어 새로이 보완되고 풍부해지거나 심지어 전면적으로 논박되는 일은 일상적 현실에서만 아니라 과학의 역사에서도 끊임없이 반복되고 있다. 특히 사회적 이해관계가 충돌하는 영역 속의 인식들은 완전성은커녕 칸트가 인식의 기본 조건으로 내세우는 보편타당성조차 일시적으로도 확보하기 어렵다. 예컨대 『자본론』이 이룩해 놓은 자본주의에 대한 주요 인식들도 완전한 진리일 수는 없는가? 그렇다. 그것들은 유례없이 강력한 현실 적합성을 지니는 인식들이지만, 그것들 역시 그 내부에 논란과 보완의 여지를 남기고 있는 불완전한 구조물이라고 보고, 변화하는 현대 자본주의 현실과의 대질을 통해 논의를 심화·진전시킴으로써 재해석·재평가하는 것이 교조주의 내지 독단론의 함정을 피해서 『자본론』을 변증법적으로 읽는 방식일 것이다.

어떤 인식들이든 자체로 완전히 명석판명하지도 않고 영원불멸의 타당성을 지니지도 못한다고 해서, 그것들이 무의미한 것은 결코 아니다. 레닌이 지적하는 바처럼 사물·현상·과정 등에 관한 인식이 현상에서 본질로, 보다 얕은 본질에서 보다 깊은 본질로 심화해 가는 무한한 과정 속에 있다는 점을 받아들일 경우, 또 완전성의 주술, 즉 완전한 인식이 아니면 아무 인식도 아니라는 환상에 빠지지 않고 개념의 내용들을 대상과의 대질에 근거해 필요한 만큼 수정·보완하여 재구성해 갈 경우, 개념을 통한 대상 인식 곧 재현적 사고도 도식적 사고나 동일성 사유의 난관에 갇히지 않고 자체의 생산성을 충분히 입증할 수 있을 것이다. 동일성 사유를 피하기 위해 개념을 통한 사유 전체를 포기하고 별도의 직관적 사유 따위에 의존할 필요는 없을 것이다. 대상과의 긴장에 찬 대결을 위해 기존 개념들을 포함한 인식 주체들의 자산을 쏟아 넣는 것이 그 생산성의 밑거름이다. 이러한 노고는 역동하는 대상들의 무궁무진한 비밀들이 드러나며 펼쳐지는 새로운 인식들의 향연 및 인식 주체의 재탄생을 통해 보상될 것이다.

3. 실증주의, 상대주의, 변증법

어떤 절대적 제일원리에 의존하지 말고 사태 자체에 충실해야 한다는 변증법적 요구를 아도르노는 "현실에 폭력적으로 자신의 계기들을 각인하는 것이 아니라 이 현실에 자신을 내맡기고 객체에 적응하고 객체에 따르는 탁월성", "생산적 수동성" 혹은 "자발적 수용성"이라고 표현하기도 한다(입문145). 이러한 주장과 관련해서는 아도르노가 헤겔을 끌어들여 "대상에 대한 자유" 내지 "대상을 향한 자유"라는 말로 설명하는 바를 참조해도 좋을 것이다. 그에 따르면 사람들이 우리에게 주입하려는 정신적 규율은 정신에 대한 적대 상태로 귀결되기 쉽다. 즉 "그것은 사고가 특정한 규칙적 진행에 예속되게 하기 위해, 사고의 생산성이, 그러니까 대상을 향한 사고의 관계가 차단되고 거세되도록 하는 일로 귀결"(입문252)된다는 것이다. "반면에 실제로 사고에는 헤겔이 칭한 바와 같이 대상을 향한 자유를 지닌다는 규칙 말고 어떤 다른 규칙도 결코 없습니다. 사고의 규율은 사고가 사태에 적응한다는 것, 가능한 한 사태에 매우 합당해진다는 것일 뿐입니다"(입문252-253). 이런 이유로 아도르노는 이른바 어떤 방법론에 의존하는 데에 대해서도 비판적이다. "우리가 중요한 의미에서 사유할 경우 실제로 언제나 이미 방법론적이지 않게 사유하기 때문"(입문253)이라는 것이다.

우리는 이러한 입장이 자칫 인식 주체의 자의성이나 망상을 부추기지 않는지 의심할 수 있다. 하지만 아도르노가 변증법을 사유의 모든 규율에서 면제시켜 주겠다고 나서는 것은 아니다. "사태에 합당해진다"는 규율은 버릴 수 없는 것이다. 그가 말하는 대상을 향한 자유를 통해 얻고자 하는 사고의 생산성은, 무궁무진한 속성을 지니고 무한한 관계 속에 존재하는 사태 자체에 가능한 한 합당해지는 과정에서 나오는 것이다. 따라서 그것은 아도르노와 마찬가지로 사유의 생산성을 중요시하지만, "사유 자체 안에서 사유하는 활동을 분만하는 것"(차이257)을 강조하는 들뢰즈의 입장과는 근본적으로 다르다. 아도르노가 말하는 "대상을 향한 자유"에서 강세는 대상에 접근하는 데에 있다. "자체의 자유를 감당할 능력이 없는 사고, 대상을 향한 자유를 지니지 못하는 것과 마찬가지로 자기 자신에 대한 자유를 지니지 못하는 사고, 그러니까 자신을 자유로이 대상에 내맡기지 않고 부단히 어떤 속박들을 찾고 그러한 속박들 속에서만 실제로 편안함을 느끼는 사고, 그런 사고는 자신의 사태를 떠맡을 수 없다"(입문253).

아도르노의 문제의식에 공감하더라도, '생산적 수동성' 혹은 '자발적 수용성'에 대한 요구는 '세계에 대한 해석이 아니라 변혁이 관건'이라는 포이어바흐 11테제, 혹은 환경의 산물일 뿐만 아니라 환경을 바꾸는 존재로서의 인간 주체를 강조함으로써 기계적 유물론과 대립각을 세운 변증법적 유물론의 기본 정신과 어긋나지 않는지, 또 주체의 적극적 변혁적 실천과 멀어지고 현재의 지배질서를 확인하고 인정하는 실증주의[15]로 귀결되는 것은 아닌지, 그리고 절대적 제일원리에 대한 의존성을 거부하면서 어떻게 극단적 상대주의를 피할 수 있는지도 물을 필요가 있다.

실제로 출발 단계에서부터 유물변증법은 실증주의 및 상대주의와의 친화관계를 간단히 부인할 수 없었다고 할 수 있다. 마르크스와 엥겔스 자신이 『독일 이데올로기』에서 의식에 관한 공론을 대신할 "현실적이고 실증적인 과학"을 표방하기도 했다.[16] 노년기에도 엥겔스는 종래 철학의 종말과 실증과학의 중요성을 인정하고, '절대적 진리'가 아닌 '상대적 진리'를 강조한다. "우리는 … 개인들이 개별적으로 도달하지 못할 '절대적 진리'는 내버려 두고, 그 대신에 실증과학에 의하여, 또 변증법적 사유에 의한 그 성과의 총괄에 의하여 우리가 도달할 수 있는 상대적 진리를 추구하는 일에 매진한다"(고전41). 이런 논의들을 감안하면, 변증법에서는 "실증주의 문제와 부단히 대면할 수밖에 없다"(입문20)는 아도르노의 판단에 동의할 수 있다. 또 이처럼 '상대적 진리' 추구에 매진하면서도, 상대주의와 긴밀히 연루되어 있는 주관주의, 회의주의, 불가지론 등의 험한 함정들을 경계해야 할 것이다.

15 마르크스는 지배질서에 대한 콩트 학파의 변론적 입장을 야유한다. "그러므로 콩트와 그의 학파는 자본가들의 영원한 필요성을 실증했던 것과 똑같은 방식으로, 봉건영주들의 영원한 필요성을 실증할 수 있었을 것이다"(자본1,453).

16 Marx, K. & Engels, F., MEW Bd. 3(Die deutsche Ideologie), Berlin 1983, p.27.

상대주의에 대한 원론적 비판은 이미 플라톤에게서도 확인할 수 있다. "인간은 만물의 척도"라고 주장한 상대주의의 원조 프로타고라스를 향해 플라톤은 소크라테스의 입을 빌어 다음과 같이 예리한 반론을 제기한다. "말하자면 프로타고라스는 모든 사람의 의견은 참이라고 말함으로써 자기 의견에 동조하지 않고 자기 의견을 거짓이라고 생각하는 사람들의 의견이 참이라는 것을 인정하고 있다는 것이오. … 그런데 만약 그가 자기 생각을 거짓이라고 믿는 사람들의 의견이 참이라는 것을 인정한다면, 자기 의견이 거짓이라는 것을 인정하게 되지 않을까요?"[17] 이러한 원론적 비판은 다른 방식으로도 가능하다. 흔히 볼 수 있는 비판은 상대주의는 적어도 한 가지 절대적인 것, 즉 자체의 타당성을 전제로 하며, 이로써 자체와 모순된다는 것이다.

아도르노는 이러한 논증이 빈약하다고 보며, 여기에 머물면 상대주의의 기세가 가라앉을 수 없다고 판단한다. 그래서 그는 상대주의에 대한 일반적 부정에 머물기보다 "상대주의를 의식의 편협한 형태로서 인식하는 편"(부정94)이 더 많은 성과를 낳을 수 있으리라고 주장한다. 의식의 편협성과 관련해 아도르노는 상대주의의 한 형태인 "모든 사유가 조건을 지닌다"는 추상적 테제를 검토한다. 그에 따르면 "그와 같은 테제 뒤에는 값나가는 유일한 것인 물질적 관계들의 우선권을 위해 정신을 경멸하는 입장이 감춰져 있다. 아버지는 자기 아들

17 플라톤, 『테아이테토스: 지식에 관하여』, 『플라톤의 다섯 대화편』, 천병희 역, 도서출판 숲, 2016, 82쪽.

의 불쾌하고 단호한 견해들에 맞서 모든 것은 상대적이며, 그리스 속담에서처럼 돈이 곧 사람 됨됨이라고 응수한다. 상대주의는 속류유물론이며, 사상은 밥벌이를 방해한다. 이러한 태도는 정신 자체에 대해 적대적이기 때문에 불가피하게 추상적인 상태에 머문다"(부정94).

여기서 아버지와 아들의 관계는 권력관계로서 이해할 수도 있을 것이다. 특정 사태에 대한 지배자와 피지배자의 견해가 서로 충돌할 때, 모든 사유는 그 나름의 조건을 지닌다는 테제에 근거해 각자의 견해를 서로 인정하자는 추상적 원칙에 만족하고, 어떤 공약수를 찾아 그 사태에 대한 좀 더 타당한 인식으로 나아가기를 포기한다면, 지배자의 견해를 진지하게 비판하는 것은 불가능하다. 결과적으로 상대주의를 내세우면서 지배자의 견해는 절대적으로 타당한 위치를 유지할 수 있을 것이다. 이 점에서 상대주의는 본질적으로 지배 논리가 된다. 예컨대 경제학자들이 잉여가치론을 받아들일 것인지 거부할 것인지 각자의 판단에 맡기기로 합의하고, 그것에 대한 논의를 더 이상 진행하지 않는다면, 잉여가치론으로 인해 타격을 입을 수 있는 자본가들과 그 대리자들은 내심 환호할 것이다. 오늘날 부르주아 경제학은 그러한 무언의 합의를 바탕으로 착취 개념 없는 이윤 개념을, 가변자본 개념 없는 유동자본 개념만을 애용하고 있는 셈이다. 착취자와 피착취자의 입장을 동등하게 인정하는 것은, 착취자는 착취를 계속해도 좋으며 피착취자는 그 위치를 벗어날 수 없다고 선고를 내리는 것이다. 이런 점에서는 '차이의 긍정'이라는 현대판 상대주의의 구호에 담긴 지배적 속성을 분명히 인식할 필요가 있을 것이다.

변증법은 각자의 주관이 아니라 대상에 우선권을 부여함으로써,

각 인식들의 진리치를 대등한 것으로 받아들이지 말고 어느 인식이 더 대상에 합당한지 묻도록 촉구한다. 물론 어떤 대상과 관련해 특정한 역사적 조건에서 생성된 특정한 인식이 완전무결하다고 주장할 수는 없다. 역사적 제약을 받는 인식능력과 인식의 필요에 따라, 대상의 무궁무진한 속성과 관계들 가운데 미지의 것이 새로 인식되거나 과거의 잘못된 인식들을 논박하고 바로잡거나 아예 근본적으로 뒤집는 일은 늘 가능하며, 이런 의미에서 엥겔스는 상대적 진리를 추구하는 일에 매진한다는 말을 했던 셈이다. 이처럼 변증법이 받아들이는 인식의 상대성은 모든 인식들의 가치를 대등하게 받아들인다는 의미의 상대주의와 같을 수 없다. 변증법은 대상에 더 합당한 인식이 무엇이냐를 놓고 논쟁하는 것을 당연시하며 이로써 더 타당한 인식을 향해 한 걸음이라도 나아가려 하지만,[18] 상대주의는 각자의 생각을 대등한 것으로서 추상적으로 절대화하는 가운데 이러한 논쟁을 피하는 게으른 상태에 빠지며 이로써 인식상의 실질적 진전을 이루기 어렵다. 변증법은 인식의 상대성을 받아들임으로써 특정한 역사적 인식을 절대화하지 않으면서도, 절대적 인식 혹은 좀 더 심오하고 총체적인 인식을 향해 부단히 개념의 노고를 바치는 점에서 조야한 상대주의와 갈라선다.[19]

---

18 플라톤의 대화편들은 논쟁을 통해 통념에서 시작하여 심오한 인식으로 한 발씩 나아가는 과정들을 보여 주며, 이러한 관점에서 플라톤을 변증법의 기원 가운데 하나로 충분히 인정할 만하다.

19 아도르노는 대상과의 면밀한 대결을 위해 '미시론적 모티브'를 표방하기도 한다. 그것은 "우리가 전적으로 특정한 대상, 특정한 사태의 강제성에 자신을 맡기고 이 하나의 특정한 사태만을 전적으로 따를 경우에 도달하는 운동은 자체 내적으로 사태에 근거해 결정되며,

상대주의와 마찬가지로 실증주의와 관련해서도, 변증법은 실증적 인식, 실증과학을 배제하지 않고 하나의 요소로 받아들이면서도 실증주의를 넘어선다고 할 수 있다. 이는 엥겔스가 실증과학에 의거하여 상대적 진리를 추구하되 '변증법적 사유에 의한 그 성과의 총괄'을 거론할 때 암시하는 바이기도 하다. 실증적 개별 인식을 소홀히 하지 않는다는 것은 유물변증법과 관념변증법 양자에 공통적인 특징이다.[20] 헤겔 철학이 개별 인식들에 충실하다는 점을 엥겔스는 포이어바흐의 윤리학과 대조하여 다음과 같이 지적한다. "헤겔의 윤리학 또는 인륜에 관한 학설은 법철학인데, 그것은 ① 추상적인 법, ② 도덕, ③ 인륜을 포괄하며 이 인륜에는 다시 가족, 시민사회, 국가가 속한다. 여기에서는 형식은 관념론적이지만 내용은 현실적이다. 그 내용은 도덕과 함께 법, 경제 및 정치의 모든 영역을 포괄한다. 포이어바흐는 그와 정반대이다. 형식을 두고 말하면 그는 현실적이며 인간을 출발점으로 삼는다. 그러나 그는 이 인간이 생활하고 있는 세계에 관해서는 한 마디도 말하지 않으며, 또 그렇기 때문에 그의 인간은 여전히 종교철학에서 설교하는 추상적 인간 그대로이다"(고

그래서 그것은 모든 것을 포괄하는 총체성으로서의 절대적인 것이 우리에게 주어질 수 없더라도 진리의 성격을 지닌다는 모티브"(입문49)다.

20 이 점을 헤겔이 원칙적으로 추구했다는 점을 확인하는 데에는 예컨대 『정신현상학』의 '자의식' 장을 참조하는 것도 좋을 것이다. 헤겔은 감성적 확신, 지각, 오성을 거치며 얻은 인식들이 자의식 단계에서도 그 '즉자성'을 잃을 뿐 계기로서 보존된다는 점을 지적한다. "우리가 이 새로운 형태의 지, 즉 자신에 대한 지를 앞의 지, 즉 타자에 대한 지에 대한 관계 속에서 고찰할 경우, 이 타자에 대한 지는 물론 사라졌다. 하지만 그것의 계기들은 동시에 그대로 보존되어 있으며, 여기서 그 계기들이 즉자로 존재하는 상태로 현존한다는 점만 사라졌을 뿐이다"(현상학138).

전76-77).

이처럼 실증적 인식이 필요하다면 왜 변증법은 실증주의에 머물러서는 안 되고 기어코 넘어서야 하는가? 실증주의의 문제는 우선 경험 혹은 감각을 통해 확인할 수 있는 것 이외에는 모두 사변의 영역으로 추방함으로써, 오히려 주관주의 내지 유아론으로 후퇴한다는 데에 있다. 레닌은 마하와 아베나리우스 등이 관념론과 유물론의 대립을 초월하겠다고 주장하지만, 칸트에서 시작해 버클리주의로, 궁극적으로는 유아론에 도달한다고 신랄하게 비판한다. "만일 물체가 마하가 말하듯이 '감각복합'이요, 버클리가 말하듯이 '감각결합'이면, 여기서 필연적으로 나오는 결론은 전 세계가 오직 나의 표상에 불과하다는 것뿐이다. 이런 전제에서 출발한다면, 자기 자신 이외의 타인의 현존에 도달한다는 것은 불가능하다. 즉 그것은 가장 순수한 유아론이다. 마하, 아베나리우스, 페촐트와 그 일파가 아무리 유아론이 아니라고 버티더라도, 사실상 그들은 논리적 불합리성에 빠지지 않고는 이 유아론에서 벗어날 수 없는 것이다"(유물론43).

실증주의의 좀 더 심각한 문제는 감각을 통해 경험할 수 있는 것에 과학적 인식을 제한하고 감각적 인식의 영역을 벗어난 변혁의 문제를 배제하고, 이로써 현재의 지배질서에 대한 옹호론이 된다는 데에 있다. 이런 의미에서 변혁을 사고하지 않는 다양한 부류의 사고방식을 실증주의와 연관 짓는 것도 가능하다. 예컨대 아도르노는 만하임의 지식사회학 역시 근본적으로 실증주의적이라고 비판한다. 즉 만하임의 이론에서는 "사회적 현상들이 '그 자체로서' 받아들여지고 그 다음에 보편 개념들에 따라 분류된다. 이로써 사회적 적대관계들은 평준화되는 경향을 띤다"[21]는 것이다. 베버의 '가치중립성' 개념은 이러한 평준화 경향을 정당화하는 핵심이라고 할 수 있다. 아도르노는 이 가치중립성이 실제로는 자가당착에 빠진다고 본다. "한편으로 내게는 실증주의 과학이 그토록 강조하며 옹호하는, 또 막스 베버가 인식론적으로 정식화한, 이른바 가치중립적 사유라는 생각은 참과 거짓의 구분 자체가 일종의 가치 구분이라 할 수 있다는 이유만으로도 이미 매우 문제적인 것으로 보입니다. 내가 어떤 방식으로든 참을 거짓보다 우위에 두지 않는다면, 내가 거짓에 대한 참의 우선성 같은 것을 고수하지 않는다면, 바로 가치중립성이라는 생각이 자랑하는 사유의 객관성이라는 개념 자체가 아예 그 의미를 잃어버립니다"(입문319). 이런 근거로 아도르노는 이른바 중립적 사유란 아예 존재하지 않는다고 본다. 또 그는 사유의 중립성이라는 것은 일반적으로 "그것의 단순한 형식을 통해, 즉 통일된 방법론적 체계화의 형식을 통해, 기존 상태에 대한 변론으로 귀결되며"(입문303) 그래서 '변론적 성격', 혹은 '보수적 성격'을 지닌다고 비판한다.

그렇다면 변증법적 사유는 실증주의를 어떻게 넘어서야 하는가? 아도르노는 두 가지 방법을 제시한다. 하나는 이미 엥겔스가 암시했듯이, 실증과학의 성과들을 변증법적으로 총괄하는 것이다. 그래서 아도르노는 "개별 현상들을 그 개별화 속에서 매우 면밀히 보아야 하지만, 이 개별화에 머물지 않고 동시에 추론할 필요성, 즉 그것들을 일반적으로 규정하는 총체성 속에서 그것들을 이해할 필요

21 테오도르 W. 아도르노, 『프리즘』, 앞의 책, 32쪽.

성"(입문52)을 제기한다. 이때 아도르노는 총체성 혹은 전체를 실체화하여 도식적·기계적으로 개별 대상에 적용하려고 해서는 안 된다고 본다. 예컨대 구체적 매개 과정에 대한 해명 없이 모든 문제를 자본주의 체제 때문이라고 추상적으로 설명하는 것은 문제 해결에 도움이 되지 않을 것이다. 아도르노에 따르면 변증법적 사유는 "개별 현상을 조명하고 이 개별 현상에 머물면서 개별 현상을 규정하되, 바로 이 규정을 통해 그것이 자체 내에서 스스로를 넘어서고, 이로써 바로 그 전체, 바로 그 체계 —이 속에서만 그 개별 현상은 비로소 자체의 위상을 찾게 됩니다— 에 이르기까지 투명해지도록 하려고"(입문53) 시도해야 한다.

실증주의를 넘어서는 변증법의 또 다른 특성은 개별적인 실증적 인식들을 절대적인 것으로 받아들이지 않고 그것의 의미에 대해 반성하는 것이다. 아도르노는 변증법적 사유의 비-자연적 태도를 강조한다. 이 점에서 그는 변증법을 "본래 우리가 주어진 것으로, 사실로 간주하는 것을 모종의 회의를 품고 대하고, 현상으로, 주어진 것으로 우리와 마주치는 것 뒤에서 그 속에 숨어 있는 전체의 힘들을 찾으려는 경향을 띠는 태도"(입문207)라고 규정하기도 한다. 또 이에 따라 그는 다시 관습적 사유 방식을 포기할 것과 개념의 노동을 요구한다. "여러분은 여러분과 친숙한 전래적 사유 관습들을 포기해야 하며, 사실상 개념의 노동과 노고를 떠맡아야 합니다. 더욱이 우리가 의심하지 않도록 자연스러운 것으로 일단 우리에게 주어진 모든 것이 자연적인 것이 아니라 이미 자체 내적으로 반성된 것 혹은 —유물론적으로 말하면— 자체 내에서 이미 사회적으로 매개되어 있는 것이라는 점, 우리에게 자연으로 맞서는 것이 실은 이차적 자연이며 일차적 자연은 아니라는 점, 또 손상되고 억압된 자연을 존중하기 위해서는 관습들로 경직된 세계가 어디서나 우리에게 요구하는 자연적인 것이라는 가상에 우리가 현혹되어서는 안 된다는 점을 여러분이 간파한다는 아주 엄밀한 의미에서 그렇습니다"(입문197). 변증법을 위해 포기해야 할 전래적 사유 습관으로서 아도르노가 지적하는 것은 앞에서 언급한 위상학적·행정적 사유, 그 전형인 경직된 양자택일적 사유 등이다. 특히 실증주의적 개별 인식과 초역사적 형이상학 가운데 하나를 택하라는 식의 통상적 요구에 아도르노는 알레르기 반응을 보인다(입문196).

아도르노가 실증주의에, 특히 그 변론적 보수적 성격을 민감하게 거부한다는 데에는 의문의 여지가 없다. 그는 변증법으로 하여금 단순한 사실성을 넘어서게 하는 원동력을 다음과 같이 밝힌다. "그것은 우리가 얽혀 있는, 무한히 무의미한 사실들의 세계가 우리 실존의 궁극적인 상태이어야 한다는 데에 대한 저항입니다"(입문197). 이런 점에서 그는 변증법을 "바로 우리를 지배하는 이 사실들의 세계에 대한 비판을 통해, 결코 이 사실들의 세계 자체를 우리가 이제 조금도 미화하지 않으면서, 어떤 다른 상태의 가능성을 감지하려는 시도"(입문197)라고 규정하기도 한다. 물론 어떤 이론이 의식적으로 표방하는 바와 실제로 수행하는 바가 동일하지는 않다. 아도르노가 '어떤 다른 상태의 가능성'이라고 말하는 것이 자본주의 너머의 어떤 새로운 사회가 될 것인지는 불명확하다. 그의 비판적인 변증법 이론도 자본주의적 건축물의 불변성을 전제한 부분적 인테리어 개선 작업에 머문다면, 또 다른 형태의 실증주의로 귀결될 수 있다. 그의 이론을 받아들일 때에는 이 점을 경계할 필요가 있다. 그러나 그의 변증법 이론이 자본주의를 넘어서는 데에 도움이 되는 지적 자산을 풍부하게 담고 있다는 점에서 성급하게 실증주의와 동질적이라고 미리 단정할 필요는 없을 것이다.

4. 진리는 전체다

어떤 사물을 그 자체의 속성이나 타 사물과의 관계 속에서 파악하는 우리의 인식은 무궁무진하게 확장될 수 있다. 우리는 그 가운데 우리에게 필요한 부분만, 인식능력이 그때그때 허락하는 한에서 파악하고, 그것으로 그 사물을 인식했다고 자부한다. 필요가 증대하고 인식 수단이 발전하면 그에 따라 우리의 인식도 확장되고 심화된다. 좀 더 복잡한 사회현상들에 대한 인식 역시 이해관계 및 이데올로기에 따르는 혼선과 갈등을 논외로 한다면 개별 사물들에 대한 인식과 본질적으로 다르지 않게 단편적 인식에서 매우 포괄적인 인식으로 발전할 수 있을 것이다. 그래서 어떤 법칙을 알아냈다고 해서 그것이 적용되는 대상의 모든 것을 알 수 있다고 생각하는 것은 착각이다.[22] 어떤 복잡한 현실적 대상에 대한 우리의 인식 상태를 그 특

22 과학적 법칙의 중요성을 부인할 이유는 없지만 법칙을 벗어난 영역도 무의미하지 않다는 점을 망각해서는 안 될 것이다. 레닌은 법칙과 현상의 관계에 대한 헤겔의 논의를 따라가며 다음과 같이 논평한다. "이곳은 대체로 아주 엄청나게 애매하다. 그러나 여기에 하나의 살아 있는 사상이 분명히 있다. 법칙 개념은 인간에 의한 세계 과정의 통일과 연관, 상호

정 요소에 대한 개별 인식에 근거해 '안다'와 '모른다'로 칼로 자르듯이 나누기는 어렵고, 그것에 대해 얼마나 알고 있느냐, 그 앎의 질이 얼마나 포괄적이고 본질적이냐를 묻는 것이 합당할 것이다. 이 경우 좀 더 포괄적이고 심오한 인식을 얻기 위해 노력할 수 있고, 노력할 필요가 있다는 사실, 인식 발전의 어떤 한계를 미리 정하기 어렵다는 사실이 전제된다.

레닌이 변증법의 주요 규정으로서 "사물과 다른 사물들 간의 다양한 관계들의 전 총체성"(철학177)을 제시하듯이, 엥겔스는 헤겔 변증법의 주요 성과로서 사물들의 내적 연관을 밝히고자 했다는 점을 지적한다. "헤겔의 체계에 이르러서 처음으로 —그리고 이것은 그의 위대한 공적이다— 자연적, 역사적, 정신적 세계 전체가 하나의 과정으로서, 즉 끊임없는 운동, 변화, 변형, 발전 속에 있는 것으로서 파악되어 서술되었고, 이 운동과 발전의 내적 연관을 증명하려는 시도가 이루어졌다"(유토450-451). 이와 관련해 헤겔의 다음 주장을 주목할 필요가 있다. "진리는 전체이다. 그런데 전체란 자체의 전개과정을 통해 완성에 이르는 본질일 뿐이다. 절대자에 대해서는, 절대자는 본질적으로 결과이며, 결말에 가서야 그 진정한 상태가 된다고, 또 바로 여기에 현실적인 것, 주체 또는 자체 형성이라는 절대자의 본성이 있다고 말할 수 있다"(현상24).[23] 같은 맥락에서 헤겔은 어

의존성 및 총체성에 대한 인식 단계들 중의 하나"라는 사상이 바로 그것이다. 헤겔이 여기서 몰두하고 있는, 즉 낱말과 개념을 '갈고닦고', '비트는 것'은 법칙 개념의 절대화, 단순화, 물신화와 싸우고 있는 것이다"(철학99). 아울러 레닌은 "현상은 법칙에 비해 총체성"이라는 헤겔의 논의를 받아들여 현상은 법칙보다 풍부하다고 정리한다(철학101).

떤 철학 저술의 목적이나 결과 혹은 타 저술들과의 상이성 등을 인식의 출발점 이상으로 삼을 수 없다고 본다. "왜냐하면 사태는 그 목적을 통해 모두 해명되는 것이 아니라 그 실현 과정(Ausführung)을 통해 비로소 모두 해명되며, 결과가 현실적인 전체는 아니며 그 형성과정(Werden)과 더불어 전체를 이루기 때문이다. 목적은 그 자체만 떼어 놓고 보면(für sich) 생명 없는 보편이며, 경향은 그 현실성을 아직 지니지 못하는 단순한 작동(Treiben)이며, 적나라한 결과는 그러한 경향을 뒤로하는 시체인 것이다. — 그와 마찬가지로 상이성은 오히려 사태의 경계선이다. 그것은 사태가 중단되는 곳에 존재한다. 달리 말하면 그것은 사태가 아닌 것이다. 따라서 목적이나 결과 혹은 상이성이나 이런저런 것에 대한 판단을 위한 그런 노력들은 그 외관보다 더 쉬운 작업이다. 왜냐하면 그런 행위는 사태와 관계하지 않고 언제나 사태를 벗어나며, 그런 지(Wissen)는 사태 속에 머물면서 그것에 매진하지 않고 언제나 어떤 다른 것을 추구하며, 사태에 머물고 사태에 몰두하기보다 오히려 자신에 머물기 때문이다"(현상13).

예컨대 자본이라는 사태를 파악하기 위해 마르크스는 스미스나 리카도 등의 이론을 검토하지만, 그것은 자본에 대한 인식의 출발점일 뿐이다. 마르크스가 그들의 이론을 검토하는 데에 머물렀다면 자본의 실상을 제대로 파악하지 못했을 것이다. 상품, 화폐, 가치, 잉여가치 등으로 이어지는 『자본론』의 전개 과정 전체의 출발점을 이

23 아도르노는 이때의 절대자 개념을 진리와 동의어로 받아들인다. 사실 그렇게 읽어도 어색하지 않다.

루는 상품을 자본의 진리라고 볼 수도 없고, 미완으로 그친 『자본론』 3권의 마지막 장을 따로 떼어 내 그것을 자본의 진리라고 내놓는 것도 어불성설일 것이다. 오히려 매뉴팩처 시대 버밍엄에서 500종에 달하는 망치가 생산되었다(자본1,465)는 사소한 사실까지 자본의 실제 모습을 파악하는 과정에서 무의미하지 않은 역할을 해낸다. 마르크스는 『자본론』 전체를 통해, 그 속에서 전개되는 다양한 규정들을 통해 자본의 실상을 말하고 있는 셈이다.

헤겔이 '전체'라는 개념으로 말하는 바를 마르크스는 구체성 개념으로 파악한다. "구체적인 것은 그것이 수많은 규정들의 총괄, 다양한 것들의 통일이기 때문에 구체적이다. 따라서 구체적인 것은 비록 그것이 실재적 출발점이고 따라서 직관과 표상의 출발점이라고 할지라도, 총괄 과정, 결과로서 현상하지 출발점으로 현상하지 않는다."[24] 여기서 마르크스는 헤겔의 관념론을 비판하면서 "추상적인 것으로부터 구체적인 것으로 상승하는 방법은 사유가 구체적인 것을 점취하고, 이를 정신적으로 구체적인 것으로 재생산하는 방식일 뿐이다. 그러나 결코 구체적인 것의 생성 과정 자체는 아니다"(요강71)[25]

24 카를 마르크스, 『정치경제학 비판 요강 I』, 김호균 역, 그린비, 2007, 71쪽. 이하 '요강'으로 약칭함.

25 이때 추상은 대상을 그 풍부한 상태로 파악하지 못한 단계를 지칭할 뿐, 비본질적인 것들을 제거하고 본질을 파악하는 이론의 본분을 지칭하는 것은 아니다. 반면에 구체적인 것은 실재 사물과 이에 대한 '수많은 규정들의 총괄'을 지칭하는 데에 함께 쓰인다. 레닌은 공허한 추상과 사태에 조응하는 추상을 구분한다. "칸트의 '물자체'는 공허한 추상인 데 반해, 헤겔은 '사태'에 조응하는 추상들을 요구한다. '사물의 객관적 개념이 사태 자체를 형성한다'는 추상, —유물론적으로 말해서— 세계에 대한 우리 인식의 현실적 심화에 조응하는 추상을 요구하는 것이다"(철학35-36).

라고 지적한다. 그럼에도 그는 추상에서 구체로 상승하는 방법의 타당성을 인정한다. "예컨대 17세기의 경제학자들은 언제나 살아 있는 전체, 즉 인구, 민족, 국가, 여러 국가들 등에서부터 시작한다. 그러나 그들은 항상 분석을 통해 분업, 화폐, 가치 등 몇 가지 규정적인 추상적 일반적 관계들을 발견해 내는 것으로 끝을 맺는다. 이 개별적인 계기들이 확정되고 추상화되자마자, 거기에서 노동, 분업, 욕구, 교환가치와 같은 단순한 것으로부터 국가, 민족들의 교환, 세계 시장까지 상승하는 경제학 체계들이 시작되었다. 후자가 분명히 과학적으로 올바른 방법이다"(요강71). 이처럼 추상에서 구체로 나아가는 방법을 강조하는 점에서는 명백히 마르크스와 헤겔의 공유면을 인정할 수 있다. 아도르노는 헤겔의 '전체' 개념을 '구체적인 것'으로 파악하기도 한다. "전체를 향한 운동인 사유의 운동 자체는 헤겔의 의미에서 '구체적인 것', 즉 하나로 결합되어 있는 것을 향한 운동입니다. 헤겔의 경우 실제로 진리는 구체적인 것이라는 말이 진리에 대한 규정들 가운데 하나이기도 합니다"(입문71).

헤겔의 전체 개념에 대한 아도르노의 설명을 좀 더 살펴보자. 그에 따르면, 헤겔이 말하는 전체는 파손되지 않은 통일성을 이루는 것 혹은 유기체론적인 비합리적 전체가 아니며, 자연 전체를 뜻하거나 어떤 범신론적 색채를 띠는 것도 아니다. 그것은 "주체와 객체 사이의 모든 관계들, 그 상이한 단계들에서 전개되는 주체와 객체 사이의 적대적 관계들의 실현된 총괄 개념"(입문49)이다. 그것은 헤겔 철학의 체계[26]와 같은 것이며 궁극적으로 존재와 동일하지만, 이때의 존재는 출발점에 위치하여 모든 것을 밝혀 주는 마술 주문[27] 같은 것이 아니라, "개념의 운동을 완전히 통과함으로써만 그 본연의 상태로 되는 일종의 요구 혹은 계획"(입문50)이다. 따라서 전체로서의 진리란 부단한 개념의 운동 결과로 등장하는 것이라 할 수 있다. 이때의 결과는 "그 자체의 발생, 기원, 그리고 그것을 그 결과에까지 끌고 온 과정 내지 노정도 함께 생각되고 함께 지양되어 있는 어떤 것"(입문51)이다.[28]

전체와 결과 개념을 묶어 아도르노는 헤겔의 진리 개념을 다음과 같이 정리한다. "진리는 과정이면서 동시에 이 과정의 결과라고 말할 수 있을 것입니다. 다시 말하면 진리는, 그것이 어떤 것이든, 사유 과정의 끝에서야 비로소 등장하지만, 이러한 등장은 과정에 대해 단순히 외적인 것이 아니며 오히려 이 결과 속에서는 그 과정이 지양되어 있고, 이 전체 과정 자체는 본질적으로 이 진리에 속하며, 마치 그것이 단순한 예비학인 것처럼, 여러분이 이제 얻어 내고 찾아내게 된 이 결과에서 간단히 빼 버릴 수 있는 것은 아니라고 할 수 있습

26 이때 아도르노는 다양한 감각 자료들에 질서를 부여하는 사고의 통일을 의미하는 칸트의 체계나 헤겔 이후 다소 자의적으로 체험을 재단하는 데에 쓰이는 형식적 틀 내지 '관리 계획', '거푸집', '질서 도식' 따위와 헤겔의 체계를 엄격히 구분한다(입문289-290).

27 아도르노는 실증주의와 하이데거류의 기초존재론 양자를 상대로 주요 전선을 설정한다. 실증주의에 대해서는 유물변증법의 부분적 요소로서 인정해 주는 입장을 취하지만, 기초존재론에 대해서는 가차 없이 비판적이다. 소외 문제를 비판적으로 다루는 점에서 양자의 동질성을 찾을 수도 있으나, 그들의 접근 방식은 근본적으로 다르다고 할 수 있다.

28 이처럼 결과 속에 발생, 기원, 과정 등을 지양하여 보존하려는 사고방식에 근거한다면, 기존의 문화유산, 자본주의적 생산력 등을 청산하려는 입장은 나오기 어려울 것이다. 또 그러한 철학에 바탕을 두고 이루어진 미래 사회에서는 과거의 모순과 갈등들이 모두 해소되어 전일체가 되기를 기대할 수 없다. 여전히 지양된 상태로이지만 개인들과 사회집단들 사이의 모순들은 살아 움직이되 지금과는 다른 형태로 기능할 것이다.

니다"(입문51). 이처럼 결과만으로 진리가 성립될 수 없는 것과 마찬가지로, 출발 원리만을 진리로 받아들이는 것도 불가능하다. 충분히 구체적으로 전개되지 못한 원리, 곧 "시작은 추상적이기 때문에, 유리되어 있기 때문에, 아직 전체로까지 넘어가지 않았기 때문에, 혹은 아직 그 자체에 도달하지 못했기 때문에 허위입니다"(입문71-72).

이처럼 전체와 과정을 강조하는 관점은 이성적 인식을 경시하는 비합리주의나, 개념의 노고를 진지하게 수행하지 않고 직관으로 어떤 신적 인식에 도달할 수 있다고 여기는 신비주의만 아니라, 개별자의 존재가치를 폄하하는 전체주의 등과 무관하다. 아도르노는 변증법적 사유의 특성을 다음과 같이 규정하기도 한다. "변증법적 사유는 단순히 기계적인 것, 즉 매 순간 사태에 대한 경험으로 채워지지 않는 사고의 진행에도 반대하는 것과 마찬가지로, 단순히 유기체론적인 것, 즉 비합리적 전체성에 —이러한 전체성은 다름 아니라 사고되지 않기 때문에 어떤 맹목적인 것이며, 이를 확인하지도 않는 것입니다— 대한 단순한 견해에도 반대하는 것입니다. 오히려 변증법은 기계적인 것과 유기론적인 것, 유기체론적인 것 사이의 진퇴양난을 헤치고 통과해 가는 사고방식입니다"(입문50).

그러나 아도르노는 '진리는 전체다'라는 논리를 개별 인식들의 모순·유동성·상대성을 피하고 인식의 구속성을 확보하는 방안, 곧 실증주의를 넘어서는 헤겔 변증법의 방안으로 적극 평가하고 그 의의를 인정하지만, 이에 전적으로 동조하지는 않는다. "아무튼 어떤 유한한 주체에게 무한한 전체가 주어지지는 않기 때문입니다. 달리 말하면 존재하는 모든 것이 순수한 사유의 규정들로 해소될 수는 없기 때문입니다"(입문48).[29] 실제로 '진리는 전체다'를 말 그대로 받아들여 우리의 인식 과정에서 실행에 옮기기는 어렵다. 물론 단편적 이미지들이나 정보들에 근거한 부분적 인식으로 인해 혼란에 빠지는 일은 일상생활에서 끊임없이 반복되며, 그러한 혼란을 피하기 위해 우리는 가능한 한 포괄적 연관 속에서 단편적 인식들을 다시 검토하고 평가하여 그 정보 가치를 상대화하거나 새로운 결론을 끌어내곤 한다. 그러나 현실주의자인 우리는 소크라테스처럼 아무것도 모르고 모른다는 것만 안다고 주장하지도 않겠지만, 제한된 조건 속에서 헤겔이 표방한 것과 같은 전체로서의 진리에 도달했다고 자처하지는 않을 것이다. 현실적 사물들의 무궁무진한 속성과 관계들을 감안하면 어떤 대상을 전체적으로 안다는 것은, 그 대상이 설혹 자명해 보이는 사소한 사물에 불과하더라도, 사실상 불가능하기 때문이다. 그렇다고 해서 우리가 접하는 단편적 정보들을 어느 정도 포괄적 연관 속에서 재평가하는 것은 불가능한 일이 아니다. 또 전체를 알지 못했으니까 우리가 아는 것은 허위라고 단정하는 데에도 동의하지 않는다. 전체에까지 도달하지는 못하더라도 대상에 대한 주요 규정들을 가능한 한 포괄적·본질적으로 파악해 들어가는 것은 가능하고 바람직하다. 이때 '전체'는 현실적 인식의 속성이 아니라 인식이 지향할 방

29 아도르노는 전체로서의 진리에 대한 현실적 대안으로서 짜임관계 개념을 제시한다. "대상이 처해 있는 짜임관계 속에서 대상을 인식한다는 것은, 대상이 자체 내에 저장하고 있는 과정에 대해 인식하는 것이다. 이론적 사상은 자신이 해명코자 하는 개념의 주위를 맴돈다. 마치 잘 보관된 금고의 자물쇠처럼 그 개념이 열리기를 희망하는 것이다. 이때 하나의 개별적인 열쇠나 번호가 아니라 어떤 번호들의 배열에 의해 열리는 것이다"(부정242).

향이라고 할 수 있다.

이처럼 전체를 지향하고 강조하는 것은 개별 인식을 소홀히 하는 것과 무관하다. 그 의의는 개별 현상들을 면밀히 보되 개별화에 머물지 말고 그것들을 규정하는 총체성 속에서 그것들을 이해해야 한다는 데에 있다(입문52). 또 이때 전체나 총체성은 개별 현상들처럼 직접 우리에게 주어지는 것이 아니라는 점도 고려해야 한다. 아도르노는 전체와 개별의 관계와 관련해 헤겔에게서 배워야 할 변증법적 기술의 본질을 다음과 같이 정리한다. "한편으로 사태에 근거해 단순하고 경직된 개별 규정을 넘어서도록 해야 하지만, 다른 한편으로 또한 우리가 해명한 개별적인 것과 특정한 것에 대한 경험을 통해, 전체를 —개별적인 것의 개념을 파악하기 위해 필연적으로 이 전체의 개념을 얻어야 하는데— 수정하여 그것의 경직된 독단적 성격을 버리게 하는 힘도 가져야 하는 것입니다. 그러니까 달리 말하자면, 변증법적 과정은 양쪽과 관계하는 어떤 것입니다. 즉 전체의 힘에 근거해 우리가 넘어서야 할 부분들 혹은 개별 계기들과 관계하는 것이며, 또한 전체와 관계하는 것이기도 한데, 우리가 언제나 이미 가지고 있고 마침내 진리가 되어야 할 개념 내지 전체는 부단히 개별에 대한 경험에 따라서 변경되어야 하기 때문입니다"(입문54).

루카치는 총체성을 마르크스주의 방법론의 요체라고 보았다. 이때 총체성 개념의 본분은 사물화된 의식을 극복하는 데에 있다. 루카치는 마르크스의 물신 개념을 경제 영역에 국한하지 않고 의식의 전 영역에 확대한다. 즉 분업과 계급 조건으로 인해 부르주아 의식은 제반 연관 속에서 역동하는 대상들을 파편적이고 정태적이며 방관적인 관점에서 파악한다는 것이다. 총체성 개념은 그 치유제로 쓰인다. 그것은 사물을 제반 본질적 필연적 연관관계 속에서 역동적으로 파악하며, 사태를 숙명론적으로 보지 않고 인식 주체 자신의 적극적 개입 공간을 함께 고려하는 사유 방법으로 제시된다.[30] 그가 프롤레타리아트에게 총체성의 관점을 점할 수 있는 특권적 위치를 부여한 것이 오늘날 얼마나 현실성을 지닐 것인지에 대해서는 논란이 분분할 수 있겠지만, 지배 체제의 근본 변혁을 추구하는 사람들에게는 총체성의 관점은 절실히 필요하다고 여겨진다.

아도르노도 '진리는 전체다'라는 총체적 사고의 실천적 의의에 대해 언급한다. 그러나 그는 변증법의 타락과 남용에 대한 경고에 논의를 제한하고 있다. "여러분이 여기서 일단 나에게 변증법의 실천적 적용을 기대한다면, 그러한 적용은 바로 변증법적 사고가 본래 어떤 방식으로 고립되어 그러한 악용에 쓰이는 것에 지극히 불신을 갖고 대응하는 사고라는 데에 있습니다. 즉 일반적으로 어떤 개별 인식이, 어떤 유한한 개별 인식이 —전체에 대한 어떤 인식이든 사실 인식으로서 언제나 아직 하나의 개별 인식입니다— 마치 전체인 체하고 절대적인 것으로 설정될 경우, 그것은 당장 허위에 복무하게 되고 이데올로기가 될 수 있습니다"(입문101). 이러한 인식 비판은 동시에 권력의 타락과 남용에 대한 비판으로서 실천적 의미를 지닌다고 할 수 있다.

30 게오르그 루카치, 『역사와 계급의식』, 박정호·조만영 역, 거름, 1986, 55쪽 이하, 151쪽 이하 참조.

5. 관념론과 유물론

가까운 사람 가운데 누군가가 바로 눈앞에서 손에 잡히는 사물이나 사람을 실재하는 것이 아니라 이념의 그림자라거나 감각복합 내지 의식의 구성물이라고 심각하게 주장한다면, 건전한 감각과 상식에 의존하는 우리는 대체로 그 친구가 실성한 것 아닌지 불안해할 수 있다. 과학과 산업은 관념론을 철학 교과서 속에 가두어 버렸고, 오늘날 유물론적으로 생각하고 행동하기 위해 별도의 철학 논쟁을 벌일 필요는 없게 되었다. 그래서 관념론과 유물론이라는 주제를 끄집어내는 것조차 불필요한 일처럼 받아들여지기도 한다.

그러나 100여 년 전만 해도 레닌은 치열한 정치투쟁의 와중에, 관념론과 유물론의 경계선을 흐리는 관념론의 다양한 변종들을 상대로 집요하게 논박을 가한다. 이는 냉철한 현실 인식을 방해하는 이데올로기적 혼선을 걷어 내려는 정치투쟁의 일환이기도 했다. 레닌은 요소 복합, 원리적 동격, 잠재적 중심항, 투입 작용 등의 개념들로 이루어진 마하주의 교의가 칸트로부터 버클리로 후퇴하는 철학적 몽매주의, 불가지론, 유아론 등으로 귀결된다고 비판한다(유물론96). 세계를 우리의 감각으로 환원하는 이 마하주의에 맞서 레닌은 다음과 같이 유물론을 옹호한다. "감각은 뇌수, 신경, 망막 등에 다시 말하면 일정한 방식으로 조직된 물질에 의존한다. 물질의 현존은 감각에 의존하지 않는다. 물질이 제1차적인 것이다. 감각, 사유, 의식은 특정한 방식으로 조직된 물질의 최고 산물이다. 이것이 유물론의 일반적인 견해이며, 특히 마르크스, 엥겔스의 견해이다"(유물론56). 물질의 현존이 감각에 의존하지 않는다는 주장의 근거는 다음과 같다. "자연과학은 지구가, 옛날에 인간이나 다른 어떤 피조물이 결코 존재하지 않았거나 존재할 수 없었던 그런 상태로 존재했다는 사실을 단호히 주장한다. 유기물은 그 후에 나타난 현상이며, 오랜 진화의 산물이다. 따라서 거기에는 어떤 감각 능력이 있는 물질도, 어떤 '감각복합'도 존재하지 않았으며, 아베나리우스의 교의에 따라 환경과 소위 '불가분적으로' 연결되어 있는 그 어떤 자아도 결코 존재하지 않았다"(유물론75-76).

이처럼 유물론을 옹호하기 위해 레닌은 누구도 부인하기 어려운 자연과학적 상식을 끌어들이는 가운데, "우리의 의식과 독립해 있고 의식에 반영되는 객관적 실재의 현존"(유물론274)이라는 자명해 보이지만 실제로는 난감한 테제를 유물론의 근본 전제로 제시한다. 이러한 공식은 객관적 진리에 대한 혼란스러운 정식으로 이어지기도 한다. "객관적 진리라는 것이 존재하는가? 다시 말하면, 인간의 표상 가운데 주관에 의존하지 않는, 인간이나 인류에 의존하지 않는 내용이 있을 수 있는가?"(유물론128) 이 경우 객관적 진리는 객관적 실재에 대한 올바른 반영이라기보다 실재 자체로 읽을 수 있다. 자연과학이 밝힌 바처럼, 인류가 없던 시기에도 지구는 존재했다. 그러나 이러한 사실에 대한 인식 내지 올바른 반영은 자연과학의 산물이며, 따라서 인간에 의존한다. 내가 들고 있는 돌멩이는 내가 의식하지 않아도 존재한다. 그러나 "이것은 떡이 아니라 돌멩이다"라는 적합한 반영은 나의 의식과 무관하지 않다. 돌멩이 자체가 '나는 진리다'라고 외치는 것은 결코 아닐 것이다. "이것은 돌멩이다"라는 반영물을 놓고 참인지 아닌지 따지고, 좀 더 복잡한 사태에 대한 반영이라면 그것이 얼마나 타당한지, 수정·보완 또는 폐기되어야 할 것인지를 따져야 의미 있을 것이다.

또한 우리의 의식이나 감각 역시 물질의 최고 산물로서 여타 물질들에 작용을 가할 수 있을 것이다. 이 최고 산물이 지구상에 존재하는 지금 상황에서, 그로부터 독립해 있는 객관적 실재라는 말은 존재 차원에서 현실성이 없다. 논의를 인식 차원에 국한해서 살펴보더라도 단순하게 받아들이기는 어렵다. 실제의 인식 과정에서는 인식 주체가 활용하는 인식 수단들이 역사적 사회적 혹은 객체적 요소들로서 주체의 의식 속에 자리 잡고 있으면서 객체들의 영향에 따라 크고 작은 변화를 겪고 있으며, 역으로 인식의 대상들 역시 주체의 의식과 이에 따른 활동을 통해 가변적 상황에 처해 있다. 물질의 1차성 내지 우선성은 이러한 조건에 대한 반성과 거리가 있다.[31] 즉 그것은 인식 과정상의 직접적 경험 단계라고 이해할 수 있다. 물론 그것은 무엇보다 주관적 관념론에 대한 원론적 논박으로서 의미 있다. 그 긍정적인 실천 효과는 주관적 의도·욕망·이상·이데올로기 등에 따라 실제 대상을 자의적으로 재단하고 구성하는 태도를 경계하는 데에

31 이 점에서 칸트의 '공허한 추상'(철학36)인 물자체와 현상의 구분에 대해 재고할 필요가 있다. 현상 개념을 통해 칸트는 인식의 주체적 조건들을 밝히려는 범인문학적 기획의 문을 열었다. 그가 손에 넣은 것은 시간과 공간이라는 선험적 직관 형식과 순수 오성 개념이라는 인간학적 조건이었다. 그 타당성 및 효능에 대해서는 논란이 분분할 수 있다. 마르크스는 '사회적 존재가 의식을 규정한다' 혹은 '지배계급의 사상이 지배적인 사상'이라는 테제로 인식의 주체적 조건을 사회적 토대에서 찾았다. 그 후의 인문학은 권력, 무의식, 언어 등으로 그러한 조건에 대한 통찰을 확장해 왔다.

있다. 반대로 인식의 조건과 영향에 대한 무반성적 태도는 독단론을 키워 낼 수도 있다. 즉 실재를 파악했다고 자부하는 특정 인식·주장·이데올로기가 권력관계에 따라 절대적 지위를 누리며 반론들에 주관주의의 낙인을 찍을 수 있을 것이다. 이 '유물론의 근본 전제'를 주체와 객체의 복합적 상호관계에 대한 사고를 차단하는 논거로 써먹는 것은 결코 바람직하지 않다.[32] "모든 개념의 상호이행"(철학150)이라는 '변증법의 본질'은 인식 주체와 객체 사이에서도 발현되어야 하기 때문이다.

추상에서 구체로 상승하는 헤겔의 방법을 받아들이면서도 마르크스는 헤겔의 관념론을 가차 없이 비판한다.[33] "추상적인 것으로부터 구체적인 것으로 상승하는 방법은 사유가 구체적인 것을 점취하고, 이를 정신적으로 구체적인 것으로 재생산하는 방식일 뿐이다. 그러나 결코 구체적인 것의 생성 과정 자체는 아니다"(요강71). 마르크스의 다음 테제는 흔히 유물론의 기본 전제로 받아들여진다. "인간들의 의식이 그들의 존재를 규정하는 것이 아니라 거꾸로 그들의 사회적 존재가 그들의 의식을 규정한다"(요강478). 별문제 없어 보이는 테

32 『역사와 계급의식』에서 엄격한 주체-객체 분리를 사물화의 한 가지 특징으로 비판하는 루카치는 레닌주의를 받아들인 이후 주관과 무관한 객관이라는 공식을 말년까지 버리지 않고 있다.

33 레닌은 공허한 추상과 대조하여 추상의 인식적 가치를 강조하기도 한다. "물질이라는 추상, 자연법칙이라는 추상, 가치라는 추상 등, 한마디로 말해 모든 과학적인(올바른, 진지하게 생각하는, 무의미하지 않은) 추상들은 자연을 보다 깊게, 보다 정확하게, 보다 완벽하게 반영한다. 생생한 직관에서 추상적인 사유로 그리고 이 추상적인 사유로부터 실천으로 ― 이것이 진리 인식의, 즉 객관적 실재를 인식하는 변증법적인 도정이다"(철학120).

제이지만, 조금 더 생각해 보면 그 의미가 간단하지 않다. 우선 인간의 의식을 규정하는 인간의 사회적 존재에서는 인간의 의식을 제거할 수 없다. 인간을 인간으로 만드는 핵심 요인으로서 의식을 빼먹을 수 없으며, 인간의 사회적 존재에서는 인간의 의식적 활동과 그 산물이 결정적인 의미를 지닌다. 따라서 위의 테제는 인간의 의식을 포함하는 인간의 사회적 존재가 인간의 의식을 규정한다는 사실을 말한다고 할 수 있다. 또한 의식을 규정하는 사회적 존재 속의 의식에는 자신의 의식도 부분적으로 포함되며, 이 점에서 의식과 존재의 관계에서 경직된 대립관계나 이분법 혹은 의식에 대한 존재의 우월성을 절대화할 수 없고, 의식이 스스로를 규정하는 부분적 재귀구조 역시 인정해야 할 것이다.

이 부분적 재귀구조에 대한 인정이 물질적 혹은 객관적 조건을 실제의 중요성에 맞지 않게 도외시하고, 주체의 의식을 절대화하는 논거가 될 수는 없다. 유물론은 관념론적 환상을 깨고 의식과 존재의 실제 관계를 가능한 한 그 실제 상태에 가깝게 인식하고자 하는 과학적 충동에 따른다. 따라서 그것은 의식의 역할을 실제와 무관하게 폄하하거나 과도하게 부풀리는 데에 반대한다. 부분적 재귀구조에 주목함으로써 우리는 의식과 아울러 주체를 사회적 구조나 제반 조건들 혹은 지배관계 등에 의해 완전히 결정되는 객체로 파악할 필요 없이, 사회적 존재에 그 일부로서 영향을 주고 이로써 또한 자신도 바꿔 갈 수 있는 진정한 주체로서 파악할 근거를 마련할 수 있을 것이다. 의식에 대한 존재의 우선성이라는 유물론적 테제를 변혁 주체에 대한 사망선고와 맞바꾸는 것은 마르크스의 의도와 무관할 것이다.

헤겔의 관념변증법에 대한 비판은 변증법의 구조에 대한 논의를 통해 이루어질 수도 있다. 아도르노는 "진리는 전체다"라는 헤겔의 명제를 적극적으로 평가하면서도 그것과 일정한 거리를 두기도 한다. 궁극적으로 모든 것을 정신의 산물로 파악하는 헤겔의 관념론 체계는 주체와 객체의 동일성으로 귀결되는데, 주체의 유한성과 대상의 무한성을 인정하는 유물론의 상식에 근거해 보면 그러한 동일성을 받아들일 수 없다는 것이다. 이 점에서 아도르노는 헤겔의 변증법이 궁극적으로 닫힌 변증법이라고 보며, 반면에 유물변증법은 주체와 객체의 동일성을 인정할 수 없는 관점에서 열린 변증법이 될 수밖에 없다고 본다(입문49). 그는 개별 인식에서 의식과 대상 사이의 긴장과 모순을 견지하면서도 궁극적으로 인식 주체와 객체의 동일성과 조화로 귀결되는 점이야말로 헤겔 철학 최고 수준의 모순이라고 지적한다(입문26). 물론 헤겔의 변증법은 그러한 모순구조를 지니지만 궁극적으로 관념론적이라는 점을 부인할 수 없다. "그 모든 개별 계기들에서는 사유가 동일성 속의 비동일성의 계기를 강조합니다. 하지만 전체적으로는 일종의 화해가 이루어집니다. 이 경우 바로 이러한 변증법 유형이 관념론적 유형일 수밖에 없다는 사실은 단적으로 명백합니다. 왜냐하면 여기서는 사실상 존재에 대한 사유의 우선성을 주장하게 되기 때문입니다"(입문151).

이 경우 아도르노는 동일성과 조화로 귀결되는 헤겔 철학의 긍정적 측면보다 모순을 강조하는 비판적 측면을 훨씬 더 중요한 것으로 받아들인다. "헤겔 철학을 움직이는 힘은 실제로 부정의 힘, 그러니까 모든 개별 계기 속의 비판적 힘이며, 그에 비할 때 헤겔의 유명한 긍정적 계기는 —그러니까 총체로서 주체와 객체가 동일하다는 결론으로 치닫는 계기는— 그 부정적 계기에 비할 때 힘이나 역량의 차원에서 본질적으로 뒤처지는 것이라고 생각하고 싶습니다"(입문 133). 반면에 엥겔스는 비판적 요소보다 긍정적 요소가 헤겔 철학에서 더 큰 비중을 지닌다고 평가한다. 또 헤겔의 변증법적 방법과 체계 사이의 모순을 지적하면서 방법에 강세를 두는 쪽이 헤겔 좌파로, 체계를 강조하는 쪽이 헤겔 우파로 발전해 갔다고 보았다. 이 경우 체계가 방법과 동떨어진 채 형성될 수는 없었을 터인데, 양자의 모순관계는 어떻게 생겨났을까 하는 의문을 가질 수 있다.[34] 이에 비해 아도르노의 설명은 좀 더 납득하기 쉽다. 헤겔의 체계는 변증법적 인식 방법의 산물인 점에서 체계와 방법을 단순히 대립하는 것으로 보기보다, 그 체계의 독특한 의미를 인정하면서 그 한계를 분명히 할 필요가 있는 것이다. 또 헤겔의 체계에 대한 아도르노와 엥겔스의 평가에서는, 헤겔 철학이 비판적이냐 현실 옹호적이냐를 일괄해서 판단하기보다 헤겔 철학의 양 측면으로부터 어느 쪽을 좀 더 적극적으로 받아들일 것인지가 중요하고, 이는 받아들이는 사람의 실천적 관심에 본질적으로 의존한다는 점을 확인할 수 있다. 이때 아도르노가 헤겔의 비판적 측면을 적극 받아들이는 것 못지않게 엥

34 헤겔은 자신의 방법에 대해 다음과 같이 말한다. "이런 운동 또는 과학의 방법과 관련해서는 미리 몇 가지를 진술하는 것이 필요해 보일 수도 있다. 하지만 방법의 개념은 이미 언급된 것 속에 들어 있으며, 그 본연의 서술은 논리학에 속하거나 오히려 논리학 자체이다. 왜냐하면 방법은 그 순수한 본질 상태(Wesenheit)에서 세워진 전체의 건축(Bau)일 뿐이기 때문이다"(현상47). 이 '전체의 건축'이 곧 그의 체계인 셈이며, 따라서 헤겔은 방법과 체계를 하나라고 여긴다고 할 수 있다.

겔스도 헤겔 철학의 혁명적 의미를 강조하는 점을 주목해야 할 것이다(고전35).

아도르노는 유물론을 고수하면서도 변증법 자체에 내재하는 관념론적 요소를 인정한다. "물론 변증법적 사유가 지향하는 객체가 자체로서 아무 성질도 지니지 않는 것은 결코 아니라는 데에, 우리가 그것에 범주적 그물을 뒤집어씌움으로써 비로소 그 규정들을 찾게 되는 것이 아니라,[35] 그 자체가 자체 내적으로도 이미 어떤 규정된 것이라는 데에, 달리 말해 어떤 대상도 그것이 우리에게 특정한 것으로 대립하는 한 자체 내에 또한 사유를, 자체 내에 주체를 포함하지 않는 것은 없다는 데에 변증법의 결정적 계기가 들어 있습니다.[36] 그러니까 달리 말하자면, 이 대목에서 변증법 자체 속에는 관념론의 한 계기가, 즉 매개된 것으로서의 주관성에 대한 암시가 들어 있습니다. 그것은 또한 세계를 자신에 근거해 파악하거나 산출한다는 관념론의 요구 전체를 아무리 비판적으로 혹은 회의적으로 대한다 해도 고수해야 하는 것입니다"(입문320-321). 그러면서도 아도르노는 이러한 사고방식을 관념론이라고 단정하지 않는다. 그 이유는 여기서 언급된 주관적 계기가 단지 하나의 계기이며, 절대화될 수 없고 즉자로 존재하는 것이 아니기 때문이다. 또 주체가 객체에 의해 필연적으로

35 이때 아도르노는 특히 감성을 통해 받아들인 잡다한 감각자료에 범주들을 적용하여 인식을 만들어 낸다고 보는 칸트를 염두에 두고 있다.

36 이러한 특성에서 레닌은 오히려 헤겔의 유물론적 성격을 찾는다. "논리적 이념의 자연으로의 이행. 유물론이 거의 손으로 잡힐 것 같다. 엥겔스가 헤겔의 체계는 거꾸로 서 있는 유물론이라고 말한 것은 올바르다고 해야 할 것이다"(철학191).

매개된 것이고, 역으로 객체 또한 사유에 의해 매개되어 있기 때문이라는 것이다(입문321).

반면에 아도르노는 어떤 제일원리, 절대적 근원적 원칙을 내세우는 경우에 일반적으로 관념론이 등장한다고 본다. "내가 그와 같은 부류의 근원적 원칙, 그처럼 궁극적인 것을 진술하자마자, 사실상 그 속에는 존재하는 모든 것을 지배할 수 있다는 정신의 요구가 들어 있습니다. 왜냐하면 이 궁극적인 것은 언제나 정신이 생각한 것이며, 그런 한에서 독단론적 유물론, 즉 비(非)변증법적 유물론에서조차, 그것이 순수한 사고에 근거해 그러한 절대적 근원의 원칙을 갖고 있다고 믿는 한에서, 어떤 관념론적 성격을 확인할 수 있기 때문입니다"(입문188). 이런 점에서도 헤겔의 체계는 관념론과 어울리지 않는 면을 지닌다. 그의 체계는 어떤 절대적 제일원리로부터 전체가 펼쳐지는 것이라고 할 수 없기 때문이다(입문59). 아도르노는 '뒤집혀진 유물론'이라는 표현 대신 "헤겔은 관념론적이면서 동시에 관념론적이지 않기도 한 한에서 최상의 의미에서 여전히 변증법적"(입문189)이라고 규정한다. 아도르노는 『부정 변증법』에서 반체계적 사유를 표방하지만 변증법적 체계의 현실적 의미를 완전히 부정하지는 않는다. 그에 따르면 변증법의 체계화는 바로 현실이 이루는 체계의 체계화라고 할 수 있다. "이 점에서 변증법 철학은 세계가 자체 내적으로 특정한 형태를 가지지 않는다는 듯이 거동하고, 바로 그 때문에 유일하게 관심거리가 되는 것, 즉 바로 이 세계가 우리에게 가하는 강압을 간과하는 훨씬 더 무해한 이론들보다 훨씬 더 현실주의적이며, 단순한 개념의 구성물과는 무한히 더 거리가 있습니다"(입문142-

143). 나아가 아도르노는 세계를 체계로서 옹호하려 함으로써 보수적인 것으로 보였던 이론이 그 체계를 부정적인 것으로 그려 냄으로써 사회주의의 혁명적 구상을 위한 전제가 되었다는 점을 지적하고, 변증법의 두 형태, 즉 헤겔 변증법과 마르크스 변증법이 얼마나 일치하는지 추적할 필요성을 제기한다(입문143).

아도르노나 레닌 혹은 엥겔스가 헤겔 변증법의 유물론적 측면을 최대한 드러내려 하는 것과 반대로, 콜레티는 변증법 자체를 관념론으로 몰아간다. 그는 헤겔 철학의 관념론적 본질을 흥미롭게 밝힌다. 그에 따르면 "관념론이 참된 존재자로 간주하는 것은 무한자, 즉 정신이나 신이다."[37] 헤겔이 관념론을 철저하게 관철시키는 수단을, 콜레티는 '물질의 변증법'이라고 칭한다. 그 의미는 다음과 같다. "헤겔에 있어서 물질은 부정되지 않는다. 물질은 자신이 아닌 어떤 것에 의해 긍정된다." 그러나 "물질은 사유 안에 있을 때에만 '본질적'인 것이다라고 선언됨으로써 물질이 개념을 벗어나 있거나 개념 이전에 있을 때 어떤 실재성을 갖는다는 사실은 당연히 배제된다"(콜레티21). 콜레티는 이 물질의 변증법이 지향하는 궁극 목적은 신의 실현이라고 본다(콜레티30-31). 나아가 콜레티는 이러한 물질의 변증법의 모든 근본 명제를 헤겔이 발견했으며, 변증법적 유물론은 헤겔 원문으로부터 이러한 명제들을 베낀 것에 불과하다고 주장한다. "변증법적 유물론의 저자들은 그것들을 베끼는 과정에서 '이미 헤겔의 원

37 루시오 콜레티, 『마르크스주의와 헤겔』, 박찬국 역, 인간사랑, 1988, 11쪽. 이하 '콜레티'로 약칭함.

문에는' 유물론적 입장이 함축되어 있다고 생각했던바, 이는 분명 해석상의 오류였다고 나는 결론짓지 않을 수 없다. 거의 백여 년에 걸친 이론적 마르크스주의의 역사의 근저에는 이러한 오류가 깃들어 있었다"(콜레티31). 또한 콜레티는 엥겔스가 범한 오류를 무엇보다 헤겔의 총체성이 '무한자', '이성', '기독교적 로고스'라는 점을 망각하고 있다는 데에서 찾는다(콜레티51). 이런 오류를 피하고 유물론을 고수하는 방안으로서 콜레티는 칸트로 돌아갈 것을 권장한다(콜레티 124).

엥겔스가 헤겔의 변증법을 적극적으로 받아들이면서 그 관념론을 유물론으로 바로 세운 것이 '베끼기'와 '오해'로 규정될 수 있다는 데에 놀랄 수밖에 없다. 이때 마르크스는 어떤 이유에서 그런 파렴치한 범죄에서 면죄되는지는 의문이다. 또 왜 무한자가 물질이면 안 되고 정신이어야만 하며, 기독교적 로고스이어야만 하는지도 수수께끼다. 정신이야말로 무한한 물질의 특정 전개 과정에 등장한 유한한 존재라고 볼 수도 있지 않은가. 실재적 조건에 부합하는 논리적 조건을 부단히 만들어 가는 것, 무궁무진한 대상을 유한한 인식능력으로 좀 더 포괄적으로, 좀 더 심오하게 반영하는 것이야말로 변증법적 유물론의 본분 아닌가. 실재적 조건과 구분되는 고정불변의 논리적 조건이나 선험적 원칙 혹은 어떤 제일원리를 무궁무진한 실재에 덮어씌우는 것이야말로 관념론의 본색 아닌가. 콜레티 역시 마르크스로부터 헤겔 변증법의 흔적을 지우는 데에 한몫 해낸 유공자로서 손색이 없어 보인다.

6. 차이와 모순

이 시대는 차이의 전성시대라는 환각을 만끽할 수 있을 정도로, 차이를 긍정하고 존중하자는 이데올로기가 사회 곳곳에 스며들고 있다. 성소수자·장애인·이주노동자·다문화가족 등 사회적 약자들의 권익을 위한 운동들은 물론이고 문화운동·시민운동, 심지어 다양한 동호인 모임이나 취미활동까지도 차이의 형이상학을 그 존재근거로 내세움으로써, 자체의 현실적 비중을 상대적으로 키울 수 있다고 믿는 듯하다. 이 광범위한 믿음의 조류에 거슬러 감히 "우리는 하나다"를 외치다가는 졸지에 미개인 취급받아 마땅하다는 분위기가 팽배해 있는 추세다. 이러한 풍토는 변혁적 노동운동의 힘이 약해졌고 운동의 목표 설정에서 공감대를 만들기가 어려워졌을 뿐만 아니라, 그동안 다양한 사회적 요구들을 적극 받아들이는 운동 방식을 충분히 마련하지 못했다는 증거로 받아들일 수 있을 것이다. 물론 그 위에는 저 멀리서부터 길게 늘어져 있는 현실사회주의 체제 실패의 그림자가 겹쳐져 있기도 하다. 또 그동안의 자본주의적 생산력 증대가 비록 빈부격차를 꾸준히 벌려 왔지만, 그것이 평등을 향한 갈망과 변혁 의지를 키우기보다, 양극화 구조에 대한 순응적 욕망 구조 형성에 훨씬 더 기여하고 있다는 사실도 차이 긍정의 이데올로기를 밑받침해 왔다고 할 수 있을 것이다.

그러나 '차이 긍정'의 시대정신은 모종의 난점을 안고 있다. 차이라는 형이상학적 이념의 광채 속에서, 차별이라는 전투적 개념이 시야에서 멀어지는 것이다. 우리는 어떤 차이가 차이에 머무는 한 긍정하고 존중하자는 데에 동의하지만, 문제는 이런저런 차이들이 억압적 지배관계 속에서 차별주의의 먹잇감으로 둔갑하는 데에 있다. 우리는 차별을 긍정하라고 권하지는 않으며, 오히려 부정해야 마땅하다고 믿는다. 그런데 '차이 긍정'의 이념은 차별에 맞선 전쟁에서 "차별에 맞서자" 혹은 "차별을 없애라"는 직접적 구호보다 대체로 무기력하며, 차별에 맞서는 전략을 생산하는 데에 별 도움이 되지도 않고, 차별에 맞서려는 의지를 별로 고무하지도 않는다. 그런데 차별의 세계에 들어서는 순간 이미 우리는 차이의 형이상학이 경멸하는 부정과 모순의 바다에 뛰어든 것이기도 하다.

차이의 형이상학이 부정과 모순을 경멸하는 화법은 선동적이다. "긍정은 차이, 거리를 긍정한다. 차이는 가벼운 것, 공기 같은 것, 긍정적인 것이다. 긍정한다는 것은 짐을 짊어진다는 것이 아니다. 오히려 거꾸로 짐을 던진다는 것, 가볍게 한다는 것이다. 그것은 더 이상 부정적인 것이 아니다. 부정적인 것은 긍정의 환영, 대용품 같은 환영만을 산출한다"(차이140). "부정에 관해 말하자면, 그것은 어떤 그림자에 불과하다. 부정은 이런 상위 원리의 그림자, 이미 산출된 긍정 옆에 머물러 있는 차이의 그림자일 뿐이다"(차이160). 이 차이의 교리를 당면한 자본주의사회의 근본 문제에 적용하면 우리는 소유물(생산수단)의 차이에 근거하는 차별을 긍정하지 않고 부정해야 한다는 짐을 짊어지지 말고 그 짐을 덜고 가볍게 해야 한다. 엄중하고 두렵기조차 했던 기존의 운동윤리를 '긍정의 환영, 대용품 같은 환영', '이미 산출된 긍정 옆에 머물러 있는 차이의 그림자' 등으로 말끔하게 정리해 주는 이 거대담론의 매력에 어지간한 오기 없이 어찌 저항할 수 있겠는가.

게다가 그것은 그냥 무지막지한 선동이 아니라 인식론적 존재론적 심오함으로 무장하고 있다. "어디서든 차이의 깊이가 일차적이다"(차이133). "시간과 공간은 오로지 표면에서만 대립들(그리고 제한들)을 드러낸다. 그러나 시간과 공간은 실재적인 깊이 안에서는 훨씬 방대한 차이들을 전제하고 있다. 긍정되고 분배되는 이 차이들은 밋밋한 부정성으로 환원되지는 않는다"(차이133). "차이는 대립을 가정하지 않는다. 대립을 가정하는 것이 차이가 아니라 차이를 가정하는 것이 대립이다. 그리고 대립은 차이를 해소하기는커녕, 다시 말해서 근거로까지 끌고 가기는커녕, 차이를 왜곡하고 변질시킨다. 우리는 즉자적 차이 그 자체가 '이미' 모순이 아님을 말하는 것으로 그치지 않는다. 나아가 차이는 모순으로 환원되거나 소급되는 것이 아님을 또한 말하고 있다. 모순은 깊이가 얕고 차이만큼 깊지 않기 때문이다"(차이134). "차이는 모든 사물들의 배후에 있다. 그러나 차이의 배후에는 아무것도 없다"(차이145). 그런데 헤겔과 마르크스 혹은 레닌의 변증법은 이 '깊이가 얕은' 모순에 집착할 뿐 아니라, '모든 사물들의 배후' 따위에 그다지 큰 의미를 두지 않는다. 추상과 동일성에 근거한 개념적 재현을 통해 필요시에는 차이들을 종종 억눌러 놓는 짓도 피하지 않는다. 이 점에서 들뢰즈가 헤겔의 변증법을 "차이와 미분적인 것 등의 유희를 부정적인 것의 노동으로 대체하는" 변증법 변질 역사의 "마지막 국면"(차이564)이라는 식으로 깎아내려 놓는 것은 차이의 형이상학을 방어하기 위해 당연히 취해야 할 대응이라고 이해할 수 있다.

그러나 모순과 차이의 깊이 혹은 궁극적 성격보다는 그로부터 나오는 표면적 정치 효과가 훨씬 더 우리의 관심을 붙잡을 수 있다. 들뢰즈가 내놓는 정치 지향적 개념은 "유목적 분배들, 왕관 쓴 무정부 상태들"이다(차이145). 이로부터 마르크스주의가 추구했던 자유로운 개인들의 연합 내지 높은 단계의 공산주의를 연상하는 것은 각자의 자유다. 하지만 그에 도달하는 방법에 대해 들뢰즈가 말하는 바는 별로 없다. 차이 형이상학의 동어반복적 주술에 가까운 다음 주장이 그의 희귀한 실천론이다. "역사는 부정을 통해, 부정의 부정을 통해 앞으로 나아가는 것이 아니라 문제들의 규정을 통해, 차이들의 긍정을 통해 앞으로 나아간다. 그렇지만 이 때문에 역사는 그 어떤 경우 못지않게 피비린내 나고 잔혹하다. 부정을 통해 연명하는 것은 단지 역사의 그림자들뿐이다. 하지만 의인(義人)들은 어떤 정립된 미분의 역량, 어떤 긍정된 차이의 역량 전체와 더불어 역사에 개입한다"(차이564). 우리는 차이의 긍정 때문에 역사가 피비린내 나고 잔혹하다고 느끼는 방법에 익숙하지 않다. 또 우리는 지배자들과 피지배자들 사이의 차별 때문에, 이를 유지하려는 지배자들의 교활함과 집요함과 잔인성 때문에, 이에 맞서는 부정과 저항에 대한 지배자들의 무차별적인 폭력 때문에 역사는 피로 얼룩져 왔다는 믿음을 버리기 싫어할 것이다. 또 "모순은 프롤레타리아의 무기라기보다는 차라리 부르주아가 자신을 방어하고 보존하는 방식"(차이565)이라는 들뢰즈의 주장이야말로 프롤레타리아를 무장해제 하려는 자본의 무기로 쓰일 수 있다고 확신할 것이다.

그래서 우리는 다시 모순의 변증법으로 돌아간다. 그러나 모순의 중요성을 인정하는 것이 곧 세상의 모든 것을 모순에 근거해 인식하고 설명하려는 것은 아니다. 마오의 다음 주장은 마치 들뢰즈의 차이 자리에 모순을 대입해 놓고 모순의 형이상학을 구성하는 듯한 인상을 자아낼 수도 있다. "단순한 외부 원인은 범위의 대소, 양의 증감과 같은 사물의 기계적 운동만을 일으킬 수 있을 뿐이지 사물의 성질이 왜 천차만별이며 그것이 왜 서로 변화하는가를 설명할 수 없다는 사실은 명백하다. 사실 외부의 힘에 의해 움직이게 되는 기계적 운동도 역시 사물 내부의 모순성을 통해야만 한다. 식물과 동물의 단순한 성장, 양적인 발전도 주로 그 내부 모순의 결과이다. 마찬가지로 사회발전도 주로 외인이 아닌 내인에 기인한다."[38] 물론 마오의 관심은 모순의 형이상학을 구성하는 것이 아니라, 자신이 직면한 사회현실의 주요 문제들을 효과적으로 풀어 가기 위한 혁명적 실천의 이론적 발판을 만드는 데에 있었고, 『모순론』은 그러한 역할을 충분히 해냈다. 그러나 누가 '사물의 성질이 왜 천차만별'인지를 모순 개념으로 설명하는 것은 억지라고 시비 걸면 답변이 궁색할 듯하다. 빨간색과 파란색의 관계 문제는 모순보다 차이의 세계에 떠넘겨 놓아도 좋을 것이다. 어떤 하나의 원리로 모든 것을 해명하려 들면 그 원리가 매우 훌륭할지라도 추상적 일반화의 유혹에 빠져 대상의 풍부함을 망각하기 쉽다.

이 문제와 관련해서는 아도르노의 입장을 참조하는 것이 좋을 듯하다. "변증법이 단지 환원적 사유일 뿐이어서 차이들 모두를 모순

38 마오쩌둥, 「모순론」, 『실천론·모순론』, 이등연 역, 두레, 1989, 40쪽. 이하 '모순'으로 약칭함.

의 공식 아래 끌어들이려 한다면, 그것은 실제로 모든 것을 어쩌면 하나의 원칙에 근거해 설명하려는 시도와도 같은 어떤 것인 셈인데, 본래 변증법은 이러한 것에 반대했습니다"(입문105). 그럼에도 불구하고 아도르노는 여전히 모순의 중요성을 폄하하지 않는다. "내 생각에 변증법적 사유 일반이 수행하는 역할, 또 변증법적 사유 혹은 철학적 사고 일반이 본래 가지는 의미는 오히려 살아 있는 경험에 맞서서 규율을 제시하는 힘의 일종입니다. 상이한 것 속에서 통일성을 찾지 못하고, 또 통일성을 찾음으로써 단순히 상이한 것 속에 담겨 있는 모순의 성격 또한 지각하지 못하고, 단지 차이만을 보고 단지 상이함만을 지각할 경우, 그럴 경우 사유는 말하자면 녹아 버리며 이론의 형태도 취하지 못하기 때문에, 또 이론을 절대화할 수 없는 것과 마찬가지로 다른 한편으로 이론 없이는 인식과 같은 어떤 것을 얻을 수도 없기 때문에, 우리는 특정한 자기제한의 의미에서 본래 변증법적으로 사유하는 것입니다"(입문105-106).

이때 아도르노는 '사물들에 지나친 폭력을 가하지 않으면서' 단순히 산만한 사실 확인 수준을 넘어서 이론으로 갈 필요성이 변증법의 기초라고 본다(입문106). 사물들에 지나친 폭력을 가하지 않는다는 말은 어느 정도의 폭력은 불가피하다는 뜻이다. 폭력을 감수하면서도 모순의 중요성을 강조하는 근거를 아도르노는 사유와 현실 양쪽으로부터 끌어들인다. 사유 차원에서 그는 개념과 대상의 불일치, 혹은 판단의 형식 자체에 따르는 모순성에 주목한다. 즉 모든 유한 판단은 'A는 B다'라는 형식을 통해 어떤 절대적 진리임을 주장함으로써 자체의 유한성과 갈등에 빠진다는 것이다. 또한 'A는 B다'라는 판단의 형식은 'A는 A다'라는 동어반복에 머물지 않고 실질적 인식으로 나아가기 위해 A와 완전히 일치하지 않는 B를 A와 같다고 주장한다. 즉 주어는 단지 어떤 계기들을 통해 술어에 귀속되지만 양자가 완전히 동등하지는 않으며, 술어 역시 주어보다 훨씬 광범한 외연을 지님으로써 양자가 동일시될 수 없는데도, 판단의 형식은 양자를 동일한 것으로 설정하는 것이다. 아도르노는 이처럼 진리를 위해 의미 있는 판단의 형식이 자체의 본질상 필연적으로 허위에 붙잡혀 있다는 모순성을 지적하며, 이 점에서 변증법은 "본래 진리의 형식 자체에 담긴 이 허위를 치유하려는 절망적인 노력"(입문356) 혹은 "그 자체의 허위의 형식을 통해 진리에 도달하려는 시도"(입문356)라고 규정하기도 한다.[39] 또 그는 헤겔이 모순 자체를 "거의 철학적 사유 일반의 기관(Organon)으로 만든다"(입문62-63)고 주장한다.

한편 아도르노는 모순의 중요성을 대상 내지 현실에 근거해서도 설명한다. 그는 변증법을 고취한 논리적 계기보다 한층 아래에 깔려 있는 경험은 "현실 자체의 모순적이고 적대적인 성격에 대한 지(知)"(입문135)라고 지적한다. 그에 따르면 특히 헤겔은 자신이 처해 있던 낭만주의 시대의 분열 상태 속에서 주체의 일면적 관점을 취하거나 의고주의처럼 모순을 매끄럽게 다듬어 해소하려 하지 않고, 정면돌파를 꾀해 "세계의 화해는 그 객관적 모순 상태 위쪽에서의 조율을 통해서가 아니라 단지 이 모순 상태 자체를 통과하면서만 실제

39 모순이 아니라 추상이 인식의 필수조건이라고 논박할 수도 있는데, 아도르노는 이 추상에 내포된 모순을 지적하는 셈이다.

로 이루어질 수 있다는 생각을 펼쳐 갔다"(입문135). 아도르노는 이처럼 "발전, 추진력, 궁극적으로는 또한 화해를 추구하는 것 그 자체가 세계의 분열 상태 속에, 부정적인 것 속에, 고난 속에 실제로 담겨 있는 어떤 것이라는 점이야말로 바로 현실에서 나온 경험으로서 헤겔 변증법의 한 가지 기본적인 모티브"(입문135)라고 본다.[40]

아도르노의 설명을 통해 모순의 중요성 내지 불가피성을 이해할 수는 있지만, 헤겔이 모순을 변증법의 기관으로 삼았다는 것이 무엇을 의미하는지는 납득하기 어려울 수도 있다. 이 경우 개념과 대상의 불일치와 이에 따른 개념의 운동을 다시 떠올릴 수 있을 것이다. 어떤 개념·명제·판단·규정·정의도 대상의 변화나 무궁무진함을 완전히 따라잡을 수 없다는 점에서 수정이나 보완이 필요하다는 생각을 할 수 있다. 그런데 이는 변증법이 없어도 해낼 수 있는 일이 아닌지 물을 수 있다. 이와 관련해 아도르노는 내재비판 개념을 강조한다. 즉 변증법에서 어떤 사고를 허위라고 논박할 경우 이는 "그 사고에 맞서서가 아니라 그 사고와 더불어, 그 사고 자체의 힘에 근거해"(입문228) 이루어진다는 것이다. 이는 예컨대 어떤 개념과 그것이 뜻하는 사태 사이에 불일치가 드러날 때까지 개념들 자체를 활용하면서 그 사태와 대질하는 방법이다. 이때 반명제나 부정은 명제에

40 이 점에서도 마르크스와 엥겔스는 헤겔과 함께 간다. 계급 간의 모순을 은폐하고 무마하려는 다양한 이데올로기와 운동노선들에 대해 그들은 가차 없이 비판했다. 카를 마르크스, 『프랑스혁명사 3부작』, 임지현·이종훈 역, 소나무, 1990; 프리드리히 엥겔스, 『엥겔스의 독일 혁명사 연구』, 박홍진 역, 아침, 1988 참조. 특히 그들은 농민전쟁과 1848년 프랑스 2월 혁명, 독일 3월 혁명에서 혁명을 배반하는 소시민 내지 중간층의 행태를 신랄하게 폭로한다.

외부로부터 자의적으로 설정되는 것이 아니라, 명제 자체로부터 나오는 것이다. 따라서 변증법적 내재비판에서는 "사태에 외적인 기준을 사태에 적용해서는 결코 안 되며, 어떤 '단언'이나 '단순한 착상'이어서는 안 되고, 사태 자체에 도달하기 위해, 사태 자체에, 사태 자체의 개념에 근거해 평가해야"(입문65) 한다.[41]

아도르노는 마르크스의 이론도 비판적인 한에서는 내재비판이었다고 지적한다(입문65). 예컨대 자본주의가 자유롭고 평등한 인간관계를 표방할 때 이에 대해 외적인 별도의 정치 이념을 맞세우는 것이 아니라, 자본주의 자체가 스스로 표방하는 바와 같이 실제로 자유롭고 평등한지 묻고, 그렇지 못함을 드러냄으로써 자본주의를 넘어서도록 밀고 가는 것이다. 세부 문제를 예로 들자면 스미스의 고정자본과 유동자본 개념을 검토하면서 그것들이 어떤 자가당착에 빠지는지를 일일이 지적하면서 개념들의 의미를 재규정하는 작업, 나아가 불변자본과 가변자본이라는 좀 더 근본적인 개념들로 자본주의의 착취관계를 명확히 하는 마르크스의 논의에서 내재비판의 위력을 확인할 수 있을 것이다.[42]

여기서 아도르노는 한 걸음 더 나아간다. 그에 따르면 우리는 미리부터 전체적 진리를 파악할 수는 없으므로 부분적인 것에 침잠하고 그것을 진리로 간주하는 제한 상태를 겪어 가고, 이로써 빠져드는 필

---

41 이와 대조하여 아도르노는 "판단하는 자에게 확고해 보이지만 사태 자체에 담겨 있는 것은 아닌 어떤 전제들에 비추어 그 구성물 혹은 현실 혹은 무엇이든 평가"(입문65)하는 경우를 '초월적 비판'이라고 지칭한다.

42 카를 마르크스, 『자본론: 정치경제학비판 2』, 김수행 역, 비봉출판사, 2016, 231쪽 이하 참조.

연적 자기오해와 허위로 인해 다음 단계에 스스로를 넘어서 나아가는 과정을 통해서만 진리에 도달할 수 있다는 것이다. 따라서 이 다음 단계는 단순한 확장이나 수정이 아니라 불가피하게 절대적 모순의 외관을 띤다(입문68). 이 점에서 변증법적 내재비판 과정은 자신을 전체 속의 부분으로서 상대화하고 신의 위치에 여유만만하게 미소를 짓는 냉소주의적 지혜와 무관하다고 할 수 있다. 또한 인식에서 인식의 역사적·사회적·문화적·인간학적 조건 등의 주체적 요인으로 인한 오염을 말끔하게 제거하고 어떤 진공포장된 과학을 산출하는 일과도 거리가 먼 셈이다.

변증법은 모순의 중요성을 강조한다고 해서 차이들이란 존재하지 않는다거나 무의미하고 무가치하다고 단정하지도 않는다. 아도르노도 차이의 의의를 부정하지 않으며, 오히려 차이야말로 유토피아임을 인정한다. "상이한 것이 나란히 존속하며 서로를 말살하지 않는다는 것, 또 상이한 것이 다른 것에다 발전의 여지를 허용한다는 것, 그리고 —이 점을 덧붙일 수도 있을 것입니다— 상이한 것이 서로 사랑한다는 것, 이는 본래 어떤 화해된 세계의 꿈일 것입니다"(입문132). 그럼에도 아도르노는 현재의 모순 상태를 명시한다고 변증법을 비난하고 모순을 회피하는 것은 모순의 유지에 기여하는 이데올로기, 일종의 적반하장이라고 비판한다(입문142). 그는 "세계의 화해는 그 객관적 모순 상태 위쪽에서의 조율을 통해서가 아니라 단지 이 모순 상태 자체를 통과하면서만 실제로 이루어질 수 있다는 생각"(입문135)을 헤겔이나 마르크스와 공유한다. 특히 이 점에서 그의 이론은 여러 포스트모던 요소들을 선취하면서도 포스트모더니즘과 근본적으로 구분된다.

동일성과 모순, 그리고 개념과 재현에 근거하는 사유의 폭력을 치유하기 위한 그의 처방에서는 여전히 개념적 사유가 빠질 수 없다. 그는 자신의 처방을 '이이제이(以夷制夷)'라고 칭한다. 즉 추상적 개념을 통해 모순을 파악하되 이로 인해 야기되는 대상에 대한 폭력이나 허위를 부정하지 않고, 다시 개념으로 교정하는 것이다(입문141). 아도르노는 계몽이나 과학기술 혹은 자본주의와 관련해서도 동일한 논리를 구사한다. 그는 자연을 지배하고 인간을 주인으로 만든다는 계몽 과정이 생산력 내지 자연에 대한 지배력을 발전시킴과 함께 인간에 대한 지배 기술도 고도로 발전시킴으로써 아우슈비츠와 히로시마를 초래했다는 점을 근본적으로 비판하지만, 그렇다고 계몽과 이성 자체를 포기하고 다시 과거로 돌아가야 한다고 보지는 않는다. 오히려 계몽이 불충분했다는 관점에서 계몽이 초래한 폭력을 바로잡는 것도 계몽과 이성이며, 폭력의 치유를 위해서는 좀 더 계몽적이고 더 이성적이어야 한다고 본다. 이 점에서 아도르노의 이론은 근본생태주의나 무정부주의로 달려가지는 않으며, 마르크스주의의 전통 속에 머문다고 할 수 있다. 인류는 아직 들뢰즈가 내세우는 '왕관 쓴 무정부주의' 상태와 거리가 멀다. 사회적 약자들이 일상적으로 겪는 폭력과 모멸의 응어리들은 아무리 무의식의 밑바닥에 눌러 놓아도 언제나 폭발의 기회를 노린다. 관습상 당연한 듯이 받아들여지는 갑을관계들은 부정의 논리와 극복의 전략을 요구한다. 갑과 을의 차이를 긍정하자는 말은 역사적 고통과 투쟁에 대한 조롱이 될 것이다. 현실과 사유에 내재하는 모순들에 충실한 사유 방법, 즉 변증법적 사유는 그 투쟁의 추상적 배후로서의 차이의 이념 따위가 아니라 가시적 표면 영역에서 벌어지는 투쟁의 구체적 국면들과 씨름하는 데에서 자신의 본분을 찾을 것이다.

7. 주요 모순과 과잉 결정

현실 속의 모순들은 종종 사회적 파국으로 귀결되기도 하고 적합한 해결책을 통해 발전적으로 해소되기도 한다. 특히 노동과 자본, 지배자와 피지배자의 모순과 정면 대결하지 않으면서 모순이 풀리기를 기대할 수는 없을 것이다. 변증법이 모순을 강조하는 것은 그것을 직시하고 바람직한 방향으로 해소하려는 노력의 일환이다. 엄존하는 모순들을 은폐하는 것은 그러한 모순으로 권익을 누리는 세력을 이데올로기적으로 지원하는 일이기도 하다.

그런데 자본이 지배하는 자본주의사회에서도 모순은 노동과 자본 사이에만 있는 것이 아니라, 자본과 노동 각 영역 내부, 예컨대 대기업과 하청업체, 정규직과 비정규직 사이에도 있으며, 근본생태주의자들과 성장절대주의자들, 페미니스트들과 남성우월주의자들, 심지어 마르크스주의자들 가운데에서도 스탈린주의자들과 트로츠키주의자들 사이에는 타협 없는 대립과 갈등 혹은 모순이 존재한다. 이뿐만 아니라 각 대립의 당사자들은 흔히 자신이 처해 있는 모순 상황을 절대화하여, 다른 모순들에 큰 비중을 두지 않으려는 성향을 띤다. 페미니스트들은 스탈린주의자들과 트로츠키주의자들을 한패로 볼 것 같다. 근본생태주의자들에게는 자본주의적 축적 논리와 마르크스주의적 계획경제가 대동소이할 것이다. 자유로운 개인들의 연합 혹은 높은 단계의 공산사회에 도달하기 위해 건너야 할 모순의 바다에서는 무수한 모순들이 중첩되고 충돌하면서 자신의 우선성을 내세운다.

복잡한 사회적 모순들에 직면하여 코앞의 표면적 문제들에 매달리지 않고 총체적 해결을 지향한다면, 각각의 모순들을 동시에 해결할 수 없다는 전제하에, 그 중요도의 우선순위를 설정하고 그에 따라 노력을 집중하는 전략전술적 사고가 불가피하다. 이와 관련해 스탈린이 제시하는 혁명당의 전술 과제를 참조할 수 있다. "어떤 주어진 순간에 여러 과정의 사슬 가운데 특정 고리, 즉 그것을 움켜쥘 경우 사슬 전체를 장악하여 전략적 성공을 위한 조건을 마련해 주는 특정 고리를 찾아내는 것. 여기서 문제는 당이 직면하고 있는 여러 과제들 중에서 특정한 당면 임무 —그 과제의 수행이 중심 목표를 이루고 있고 그것의 완수가 그 외의 다른 당면한 과제의 성공적 수행을 보장해 주는 특정 임무— 를 골라내는 것이다."[43] 이때 주목할 부분은 '사슬의 특정 고리'가 운동의 '중심 목표'를 이룬다는 점 이상으로 "다른 당면한 과제의 성공적 수행을 보장"한다는 대목이다.

이러한 사고방식은 마오의 『모순론』에서 좀 더 구체화된다. 우선 마오는 사회와 같은 거대한 사물의 발전 과정에 많은 모순들이 포함되어 있다는 점을 전제한다. "이러한 모순은 각기 특수성이 있어 이것을 일률적으로 취급할 수는 없을 뿐만 아니라 각 모순의 두 측면

43 이오시프 스탈린, 『레닌주의의 기초』, 윤시인 역, 두레, 1990, 124쪽.

도 각기 특징을 가지고 있으므로 이 또한 일률적으로 취급될 수는 없다. 중국의 문화대혁명에 참여하고 있는 우리는 각 모순의 전체 속에서, 즉 모순의 상호연관 속에서 그 특수성을 이해해야 할 뿐만 아니라 그 전체를 이해하기 위해서는 모순의 각 측면을 연구해야만 한다. 모순의 각 측면을 이해한다고 하는 것은 각 모순이 어떠한 특정의 위치를 차지하고 있고, 각각이 어떠한 구체적인 형태로 상대방과 서로 의존하면서 서로 모순하는 관계를 갖는가, 그리고 이 서로 의존하면서 서로 모순하는 가운데에서, 또한 의존관계가 깨진 뒤에 어떠한 구체적인 방법으로 상대편과 투쟁하는가를 이해한다는 것이다"(모순56). 이처럼 모순의 특수성, 각 측면의 특징을 일률적으로 파악해서는 안 되고 구체적으로 파악하자는 것은 형식주의나 도식주의를 거부하는 변증법의 기본 정신에 비춰 볼 때 전혀 새로운 주장이 아니라고 할 수 있다.

마오의 전략적 사고는 주요 모순을 강조하는 데에서 발휘된다. "복잡한 사물의 발전 과정에는 많은 모순이 존재하고 있는데, 그중에는 반드시 하나의 주요 모순이 있으며 이 주요 모순의 존재와 발전에 의해 다른 모순의 존재와 발전이 규정되거나 영향을 받게 된다"(모순69). "어떠한 발전 과정에 많은 모순이 존재하고 있다고 한다면 그중의 하나는 반드시 지도적·결정적인 역할을 하는 주요 모순이며 다른 것은 부차적·종속적 위치에 놓이게 된다. 따라서 두 가지 이상의 모순이 존재하는 복합적 과정을 연구할 때에는 주요 모순을 찾는 데에 전력을 기울여야 한다. 그 주요 모순을 파악하면 모든 문제는 쉽게 해결할 수 있다"(모순71). 실제로 마오는 이러한 사고방식에 입각해, 구체적 조건 속에서 주요 모순을 제국주의와 중국인민 사이의 모순으로 파악하고 국공합작을 받아들이기도 하고, 무산대중과 자산계급 사이의 모순을 주요 모순으로 설정해 문화대혁명을 펼치기도 하여 실천적 성과를 거두었다.

'사슬의 특정 고리'와 주요 모순을 식별하고 역량을 집중하는 스탈린이나 마오의 방법과 비교할 때, 예컨대 모든 위계적 사고를 거부하고 사물들 사이의 무한한 네트워크 혹은 텍스트를 내세우거나 독립적인 각 부문 운동들 사이의 수평적 연대를 지향하는 포스트모던 사고방법은 운동전략의 측면에서 확연히 갈라선다. 그 실천적 효능의 우열을 미리부터 단정하기는 어려우나, 변증법적 관점에서는 실제 사태, 즉 당면한 사회적 조건과 문제의 성격에 따라 어느 방법을 좀 더 중요시하거나 억제하면 될 것이다. 그러나 자본주의사회의 근본 문제인 노동과 자본 사이의 모순이 범사회적으로 차지하는 비중을 감안하면, 각 모순들의 의의를 무차별적으로 평준화하는 데에는 문제가 있다. 그때그때의 국면에서 결정적 중요성을 지니는 모순들에 역량을 집중하지 않을 경우 운동은 쉽사리 지리멸렬한 상태에 빠져 실천적인 성과를 거두기 어려울 것이다. 현실적인 문제들 자체의 중요성에 위계가 엄연히 존재한다면, 결코 위계를 깨는 것 자체를 혁명적이고 해방적인 사고방법이라고 볼 수 없다. 그 중요도에 최대한 합당한 사고를 하지 않고는 문제를 그르칠 것이다.

그러나 어느 사회, 어느 시점에서나 '하나의' 주요 모순이 '반드시' 지도적·결정적 역할을 하고, 더구나 그것을 파악하면 모든 문제를 '쉽게 해결할' 수 있다는 마오의 처방에 만족할 수는 없을 것이다. 변증법적 사유는 어떤 공식에 간단히 사태를 꿰맞추는 것과 거리가 멀다. "주요 모순을 찾는 데에 전력을 기울여야 한다"는 마오의 권장에 따라, 특정 모순을, 예컨대 계급 모순 혹은 민족 모순을 이 시점의 주요 모순으로 파악하고, 또 그것을 해소하기 위해 운동의 역량을 집중한다고 해도, 그 밖의 다른 모순들, 예컨대 성소수자·장애인·이주노동자 등을 비롯한 사회적 약자들이 직면하는 억압과 차별, 페미니스트들이 제기하는 모순들도 주요 모순의 주도적·결정적 역할에 부합하여 함께 해결될 것인지는 미지수다. 더구나 이들이 자신이 처해 있는 모순 상황을 절대화하여, 그것이야말로 주요 모순이라고 목소리를 높일 가능성은 늘 있다. 이 경우 이들의 주장을 간단히 묵살해서는 이들의 역량을 주요 모순의 해결에 집중하도록 끌어들이기 어려울 것이다. 이러한 시각차는 변혁적 관점을 공유하는 집단 내에서도 생겨날 수 있다. 민족 모순과 계급 모순 모두 중대한 모순임을 인정하는 운동집단 내에서도, 그 모순들 가운데 특정 시점에서 어느 쪽이 주요 모순이냐를 놓고 의견대립이 분출되고, 어느 한쪽이 권력관계에 근거해 다른 쪽의 견해를 오류라고 몰아붙일 때 역시 역량의 집중은 불가능할 것이다. 이런 점에서 주요 모순 개념은 그 전략적 효용과 함께 이데올로기적 남용의 가능성을 다분히 안고 있다. 변증법적 사유는 그로부터 한 걸음 더 나아갈 수밖에 없다.

그렇다면 모순을 차이로 대체하는 단계로 나아가는 포스트모던적 평준화와 마오식 단일 주요 모순론 이외에 어떤 대안이 있을 수 있는가? 해답은 사태 자체에 대한 충실성에서 찾을 수 있을 듯하다. 예컨대 민족 모순과 계급 모순의 중요성이 그 세부적인 시급성, 절박성,

해결의 난이도 등을 감안할 때 특정 시점에서 거의 우열을 결정하기 어렵다고 할 때, 어느 한쪽은 부차 모순이니 다른 쪽의 해결에 역량을 집중하자고 하는 것은 아무래도 현실을 왜곡하고 운동을 그르칠 것 같다. 오히려 왜 주요 모순을 하나로 국한해서 역량을 집중해야 하는지 묻고 싶어질 것이다. 그보다는 민족 모순과 계급 모순의 현실적 관계를 드러내고 그 비중에 합당하게 역량을 조율하고 배치하거나 전략적으로 집중하는 것이 문제를 풀고 비폭력적으로 운동의 분열을 막는 방법이 될 수 있을 것이다. 물론 현실적 비중이라는 것은 평가자에 따라 다르게 파악될 수밖에 없다. 또 모순들 간의 상호 침투관계, 발생적 인과 문제 등을 고려할 때 그 비중을 파악하는 일이 간단하지는 않다. 그렇더라도 인식 가능한 범위 내에서 그 비중에 대해 논쟁하는 것이, 한쪽을 뒤에 묻어 두는 것보다 공감대를 넓히는 데에 훨씬 유용할 것이다. 이로써 평준화를 통한 현실 왜곡 문제와 동시에 주요 모순의 단일화 내지 절대화에 따른 지식 권력 독점의 문제를 일정하게 해소할 수 있을 듯하다.

또한 주요 모순으로 등장하지 않은 여타의 모순들 역시 주요 모순의 해결을 위해 무조건 기다리라고 요구하면서 그 모순들로 인한 희생을 끝없이 감내하도록 방치할 경우에도 운동 역량의 자발적 집중은 불가능하다. 주요 모순의 의의를 충분히 납득하여 그 해결을 위해 노력하려면, 그 해결과 다른 모순의 해결 사이에 어떤 구체적 관계가 있고, 어떤 경로로 그 해결을 통하면 각각의 모순들이 그것들 자체에 매달릴 때보다 더 효과적으로 해결될 수 있는지를 밝힐 필요가 있는 것이다. 이러한 노력이 성과를 거두어 설득력을 얻는 정도에 따라 역시 주요 모순 해결에 집중하는 역량은 증대할 수 있을 것이다. 이때 사태의 경중과 함께 전체적 연관을 드러내는 총체적·구체적 사고가 요구된다. 이 점에서 변증법적 총체성 개념의 전략적 의의를 간과해서는 안 될 것이다. 또 그러한 노력은 레닌이 인민의 호민관이라는 개념으로 운동가들에게 제기한 과제라고 할 수 있다. "이상적인 사회민주주의자는 노동조합의 서기가 아니라, 전횡과 억압이 ―그것이 어디에서 발생하든, 어떤 계급, 계층에 관계된 것이든 상관없이― 드러나는 온갖 현상에 대응할 능력이 있는, 그리고 이 모든 현상들을 경찰의 폭력과 자본주의적 착취라는 하나의 그림으로 종합할 능력이 있는, 또한 모든 사람들 앞에서 자신의 사회주의적 신념과 민주주의적 요구를 표명하고 모든 사람들에게 프롤레타리아트 해방 투쟁의 전 세계적, 역사적 의의를 설명하기 위해서 그 어떤 사소한 사건이라도 활용할 능력이 있는 그런 인민의 호민관이어야 한다는 사실은 아무리 주장해도 충분치 않다."[44]

알튀세르는 헤겔 변증법을 폐기하는 근거로 헤겔의 관념론 이상으로 구조 자체에 문제가 있다고 주장하고 그 대안으로 '과잉 결정' 개념을 제시한다. "모순의 존재 조건들이 모순 자체의 내부에 반영된다는 것, 복잡한 전체의 통일성을 구성하는, 지배관계를 갖도록 절합된 구조가 각 모순의 내부에 반영된다는 것, 이것이야말로 마르크스주의 변증법의 가장 심오한 특징이며, 내가 최근에 '과잉 결정'이라는 개념으로 포착하고자 한 것이었다"(위하여357). 이때의 모순

44 블라디미르 일리치 레닌, 『무엇을 할 것인가』, 최호정 역, 박종철출판사, 2001, 105-106쪽.

에 대해 그는 다음과 같이 압축 정리한다. "모순은 일의적이기를 멈추면서, 단번에 영구히 그 역할과 본질이 결정되어 차려 자세로 머물러 있기를 멈추면서, 모순에 역할을 할당하는 구조화된 복잡성에 의해 결정되는 것으로 드러난다. 이런 끔찍한 말을 사용해도 된다면, 복잡하게-구조적으로-불균등하게-결정되는 것으로 말이다"(위하여363).

따라서 과잉 결정 개념의 핵심은 불균등하게 구조화된 복잡성에서 찾을 수 있을 것이다. 알튀세르는 자신의 논거를 무엇보다 마오의 주요 모순-부차 모순 구별에서 끌어들인다. "이 구별은 동일한 한 과정 속에 여러 모순들이 존재한다는 것을 직접적으로 가정한다는 것을 충분히 알 수 있다(그렇지 않다면 주요 모순을 부차 모순들에 대립시킬 수 없다). 이 구별은 복잡한 과정이 존재함을 함축한다"(마르크스336). "한 모순이 다른 모순들을 지배한다는 것은, 그 속에서 이 모순이 모습을 드러내는 복잡성이 하나의 구조화된 통일성이라는 것을, 그리고 이 구조는 모순들 사이에서 표시되는 지배-종속관계를 함축한다는 것을 전제한다"(위하여349). 이때 지배를 알튀세르는 아무래도 좋은 단순한 사실이 아니라, 복잡성 자체에 '본질적인 사실'이라고 본다. "이 때문에 복잡성은 지배를 자신에게 본질적인 것으로 내포한다. 지배는 복잡성의 구조 속에 기입되어 있다"(위하여349). "마오가 본질적인 것으로 기술한 모순들 사이와 모순들의 측면들 사이에 존재하는 지배관계에 궁극적으로 근거를 부여하는 것은 바로 이 특수한 구조이다"(위하여349-351). 이 지배구조와 관련해 알튀세르는 주요 모순은 본질이고 부차 모순들은 순전히 이 본질의 현상인 것이 아니라고 지적한다. "이 명제는 부차 모순들이 주요 모순의 실존 자체에 본질적이라는 것, 주요 모순이 부차 모순들의 존재 조건을 구성하는 것과 마찬가지로 부차 모순들도 주요 모순의 존재 조건을 구성하는 것을 함축한다"(위하여355-356).

주요 모순과 부차 모순의 복잡한 상호규정관계에 대한 알튀세르의 논의는 시사하는 바가 크며, 현실을 단순한 공식에 근거해 파악하는 여러 유형의 비변증법적 사고방식에 제동을 거는 효과를 거둘 수 있어 보인다. 하지만 그가 주요 논적으로 삼는 헤겔의 경우 본질과 현상의 관계는 그의 논의가 상정하는 것처럼 일방적이지 않다. 다음 인용문에서 형식을 현상으로 읽으면 본질과의 상호작용에 관한 변증법적 사유 방식을 확인할 수 있을 것이다. "그러나 바로 형식은 본질에 대하여 본질 자체만큼이나 본질적이기 때문에, 본질은 단지 본질로서, 즉 직접적 실체 혹은 신에 대한 순수한 자기직관으로서 파악되고 표현될 수 없다. 오히려 그와 마찬가지로 형식으로서, 또 발전된 형식의 전체적 풍요로움 속에서 파악되고 표현될 수 있다. 이로써 비로소 본질은 현실적인 것으로 파악되고 표현된다"(현상24). 대립물의 상호작용, 상호침투, 상호전도 등은 이미 헤겔 변증법에서 충분히 논의되지 않았던가.

알튀세르는 주요 모순과 부차 모순의 역동을 뛰어넘어, 불변적 지배관계를 갖는 구조를 주조하는 쪽으로 논의를 끌고 간다. "지배관계를 갖는 구조는 불변하지만 그 속에서 역할들의 배역은 변화한다는 것이 실로 실천의 커다란 교훈이다. 즉 주요 모순이 부차 모순으로 되고 부차 모순이 주요 모순의 자리를 취하며, 주요 측면이 부차 측면으로 되고 부차 측면이 주 측면으로 되는 것이다. 항상 주요 모순과 부차 모순들이 있지만, 이것들은 지배관계를 갖도록 절합된 구조 속에서 역할을 교환하며, 반면 이 구조는 불변한다"(위하여365). 알튀세르의 논의가 마오의 주요 모순 개념을 적극 활용하는 한에서는 마오의 이론에 제기될 수 있는 단일 주요 모순론의 문제점에 대한 실천적 해법을 제시할 필요가 있을 것이다. 그러나 과잉 결정 개념에는 그러한 해법을 위한 논의가 없다.

과잉 결정 개념이 극복하고자 하는 가장 중요한 과제는 경제주의라고 할 수 있다. 그에 따르면 "경제의 변증법은 결코 순수한 상태로 작동하지 않는다." 즉 "역사 속에서 상부구조들 등의 이 심급들이 자신의 과업이 완수된 후에는 각자 길을 비켜서는 것을, 또는 시간이 도래함에 따라 경제 폐하가 변증법의 왕도를 걸어 나아가도록 하기 위해 이 경제의 순수한 현상으로서 흩어져 버리는 것을 결코 목격할 수 없다"(위하여201)는 것이다. "처음 순간에도 마지막 순간에도 '최종 심급'의 고독한 시간의 종은 결코 울리지 않는다"(위하여201). 그러나 경제주의에 대한 비판도 간단한 문제는 아니다. 어떤 경제문제도 순수한 경제문제일 수 없다는 데에는 동의할 수 있을 것이다. 그러나 다양한 심급들이 경제로 환원될 수 없다는 사실을 지적하는 것만으로 각 심급에서 매 순간 경제가 차지하는 압도적 비중이 합당하게 설명되는 것은 아니다. 『자본론』이나 「고타강령비판」 등에서 마르크스가 제시하는 변혁의 경로에서 경제문제는 엄연히 결정적이다. "경제의 변증법은 결코 순수한 상태로 작동하지 않는다"는 말로 경제주의가 척결되기에는 경제문제의 현실적 비중이 너무 크다. 그렇다고 상부구조의 역할을 폄하하자는 것은 아니다. 그 상호작용의 현실적 양상을 감안할 때, 변혁전략을 위해서도 경제문제 쪽으로 사고의 무게중심을 옮겨 놓아야 할 것이다. 이제 알튀세르 이론의 실천적 효능에 대해 전면적으로 재고할 때가 되었다.

8. 부정의 부정

마르크스는 자본주의적 착취구조의 비밀인 잉여가치의 본질을 밝히고 무자비한 자본축적의 역사를 생생히 기술한 후, 그 불가피한 종말을 '부정의 부정'이라는 헤겔식 표현을 활용해 설명한다. "자본주의적 생산방식으로부터 생기는 자본주의적 취득방식은 자본주의적 사적 소유를 낳는다. 이 자본주의적 사적 소유는 자기 자신의 노동에 입각한 개인적 소유의 첫 번째 부정이다. 그러나 자본주의적 생산은 자연과정의 필연성을 가지고 자기 자신의 부정을 낳는다. 이것은 부정의 부정이다. 이 부정의 부정은 생산자에게 사적 소유를 재건하는 것이 아니라, 자본주의 시대의 성과 —협업, 그리고 토지를 포함한 모든 생산수단의 공동점유— 를 바탕으로 개인적 소유를 재건한다"(자본1,1046). 여기서 개인적 소유가 재건되더라도 과거로 단순히 회귀하는 것이 아니라 자본주의적 성과를 바탕으로 한다는 점을 특히 눈여겨볼 필요가 있다. 즉 부정의 부정은 '외관상' 낡은 것으로의 복귀(철학178)이지만, 과거의 상태와는 질적으로 다른 상태로 나아가는 과정이다.

엥겔스는 부정의 부정을 "전 체계의 구성을 위한 기본적인 법칙"[45]

이라고 본다. 또 그것이 헤겔에 의해 명확히 정식화된 점을 인정한다.[46] 그러나 엥겔스는 이 법칙들을 자연과 인간 사회의 역사로부터 추상된 것으로 받아들이지, 현실을 움직이는 어떤 형이상학적 원리라고 주장하지는 않는다(자연61). "마르크스는 일찍이 소 경영이 자기발전에 의하여 필연적으로 자기부정의 조건, 다시 말하자면 소 소유자 수탈의 조건을 산출하듯이, 지금 자본주의적 생산양식도 역시 자기파멸의 물질적 조건을 스스로 산출하였다는 것을 단순히 역사적으로 논증하고 난 뒤 이렇게 간단히 요약하고 있는 것이다"(듀링145). "이렇게 마르크스는 이 과정을 부정의 부정이라고 표현했을 뿐이지, 부정의 부정을 통해서 이 과정을 역사적 필연으로 논증하려고 하였던 것은 아니다. 이와 반대로 그는 이 과정이 사실상 일부는 이미 일어나 있고 또 다른 부분도 반드시 일어나리라는 것을 역사적으로 논증한 뒤에 이것을 일정한 변증법적 법칙에 따라 수행되는 과정이라고 부른 것이다"(듀링145). 그럼에도 엥겔스는 동식물계, 지질학, 수학, 역사, 철학 등에서 풍부하게 그 실례들을 제시하면서, 부정의 부정이 "가장 보편적이고 또 바로 그렇기 때문에 가장 광범위하게 작용하는 자연, 역사 및 사유의 중요한 발전 법칙"(듀링152)이라고 본다.

그렇다면 '가장 보편적이고 중요한 발전 법칙'인 부정의 부정은 만유인력 법칙처럼 언제 어디서나 작동하는 철칙, 즉 존재하는 어떤 사

45 프리드리히 엥겔스, 『자연의 변증법』, 황태호 역, 전진, 1989, 61쪽. 이하 '자연'으로 약칭함.
46 프리드리히 엥겔스, 『반듀링론』, 김민석 역, 새길, 1987, 153쪽 참조. 이하 '듀링'으로 약칭함.

물이라도 부정하고, 이 부정을 지양함으로써 발전을 이루어 가는 우주의 원리인가? 엥겔스 자신도 이러한 사고방식에 대해 제한을 가한다. 우선 위의 설명에서 그는 그것을 역사적 논증에 대한 '간단한 요약' 내지 '표현'이라고 봄으로써, 그것이 어떤 관념론적 연역의 원리가 아님을 명시한다. 이는 마르크스를 헤겔주의적 관념론자로 몰아가려는 듀링의 공격에 대응하는 과정에서 필요했다. 또 엥겔스는 부정의 부정을 통한 발전에는 일정한 조건이 필요하다는 점도 명시함으로써, 그 '가장 보편적이고 중요한 법칙'의 절대화를 피한다. 예컨대 한 알의 보리도 특정한 환경 속에서 싹을 피우면 보리알로서 부정되고 식물로 성장하며 다시 말라 죽어 부정되지만, 수십 배의 보리알을 맺는다. 그러나 애초에 보리알을 찧어서 먹어 치우면 하나의 부정은 이루어지지만 둘째 부정은 일어나지 않는다. "따라서 모든 사물은 거기서 하나의 발전이 나오도록 부정되는 그 고유한 방식을 가지며 모든 종류의 개념 및 표상도 역시 이와 마찬가지다"(듀링153). 즉 부정의 부정을 통해 사물이 발전하기 위해서는 그 '고유한 방식'에 합당해야 하는 것이다. 이 고유한 방식은 결코 추상적 법칙으로 '간단히 요약'되지 않는다.

반헤겔주의자 알튀세르는 부정의 부정 내지 지양 개념을 폐기하고 싶어 한다. 즉 "헤겔에게 '지양된' 과거의 잔재는 단순히 기억의 양태, 즉 예견의 역(逆)에 불과하며 따라서 예견과 동일물인 기억의 양태로 환원"(위하여203)된다고 단언한다. 이에 반해 "마르크스에게 '지양'은, 만약 이 단어에 아직도 의미가 있다면(솔직히 말해 이 단어는 그 어떤 엄밀한 의미도 갖지 않지만), 그런 역사적 안락함의 변증법과는 아무런 연관이 없으며, 마르크스에게 과거는 그림자와는, 설령 '객관적'인 그림자라 하더라도, 전혀 다른 것, 즉 마르크스가 언급하는 비참한 노동자에게 추위와 배고픔과 밤이 그러하듯이 무섭게 실제적이고 활동적인 구조화된 현실이다"(위하여204).

그런데 헤겔 자신의 논의를 따라가면, 알튀세르의 주장은 매우 억지스럽게 보인다. 헤겔이 진리라고 부르는 전체에는 목적, 경향, 작동, 실현과정, 결과 등이 모두 포함된다. "사태는 그 목적을 통해 모두 해명되는 것이 아니라 그 실현과정(Ausführung)을 통해 비로소 모두 해명되며, 결과가 현실적인 전체는 아니며 그 형성과정(Werden)과 더불어 전체를"(현상13) 이루는 것이다. 따라서 부정의 부정을 통해 출현하는 새로운 단계 속에는 부정된 상태가 단순한 그림자나 기억으로 남는 것이 아니라 여전히 전체와의 긴장 상태 속에서 살아 움직인다. 개인적 소유가 부정의 부정을 통해 새로운 단계의 개인적 소유로 재건될 때, 그 결과 속에서는 일차 부정에서 작용했던 자본주의의 요소들(협업, 공동 점유 등을 비롯한 생산력)이 기억이나 그림자가 아닌 현실적 조건인 것이다. 그리고 지양은 그처럼 부정과 함께 보존을 내포하는 개념으로 이해되는 것이기도 하다. 유물론의 유리한 고지에서, 더욱이 '비참한 노동자'의 '추위와 배고픔'을 팔아서, 지양 내지 부정의 부정이라는 발전의 논리를 '역사적 안락함의 변증법' 속에 처박아 넣는 것은 알튀세르의 자유다. 그 수사법에 현혹되지 않는 것은 우리의 자유다.

알튀세르가 역사적 잔재 문제를 설명하기 위해 지양 개념의 대안으로 내놓는 것은 다시 과잉 결정이라는 만병통치약이다. "이 과잉 결정은 ① 구조에서의 혁명이 그 자체로 기존의 상부구조들과 특히 이데올로기들을 순식간에 변화시킬 수 없게 한다(만약 경제적인 것에 의한 결정이 유일한 결정이라면 그처럼 변화할 것이다). 왜냐하면 이것들은 자신들의 생존의 직접적 맥락 밖에서도 존속하기에 충분한, 나아가 대용(代用) 존재 조건을 일시적으로 재창조 내지 '분비'하기에 충분한 견고함을 가지고 있기 때문이다. ② 혁명에 의해 산출된 새로운 사회가 자신의 새로운 상부구조의 형태들 자체를 통해, 동시에 특수한 (국내적·국제적) '정황들'을 통해 이전 요소들의 존속, 즉 재활성화를 유발할 수 있게 한다. 이런 재활성화는 과잉 결정을 박탈당한 변증법 속에서는 전혀 생각될 수 없을 것이다"(위하여205). 여기서 알튀세르가 부정의 부정을 팽개치고 내놓는 대안은, 구조(토대)만이 유일한 결정요인은 아니라는 상식에 근거해 기존 상부구조의 견고성을 확인하는 선에서 별로 벗어나지 않고 있다. 새로운 상부구조와 국내외적 정황을 추가하여 다시 그 존속을 정당화하고 있을 뿐이다. 문제는 기존 상부구조의 견고성을 재확인하는 것이 아니라 그것으로부터 무엇을 얻어 내고 어떻게 넘어서는 차원에서 개조할 것이냐에 있다. 기존 상부구조의 견고성을 새삼 들먹인다고 해서, 이 지난한 지양의 과정을 구체적으로 이해하고 실행하는 데에, 그리하여 기존 상부구조의 지양을 통해 질적으로 한 차원 높은 상부구조를 생산하는 데에 얼마나 도움이 될지는 미지수다. 오히려 그의 이론 전반에 스며들어 있는 단절 논리는 청산주의와 친화적이며, 이는 마르크스주의 내지 레닌주의의 현실 논리와 다분히 이질적이다. 헤겔주의적 부정의 부정에 대한 알튀세르의 경멸은 비-마르크스주의적 사고를 부추긴다.

부정의 부정은 쉽사리 정반합의 도식에 의거한 고차원적 미래로의 무한 상승을 연상시킨다. 그러나 현실 역사는 복잡다기하며, 일시적 후퇴의 국면들을 부인할 수 없는지라, 부정의 부정을 통한 역사 진보 과정은 나선형을 취한다는 것이 교과서적 설명이다. 그러나 엥겔스의 설명에 따르면 부정의 부정은 어디서나 자동으로 이루어지는 것이 아니며, 실제로 이루어지기 위해서는 그에 합당한 조건이 필요하다. 따라서 그러한 조건의 형성에 대한 인식 및 그것을 위한 실천과 무관하게 역사 발전의 필연성을 원론적 법칙으로 설정하는 것은 별 의미 없는 도식주의다. 실제 사태에 대한 충실성에 강세를 두는 헤겔주의자 아도르노는 그러한 도식주의에 대해 비판적이다. 그에 따르면 "부정의 부정을 긍정성과 같다고 하는 것은 동일시의 정수이며, 그 순수 형식으로 환원된 형식적 원칙이다. 이를 통해 변증법의 가장 핵심적인 자리에서 반변증법적 원칙, 즉 산수에서처럼 음수 곱하기 음수를 양수로 처리하는 전통적 논리가 주도권을 잡는다. 그러한 논리는 수학에서 차용한 것인데, 다른 때라면 헤겔은 수학에 상당히 까다롭게 반발했다. 만일 전체가 속박이고 부정적인 것이라면, 그 전체로서 총괄 개념을 이루는, 부분들에 대한 부정도 여전히 부정적이다. 그러한 부정의 긍정적 측면은 단지 규정적 부정 곧 비판일 뿐이지, 뒤집혀진 결과로서 운 좋게 긍정을 손에 쥐게 되는 것은 아니다"(부정236).

여기서 아도르노는 헤겔을 들먹이고 있지만 그가 실제로 겨냥하는 과녁은 루카치를 포함한 동구 마르크스주의의 낙관론적 진보관이라고 할 수 있다. 위의 주장을 변증법 공식에 역사를 꿰맞추지 말고, 현실을 제대로 읽자는 취지로 받아들이면 좋을 것이다. 그러나 현대사회를 '관리되는 사회' 혹은 '총체적 지배관계'로 보는 아도르노 자신의 관점 또한 변증법적 역동에서 멀어지는 측면을 포함하고 있다. 위의 인용문에서 '만일'이라는 단서가 붙어 있기는 하지만, "전체가 속박이고 부정적인 것이라면"이라는 전제는 단순한 가정이 아니라, 실제 역사에 대한 아도르노 자신의 지론이기도 하다. 이처럼 '전체'를 속박으로 파악할 경우 속박을 주도적으로 만들어 내며 재미 보는 지배자들과 속박에 목숨을 내맡긴 채 시달리면서 저항의 길로 내몰리는 피지배자들 사이의 실제적 변증법적 모순관계가 희석될 수밖에 없다. 이로써 낙관주의적 이데올로기와는 반대쪽을 향한 결정론이 움틀 수 있다.

그러나 아도르노의 논의 방식은 일반적으로 청산주의와 거리가 멀고 부정의 부정 내지 지양의 논리에 우호적이다. 이 점은 예컨대 체계, 개념, 계몽 등의 주요 개념들에 대한 논의에서 충분히 확인된다. 체계에 대한 그의 비판적 입장에는 의문의 여지가 없으며, 반체계는 부정적 변증법의 기본 틀이다. 하지만 아도르노는 체계의 우월성을 부정하지 않는다. "체계와 비교할 때 그 적수들은 사소해 보인다. 체계들은 세계를 해석하는 일을 수행해 내지만, 엄밀히 말해서 다른 것들은 언제나 그런 일이 이루어지지 않는다고 단언할 뿐이며 따라서 체념하고 이중적 의미에서 좌절한다"(부정76). 개념에 대한 아도르노의 논의 역시 단순 부정 혹은 긍정이 아니다. 계몽 및 합리성에 대한 아도르노의 입장도 청산주의와 거리가 멀다. 계몽과 도구적 이성 혹은 합리성에 대한 근본적 비판은 아도르노의 주요 업적이기도 하지만, 그는 "계몽의 자체 반성은 계몽의 철회가 아니다"(부정235)라고 단언한다. 그의 경우 도구적 이성 내지 과학기술을 통해 얻은 생산력은 폐기 대상이 아니다. 생산력 발전은 지금 이 자리에서 전지구를 낙원으로 바꿀 수 있는 수준에 와 있으며 문제는 비합리적 생산관계라고 보는 점에서, 궁극적으로 비판 대상들을 청산하기보다 지양하여 한 단계 끌어올리고자 하는 점에서, 아도르노는 마르크스주의의 현실 논리를 고수한다.

사회구조적으로 재생산되는 불행과 모순의 완벽하고 깨끗한 해결에 대한 기대와 약속들은 대개 일시적 열광과 그보다 훨씬 오래가는 환멸을 몰고 왔다. 지금 우리가 바라는 좀 더 풍요롭고 평등한 사회를 구현하는 일은 지난한 과정을 거쳐야 부분적으로나마 성공할 테지만, 그렇게 바뀐 사회에서도 다른 사회적 요구들이 다시 우리의 실천이성을 시험할 것이다. 헤겔-마르크스주의 변증법으로 단련된 주체적 인간이라면 주저하지 않고 그 시험을 받아들일 것이다. 변혁 과정의 복잡성과 장구함 앞에서 쉽사리 조급증이나 결벽증으로 인한 냉소주의에 빠지지도 않을 것이며, 근거 빈약한 비관적 혹은 낙관적 결정론에 자신의 운명을 내맡기지도 않을 것이다. 부정의 부정은 세계사의 탁류 속에서 그래도 주체의 긍정적 운동이 우월함을 단언함으로써 세계사의 방향과 성격을 재규정하려는 변증법적 이성의 간계다.

9. 나가며: 변증법적 이론과 실천의 불꽃

변증법은 실천이론이다. 변증법은 흔히 당연한 것으로 받아들여지는 기존의 개념·원리·법칙·윤리·가치·질서·체제 등을, 특히 그 생성과 기능, 역사와 변화 가능성 등을 실제 현실의 역동에 근거해 비판적으로 검토하는 가운데, 기존 지배질서를 고착시키는 관념들을 뿌리째 흔들어 놓을 뿐만 아니라, 현실적 지배구조의 효과적 변화를 계획하고 현실 변화 속에서 그 구체적 방법을 만들어 간다. 이 점에서 변증법은 혁명적 실천이론이다. 물론 이론이 곧 실천인 것은 아니며, 실천이 모두 이론화되는 것도 아니다. 양자 사이에는 일정한 간극과 함께 긴밀한 관계가 존재한다. 변증법과 무관하게도 얼마든지 다양한 활동이 실천의 이름으로 이루어질 수 있지만, 변증법적 사유 방법에 따른 실천, 곧 변증법적 실천은 특히 사회적 모순들을 극복하고자 하는 피억압자에게 필수불가결의 무기이다. 변증법이 사회적 모순들을 현실 인식의 중심에 두고, 현실의 근본적 가변성에 주목하며, 변화를 규정하는 제반 요인들을 총체적·구체적으로 파악하고자 하기 때문이다. 또 어떤 도식이나 공식에 근거하기보다 실제 상황에 근거해 그 변화를 따라잡으며, 객관적 조건에 담긴 주체적 요인들과 함께 주체를 규정하는 객관적 조건들을 면밀히 파악해 감으로써 주체의 적절한 개입 지점에 적극 파고들 수 있도록 하기 때문이다. 즉 과학성과 혁명성을 결합하기 때문이다.

이처럼 주체가 현실의 모순들과 씨름하며 지배질서에 개입하여 그것을 근본적으로 바꾸는 것이 가능하려면, 모든 것은 필연의 그물에 의해 결정되어 있다고 보는 추상적 결정론에 빠지지 않고 주체의 적극적 역할을 존중할 필요가 있다. 중요한 것은 세계에 대한 해석이 아니라 변혁이라고 선언하며 포이어바흐의 비변증법적 유물론을 비판할 때 마르크스가 염두에 둔 것이 바로 이 점일 것이다. 추상적 필연성에 의지하는 결정론이 무용지물인 이유는, 만물이 필연성의 그물을 벗어날 수 없다고 해도 이제까지 발전한 엄청난 과학과 정보처리 능력으로도 인간이 그 필연성의 구체적 내용을 모두 인식할 수는 없으며, 이 점에서 어떤 예견이든 불확실할 수밖에 없다는 데에 있다. 앞날에 대한 온갖 종류의 예언들은 대개 빈약한 근거 내용으로 당사자들의 행위에 영향을 끼치는 심리 게임에 지나지 않는다. 그러한 예언들은 과학의 외피를 입고 실천의 자세에 영향을 줄 수도 있다. 예컨대 제2인터내셔널의 주류가 보여 준 바와 같이, 자본주의에 대한 과학적 연구의 산물인 자본주의의 필연적 몰락 문제를 사회주의적 실천에 기회주의적으로 적용해 혁명의 조건이 무르익기를 기다리는 대기론에 빠지는 것도 가능하다. 오늘날 우리는 흔히 필연적이지 않은 일들조차 대개 사소한 이익의 문제에 근거해 필연이라고 최면을 걸고 그러한 일들의 진행을 방관하기 쉽다. 이 사이비 필연의 '사이비'를 간파하여 극복하는 일은 종종 노예적인 삶을 탈피하는 데에 결정적으로 기여할 수 있다.

인간은 매우 제한된 범위의 인과관계를 과학적으로 파악하고 이에 근거해 실천에 임할 수밖에 없다. 그렇다고 이 제한된 과학적 인식의 힘이 무의미한 것은 결코 아니며, 이에 근거해 우리는 현재의 문화를 만들고 인간으로서 다른 생명체들 앞에서 잘난 척하며 살아

왔다. 만물이 필연성 속에서 작동한다는 주장을 경험적으로 입증할 수도 없지만, 그렇다고 그 주장이 늘 악용만 되는 사악한 지혜인 것은 아니다. 오히려 그것을 만물이 작동하는 실제 방식을 필연적 인과관계 속에서 파악하고자 끊임없이 노력할 수 있도록 하는, 아직 과학적으로 충분히 인식되지 않은 관계들을 더욱 폭넓게 파악해 가는 과정을 뒷받침하는 전제조건으로 상정한다면, 불필요하거나 해로운 주장이 아니다.

이와 달리 주체의 적극적 실천을 위해, 사물들 사이의 필연적 연관을 부정하고 주체가 움직일 존재론적 빈틈을 주장할 수 있다. 예컨대 지젝은 다음과 같이 주장한다. "완전하게 구성된 긍정적인 '존재의 사슬' 속에는 물론 주체를 위한 어떠한 자리도 없으며, 따라서 주체성의 차원은 존재의 진정한 긍정성에 대한 인식론적 오인과 엄밀히 상호의존하는 어떤 것으로서만 이해될 수 있다. 결론적으로, (자기)의식의 지위를 유효하게 설명할 유일한 방법은 '현실' 그 자체의 존재론적 불완전함을 주장하는 것이다."[47] 이처럼 '현실 그 자체의 존재론적 불완전함'에 근거해 주체의 활동 공간을 확보하고자 하는 가운데 지젝은 변증법적 사고를 작동시키기도 한다. "노동자 계급이 '성숙함'에 도달하는 유일한 방법, 다시 말해서 권력을 장악하기에 '적당한' 시기가 도래하는 것을 기다리는 방법은 권력 장악을 위해 스스로의 자질을 기르고 그것을 준비하는 것이다. 그런데 이러한 자질을 획득하는 유일한 방법은 바로 '성급하게' 그것을 시도하는 것이

47 슬라보예 지젝, 『까다로운 주체』, 이성민 역, 도서출판b, 2008, 106쪽. 이하 '주체'로 약칭함.

다. 만약 우리가 그저 '적당한 시기'를 기다리기만 한다면 우리는 절대로 그 순간에 도달하지 못할 것이다. 왜냐하면 '적당한 시기'는 주체의 측면에서 혁명적인 힘(주체)이 성숙하게 된다는 조건 없이는 도래할 수 없기 때문이다. 다시 말해서 그것은 오직 실패로 귀착한 일련의 '성급한' 시도들을 통해서만 가능하게 된다."[48] 이 문제를 지젝은 "혁명 주체는 그 혁명 과정을 통해서만 구성된다"고 요약한다.

지젝은 혁명 주체의 구성에 불가피한 '성급한' 시도들로 인한 '실패'를 사후적 구원을 통해 극복하려 한다. "현재의 혁명은, 노동계급을 해방하려는 그 시도 속에서, 해방을 위한 과거의 모든 실패한 시도들을 또한 사후적으로 구원한다. 다시 말해서, 혁명적 기획에 연루된 현재의 행위자의 관점은 사실성에 속박된 객관주의적·실증주의적 역사 편찬이 정의상 볼 수 없는 것을 ―즉 지배세력들의 승리의 행진에 의해 분쇄되었던 해방의 은폐된 잠재성들을― 갑자기 보이게 만든다"(주체38-39). 이런 관점에서 지젝은 마오와 베케트의 "패배에서 패배로, 그리고 마지막 승리로", 혹은 "다시 시작하라. 다시 실패하라. 더 잘 실패하라"는 슬로건을 전면에 내세운다.[49]

이처럼 성급한 시도로 인한 실패에도 적극적으로 긍정적 의미를 부여함으로써, 억압 상황에 처해 있으면서도 남의 일처럼 구경만 하는 것이 아니라 실패에 대한 두려움 없이 적극 개입할 가능성을 높일 수도 있을 것이다. 그러나 구체적 개입이 이루어지는 상황에서 '성급

48 슬라보예 지젝, 『이데올로기라는 숭고한 대상』, 이수련 역, 인간사랑, 2003, 110-111쪽.
49 슬라보예 지젝, 『잃어버린 대의를 옹호하며』, 박정수 역, 그린비, 2009, 540쪽 참조.

함'과 실패는 처음부터 확정된 것이 아니며, 성패의 전망은 흔히 주체들에게 불확정적이다. 실제로 성공할 가능성도 배제할 수 없는 것이다. 또 성공에 대한 확신에 근거하는 기세는 적기에 이루어지는 효과적 개입과 함께, 투쟁의 양상을 긍정적으로 규정하는 주요 요인이 된다. 동일한 사태에 직면해 실패할 것이라고 보아 미온적이면서 시간을 놓치면 실제로 실패할 가능성이 높다. 변증법적 실천이론은 이 결정적 개입의 지점들을 장악하고 매 순간 성공을 향해 모든 것을 걸어야 할 의무가 있다. "패배에서 패배로, 그리고 마지막 승리로"라는 구호를 "승리에서 승리로, 그리고 마지막까지 승리로"로 바꾸는 것은 변증법적 실천이론의 방기할 수 없는 임무다. 투쟁과 승리 경험의 부재는 '마지막 승리'의 동력이 되기보다, 오히려 형이상학화된 패배주의·체념주의·숙명론·결정론 혹은 노예근성을 길러 낼 가능성이 더 크다.

'현실 그 자체의 존재론적 불완전함'을 강조하는 지젝의 이론은 필연적 연관에 대한 과학적 인식을 소홀히 하고 주체의 의지에 많은 것을 요구하는 결단론 내지 주의주의(主意主義)로 기울 수 있다. 혁명적 실천의 복잡다단한 변수들, 특히 파악하기 어려운 주체들의 가변적 욕구들, 무의식적 변수들, 잠재력들, 구체적 가능성, 주체의 운동이 야기함으로써 생기는 새로운 효과들 등을 모두 감안하여 전략전술을 짜는 일은 생산양식이나 사회구성체에 기초한 정세 분석을 훨씬 넘어서는 과제이다. 이 모든 변수들을 완벽히 파악하는 것은 불가능하지만, 그것들의 현실적 중요도를 감안하여 총체적으로 접근할수록 그만큼 실천의 효과는 좋아질 것이다.

이 경우 이 제반 요인들이 '존재론적 불완전' 속에 있지 않고, 필연적 인과관계를 지닌다고 상정하면 주체의 자유공간은 사라질 수밖에 없고 우리는 다시 결정론을 받아들이고 숙명론자가 되어야 하는가? 꼭 그럴 필요는 없다. 실제로 필연적 인과의 그물을 상정하더라도, 이를 사실 인식이 아닌 규제적 이념으로서만 인정하여 과학적 연구의 필요성, 인과 그물의 구체적 내용을 부단히 파악해 갈 필요성을 강조하는 데에 머문다면, 또 숙명론 내지 결정론의 공허함과 사이비 필연성의 간교함을 충분히 자각한다면 어리석게 숙명론자가 될 필요는 없을 것이다.

그러면 인간의 자유는 어떻게 가능한가? 자유란 필연의 구체적 내용에 대한 무지에서 오는 단순한 환상인가? 필연의 구체적 내용에 대한 '부분적' 무지는 인간에게 불가피하며, 실제로 이는 자유의 체험을 위해 필수적이다. 그러나 그것은 환상임이 확인된다고 해서 바로잡을 수 있는 오류나 착각이 아니라, 인간의 기본적인 체험 방식이라고 할 수 있다. 우리는 주체로서 매 순간 총체적인 인과 그물의 존재를 등 뒤에, 몸속에, 눈 밖에 놓아둔 채 그 순간 그 지점 그 문제와의 대결에 필요한 부분만을 알 수 있는 만큼 알고 이에 근거해 사고하고 판단하고 행동한다. 더 잘 알고 행동할 능력과 조건을 갖추면 그만큼 자유의 공간은 넓어질 수 있지만, 그런다고 해서 그 공간이 무한대로 늘어나지도 않고, 그러지 못한다고 해서 무한소로 쪼그라들지도 않을 것이다. 모든 선택의 문턱 앞에서 인간은 자유로이 결정하는 경험 방식 내지 삶의 기본 구조를 제 몸에서 떨쳐 낼 수 없다. 예컨대 식물인간이 되는 등의 극단적 상황에 처하지 않는 한, 인간에게는 경험 방식으로서의 자유로부터 벗어날 자유가 별로 없는 것이다. 엥겔스가 헤겔을 끌어들여 제시하는 '필연에 대한 인식'으로서의 자유는 자유를 힘과 결합하여 그 공간의 확대 가능성을 말해 주는 것이라고 할 수 있다. 또 레닌이 작가의 자유에 대해 말하면서 '나라의 꽃이고 힘이며 미래인 수백만 수천만 근로 대중과 공공연히 결합하는 작가'야말로 자유로운 작가라고 선언할 때도 자유의 문제를 힘의 논리로 풀고 있는 셈이다.

따라서 동일한 사태가 주체적 경험 방식, 삶의 방식이라는 관점에서는 자유로서 존재하며, 과학적 인식 대상이라는 관점에서는 필연적 인과 사슬 속에 존재하며 무한한 인식 과정을 요구하는 것이다. 즉 누구나 나는 자유롭다고 외치고 행동할 수 있다. 자유는 누구에게 혹은 어디에 있다 또는 없다고 단언할 수 없으며, 누구든지 어디서든 좀 더 혹은 덜 강렬하게 혹은 풍부하게 체험해 가는 삶의 기본 구조다. 반면에 과학자는 그 사람의 유전자, 체질, 습성, 무의식, 욕구, 사고방식, 초자아, 정치적 편견, 이해관계, 문화적 조건 등등에 대한 연구를 통해 그의 외침이나 행동이 어떻게 규정되는지 필요하다면 끝없이 밝혀내고 어느 정도는 예측하는 것까지 가능하다. 이는 개인 주체를 넘어 집단 주체에도 적용된다고 할 수 있다. 이런 점에서 자유와 필연의 문제는 칸트처럼 본체계와 현상계에 나누어 설정할 별도의 실체가 아니다. 사이비 필연을 이념적 필연과 혼동하여 수동적이고 방관적인 결정론에 빠질 필요도 없지만, 자유를 위해 과학을 위축시킬 필요도 없다. 양자는 동일 사태를 바라보는 시차적 관점의 산물인 것이다.[50]

아도르노는 실천 개념을 비판적으로 다룬다. 『부정 변증법』에서 그는 실천 개념이 "이제 자족적 사변에 반대하는 장치가 아니라, 대개 행정가들이 변화하는 실천에 필요한 비판적 사상을 공허한 것이라고 묵살하는 구실로 되었다"(부정15)고 진단한다. 동구 디아마트 이론가들을 염두에 두고 그는 이론과 실천의 통일에 대해서도 다음과 같이 부정적으로 평가한다. "이론과 실천의 통일에 대한 요구는 부단히 이론을 시녀로 전락시켰으며, 그 통일 속에서 이론이 수행해야 했을 일을 이론으로부터 제거했다. 사람들이 모든 이론에 대해 요구하는 실천적 검증이 검열의 인장으로 된 것이다. 그러나 이렇게 찬양받는 이론-실천에서 이론이 굴복하자 실천은 비개념적인 것이 되고 정치의 일부가 되었다. 실천은 정치로부터 사람들을 해방시켜야 했는데도 그 일부가 된 것이며, 결국 권력에 내맡겨지고 말았다. 독단과 사유금지를 통한 이론의 말살은 잘못된 실천에 기여했다. 이론이 그 자립성을 다시 획득한다는 것은 실천 자체의 관심사다. 그들 두 계기 상호 간의 관계는 결코 영구히 결정되지는 않았으며 역사적으로 변화한다"(부정146-147).

이러한 비판적 언급과는 별도로 아도르노는 변증법 이론가로서 이론과 실천의 통일을 당연한 것으로 받아들인다. 그가 염두에 두는 이론과 실천의 변증법적 통일은 이론 없는 실천도, 실천 없는 이론도 아니다. 그것은 양자의 분리되지 않은 통합이 아니라 '분리를 관통

50 지젝은 꽤 두꺼운 저서 『시차적 관점』에서 다양한 문제들을 시차적 관점에서 보고자 하면서도 정작 자유와 필연의 문제를 시차적 관점으로 파악하지는 않는다. 이에 대해서는 다른 기회에 상세히 살필 계획이다. 슬라보예 지젝, 『시차적 관점』, 김서영 역, 마티, 2009 참조.

하면서, 분리된 것 자체의 힘에 근거하는' 통일인 것이다(입문85). 아도르노는 이론과 실천의 통일을 변증법의 본질과 관련지어 다음과 같이 주장한다. "변증법의 본질은 사고 자체를 통해 사유, 감정, 의지 등의 평범한 상투어로 표현되는 영역 구분을 철회시키려고 시도하는 데에 있습니다. 그리고 이론과 실천의 통일이라는 유명한 사상 자체도 말하자면 이 철회 시도의 최고 표현일 뿐입니다"(입문85). 이 점에서 아도르노가 실천을 가볍게 여기고 이론에 매달린다고 보기는 어렵다. 그가 생각하는 이론과 실천의 통일 방식은 다음 주장에서 확인할 수 있다. "변증법적 사유에서는 우선 완성된 이론체계가 있고, 그 다음에 우리가 일단 훌륭히 이론 전체를 아주 평온하게 파악한 다음 이로부터 '실천적 결론들'을 끌어내는 것이 아니고, 이 사유의 모든 단계에서 —이렇게 말할 수도 있습니다— 불꽃이 일면, 이 불꽃은 이론적 성찰의 극에서 실천적 행위의 극으로 옮겨붙는다는 점에서, 변증법적 사유는 전통적 사유와 근본적으로 상이합니다"(입문69-70).

그러면 변증법적 이론에서는 어떤 실천의 불꽃이 타오를 수 있는가? 변증법적 사유 방법에 중독되면 우선 개념의 노고를 감내하며 사태 자체를 따라잡고자 노력하므로, 주입받은 상투어나 도식 혹은 상부의 지시 따위에만 의존할 수 없다. 당연히 행정적 사고 혹은 위상학적 사고에 의한 분류법에 만족지 못한다. 즉 사물들이나 인간을 빈약한 몇 가지 근거에 따라 무자비하게 잘라 놓고 상호관계, 상호전환, 상호침투 과정을 원천적으로 묵살하는 데에 동의하지 않을 것이다. 한 번 적이면 영원한 적이라는 관념에 따라 적대관계의 해결을 위해서는 철저한 섬멸밖에 길이 없다는 식의 사고에 빠지지 않을 것이다. 오히려 적에게서도 배울 수 있고, 적의 힘도 활용하여 새로운 관계를 만들고자 할 것이다. 결벽증과 완벽주의에 비춰 동지들마저 적으로 만들기보다는, 부정적인 것과 함께 머무는 자세로 적들까지 변화시켜 아군으로 만들어 적의 세력을 최소화하고자 할 것이다. 물론 자본주의의 성과들을 싹 쓸어 버린 후에 진공상태에서 사회주의를 건설하려 들지는 않을 테고, 자본주의가 이룩한 해방적 생산력들을 새로운 생산관계 속에서 활용하는 이이제이 혹은 부정의 부정을 추구할 것이다. 그뿐만 아니라 우리 자신 속에 내재하는 적대적 요인들을, 자본에 의해 길러진 파괴적 패권주의적 욕구 따위를 자각하고 근본적 반성을 통해 극복하고자 노력할 것이다.

진리는 구체적이라는 관점에서 개별 인식에 머물지 않고 포괄적 맥락 속에서 재검증하며, 절대적 제일원리의 환상에 기대기보다 전체와 개별 간의 부단한 상호규정을 통해 구체적 인식을 향해 나아갈 것이다. 필연적 인과관계에 대한 인식이냐 아니면 주체의 적극적 역할이냐 하는 양자택일에 현혹되지 않고 주체를 규정하는 객관적 요인들을 면밀히 인식하면서, 동시에 객관적 지배관계를 만들어 내는 주체의 몫에 주목함으로써, 현실에 부합하는 변혁전략을 만들어 가고, 주체 개조와 지배관계의 변혁 양 측면에서 최적의 개입 지점과 개입 방법을 만들어 내고자 할 것이다. 따라서 특정 시공간 속의 자발성이나 자율성을 절대화하지 않고 그 객관적 성격 곧 사회적·역사적 규정 상태를 면밀히 인식하고 해방적 관점에서 재규정하고자 노력할 것이다. 이로써 결단론 따위에 의지해 운동의 실패와 희생을 당연한 것처럼 받아들이지 않고도 '주체의 사망' 따위의 포스트모던 유행병에 시달리지 않을 수 있을 것이다. 차이를 앞세워 현실의 모순과 갈등을 회피하면서 지엽적인 관심사들에 매달릴 경우, 오늘의 구조적 불행은 끝없이 유지되거나 더욱 악화될 수밖에 없을 터인데, 변증법은 이러한 위험에 대한 면역제가 될 것이다. 즉 변증법은 현실적 모순들을 그 중요도에 합당하게 받아들여 정면 돌파하려는 자세를 예컨대 거대담론이니 독단이니 억압이니 하는 식으로 폄하하는 지배자들의 거대담론들에 쉽사리 현혹되지 않기에 충분한 논거를 제공할 것이다.

이론은 매 단계에서 실천을 겨냥하며, 실천 역시 개별 국면들에서 부단히 이론을 존중해야 할 것이다. 그만큼 이론에서는 실천적 부담과 의의가 커지고, 실천에는 좀 더 예리한 이론적 감각이 요구된다고 할 수 있다. 실천과 동떨어진 이론적 구성물에 매달릴 필요도 없지만, 이론을 경시하는 실천 풍토와도 거리를 둘 것이다. 또한 실천의 일정한 성과 속에 담긴 실패의 전조들을 예민하게 감지할 수도 있겠지만, 무엇보다 패배 국면 속에서도 성공의 싹을 끈질기게 길러 내려 할 것이다. 간단히 말하면 변증법적 사유는 좀 더 현명하고 겸손하면서도 절망할 줄 모르는 실천의 자세를 유발할 수 있을 것이다. 현실사회주의의 실패 요인들만 아니라 그 성과들에도 주목하며 자본주의 너머의 새로운 질서를 만드는 실천을 위해 변증법적 사유는 빼놓을 수 없는 이론적 무기가 될 것이다. 물론 변증법이 만병통치약은 아니다. 변증법의 주요 공식들, 예컨대 레닌이 정리하는 십수 개의 정식들은 그저 믿고 따르면 되는 확고하고 유익한 운동 지침이 아니라 우리의 기존 사고방식을 흔들고 현실을 변혁적 관점에서 바라볼 수 있도록 빛을 던져 주는 모델들로 받아들일 필요가 있다. 그로써 어떤 새로운 인식에 도달할 것인지, 또 그와 동시에 앞으로의 해방운동이 어떤 모습으로 진전해 갈 것인지는 당연히 우리가 의식적으로, 육체적으로 수행하고 감당하는 노고에 좌우될 것이다.

이상은 물론 아도르노가 번안한 헤겔-마르크스주의 변증법에서 나오는 불꽃이며 아도르노만의 것은 아니다. 그에 비해 '짜임관계(Konstellation)'는 좀 더 아도르노 자신의 영역 깊숙이 자리 잡고 있다고 할 수 있다. 짜임관계는 미시론적 모티브와 함께 아도르노가 '진리는 전체다'를 관념론의 귀결이라고 보아 받아들일 수 없는 입장에서, 구속력 있는 인식을 위해 제시하는 대안이다. 그는 개별 진리 따위는 없고 진리는 개별 인식들 상호 간의 짜임관계 속에만 존재한다고 본다(입문348-349). 개념과 대상들의 풍부한 생명을 존중하면서도 그 모호한 상태에서 벗어나는 데에는 개념들의 짜임관계가 필요하다는 것이다(입문350). 절대적 제일원리로부터 점차 논증해 가는 데카르트식의 위계적 인식구조를 원천적으로 인정하지 않고 짜임관계를 내세우는 입장에서 아도르노는 모든 사고 요소들의 대등한 가치를 지향한다. 철학에서는 모든 말, 모든 명제, 모든 구문적 틀이 다른 것과 똑같은 책임을 지며 어떤 전체의 구성을 통해 하나의 진리를 만들어 내는 상태야말로 사유에 의해 충족될 수는 없지만, 이상일 수밖에 없다는 것이다(입문362).

짜임관계 개념으로부터는 아도르노가 명시적으로 밝힌 바 없는 새로운 실천의 불꽃을 살려 낼 수 있어 보인다. 즉 개별 명제나 인식이 대등하게 인식 가치와 책임을 지니는 구조를 이상으로 삼는 사고 방식을 변혁적 실천에서 살려 낸다면, 예컨대 그것은 체제변혁운동 과정에서 자유로운 개인들의 연합을 앞질러 구현하는 모델로 구현될 수 있을 것이다. 차이가 아니라 모순과 내재비판을 결코 양보할 수 없는 변증법의 핵심 사안으로 받아들이는 점에서 그가 모순에 찬 자본주의적 국가권력과 지배구조의 근본 변혁을 거부하지 않으리라고 생각할 수 있다. 또 전체와의 관계를 부단히 고려하고, 개념으로 개념의 폭력을, 계몽으로 계몽의 폐해를 극복하자는 그의 입장에서는 변혁운동 자체의 억압성에 대한 반성과 비판을 피하지도 않겠지만, 결코 무정부주의나 낭만주의적 반자본주의운동에 만족할 수도 없을 것이다. 아도르노의 이론에서는 짜임관계를 강조하는 측면과 모순을 강조하는 측면이 유기적으로 결합되지 않고 병존한다. 그러나 그의 변증법 이론을 우리는 아직 우리 사회에서 별개로 진행되고 있는 두 유형의 운동, 전통적 체제변혁운동과 '자유로운 개인들의 연합' 지향적 다양한 실험들의 결합을 위한 자극으로 받아들일 수도 있을 것이다. 체제변혁운동이 원론을 고수하는 가운데 현실적으로 전혀 힘을 발휘하지 못하거나 과거의 오류를 고스란히 반복하는 상황을 피하기 위해서는 새로운 사태에 적합한 논리와 실천전략을 구사해야 할 것이다. 이 점에서 '자유로운 개인들의 연합'이라는 마르크스의 구상을 프롤레타리아 독재 이후의 먼 훗날로 미뤄 놓지 않고 지금 이 자리에서부터 확대해 가고, 그 성과를 체제변혁과 결합한다는 전략은 상당히 매력적이라고 여겨진다.[51] 그것은 기회가 무르익기를 기다리는 것에서 벗어나 변혁의 조건을 만들어 갈 뿐 아니라, 변혁

이후의 새로운 질서를 정착시키고 새 체제의 내적 저항력을 기르는 데에도 적합해 보인다.

그동안 변증법을 죽여 온 이데올로기적 유행은 우리의 절박한 현실 문제들에서 한참 비껴난 방향으로 달려왔다. 아도르노가 제안하는 변증법적 사유는 범사회적으로 분열·위축·고립되어 온 변혁운동에 새로운 에너지를 제공할 수 있을 듯하다. 주요 철학이론들의 전통을 흡수하고 포스트모던의 문제의식을 앞질러 소화하면서도 과도한 이론적 과장으로 치닫지 않는 가운데, 자본주의의 본질적 모순과 대결하도록 고무하는 비판적·변혁적 현실주의가 그 최대 강점이 될 것이다.

51 마르크스가 기술한 파리코뮌은 프롤레타리아 독재와 자유로운 개인들의 연합의 초보적 결합을 구현했다고 할 수 있다. 그 특징으로는, 상비군과 관료의 폐지, 모든 주요 공직의 민주적 선출과 소환제, 공직자와 일반 노동자의 동등한 보수, 공직자의 특권 폐지, 권력 서열의 부재, 오류에 대한 비판, 반노동자적 제도들의 폐지 등을 들 수 있다. 카를 마르크스, 『프랑스 혁명사 3부작』, 임지형·이동훈 역, 소나무, 1991, 281쪽 이하 참조.

들뢰즈, 질, 『차이와 반복』, 김상환 역, 민음사, 2004.

레닌, 블라디미르 일리치, 『유물론과 경험비판론』, 정광희 역, 아침, 1988.

______________, 『철학노트』, 홍영두 역, 논장, 1989.

______________, 『무엇을 할 것인가』, 최호정 역, 박종철출판사, 2001.

루카치, 게오르그, 『역사와 계급의식』, 박정호·조만영 역, 거름, 1986.

마르크스, 카를, 『프랑스 혁명사 3부작』, 임지현·이종훈 역, 소나무, 1991.

________, 『정치경제학 비판 요강 I』, 김호균 역, 그린비, 2007.

________, 『자본론: 정치경제학비판 I』, 김수행 역, 비봉출판사, 2015.

________, 『자본론: 정치경제학비판 2』, 김수행 역, 비봉출판사, 2016

마오쩌둥, 「모순론」, 『실천론·모순론』, 이등연 역, 두레, 1989.

스탈린, 이오시프 『레닌주의의 기초』, 윤시인 역, 두레, 1990.

아도르노, 테오도르 W., 『프리즘』, 홍승용 역, 문학동네, 2004.

____________, 『부정 변증법』, 홍승용 역, 한길사, 2005.

____________, 『변증법 입문』, 홍승용 역, 세창출판사, 2015.

알튀세르, 루이, 『마르크스를 위하여』, 서관모 역, 후마니타스, 2017.

엥겔스, 프리드리히, 『반듀링론』, 김민석 역, 새길, 1987.

__________, 『엥겔스의 독일 혁명사 연구』, 박홍진 역, 아침, 1988.

__________, 『포이어바흐와 독일 고전철학의 종말』, 양재혁 역, 돌베개, 2015.

지젝, 슬라보예, 『이데올로기라는 숭고한 대상』, 이수련 역, 인간사랑, 2003.

________, 『까다로운 주체』, 이성민 역, 도서출판b, 2008.

________, 『시차적 관점』, 김서영 역, 마티, 2009.

________, 『잃어버린 대의를 옹호하며』, 박정수 역, 그린비, 2009.

콜레티, 루시오, 『마르크스주의와 헤겔』, 박찬국 역, 인간사랑, 1988.

플라톤, 『파이드로스』, 조대호 역해, 문예출판사, 2004.

______, 『테아이테토스: 지식에 관하여』, 『플라톤의 다섯 대화편』, 천병희 역, 도서출판 숲, 2016.

Hegel, G. W. F., *Werke 3(Phänomenologie des Geistes)*, Frankfurt/M. 1986.

Kant, I., *Kritik der reinen Vernunft*, Hamburg 1956.

Marx, K. & Engels, F., *MEW Bd. 3(Die deutsche Ideologie)*, Berlin 1983.

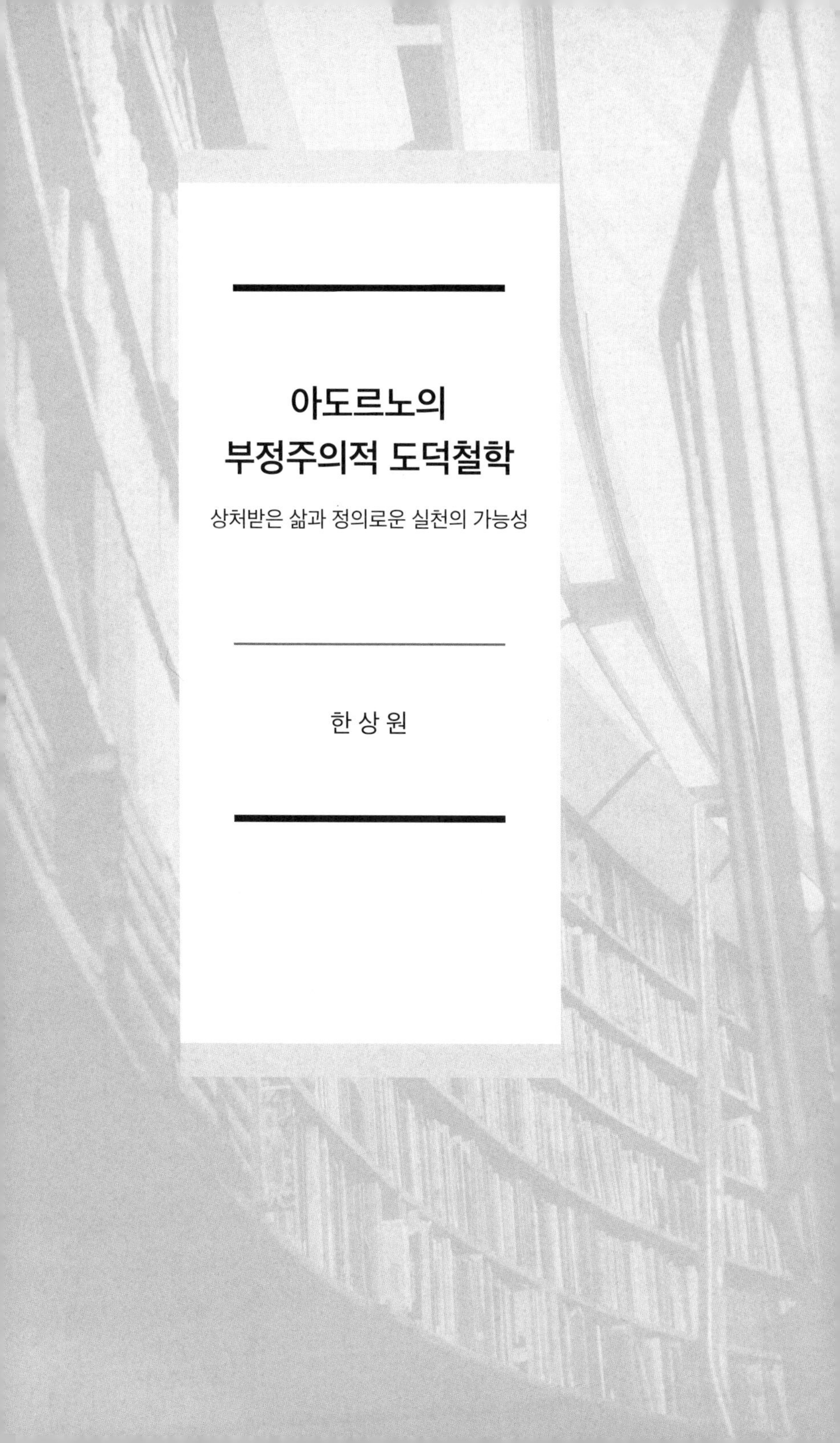

아도르노의 부정주의적 도덕철학

상처받은 삶과 정의로운 실천의 가능성

한 상 원

일러두기

1. 이 장에서는 출처를 간단히 확인할 수 있도록 인용문 옆에 출처 표기를 이어 적었다.
2. 출처 표기는 (저자명 출간연도, 쪽수)의 순서로 적었다. 저서명은 저자명과 출간연도를 바탕으로 참고문헌 목록을 대조하여 확인할 수 있다.
3. 칸트 저서의 경우 슈미트판을 기준으로 삼아 초판을 A, 재판을 B로 표시하고 그 뒤에 쪽수를 적었다. 학술원판 전집의 경우 해당 권수를 로마숫자로 표시하고 그 뒤에 쪽수를 적었다.

   예)『순수이성비판』(1781) 초판 448쪽, 재판 476쪽 인용. → (Kant 1781, A448=B476)

   『실천이성비판』(1788) 초판 4쪽, 학술원판 전집 5권 4쪽 인용. → (Kant 1788, A4= V 4)
4. 특정 부분의 참조가 필요한 경우 부분기호(§)를 참조할 쪽수 앞에 적었다.

   예) 헤겔,『법철학 강요』(1821) 261쪽 인용. 139쪽 참조. → (Hegel 1821, 261, §139)

❖

이 글은 2018년 대한민국 교육부와 한국연구재단의 지원을 받아 수행된 연구임. (NRF-2018S1A3A2075204)

1. 들어가며: 어두운 밤하늘과 반짝이는 별

"그에 대해 더 자주 그리고 계속해서 생각에 빠질수록 점점 새롭고 더욱 커지는 놀라움과 경외감으로 마음을 채우는 두 가지 것이 있다. 내 위의 별이 빛나는 하늘과 내 안의 도덕법칙이다"(Kant 1788, A288=V161). 자주 인용되는 칸트의 문장이다. 여기서 '별이 빛나는 하늘'은 한편으로는 합목적성에 따라 움직이는 자연법칙을 의미하기도 하지만, 동시에 경험적 현상계 속에서도 별과 같이 빛을 발하고 있는 도덕법칙의 예지적 이상을 나타내기도 한다.

아도르노가 호르크하이머와의 대화에서 언급한 다음과 같은 표현은 이러한 칸트의 사고방식을 계승하면서도 여기에 부정성의 파토스를 적시했다는 점에서 주목할 만한 가치가 있다. "존재하는 것은 쇼펜하우어적인 밤이다. [그러나] 이 밤에는 별이 떠 있다"(Adorno, Horkheimer 1946, 595). 이 표현은 청년기 헤겔이 예나 초고에서 언급한 바 있는 "세계의 밤(Nacht der Welt)"이라는 개념에서 착안했을 것으로 짐작된다. 헤겔은 개별자를 압도하는 무(Nichts)의 힘을 표현하면서 뒤이어 이렇게 적는다. "이 밤 속에서 존재자는 몰락한다. 그러나 이러한 위력의 운동은 마찬가지로 정립된 것이다"(Hegel 1805/6, 187). 이렇게 헤겔은 거대한 밤하늘 앞에 선 개별자가 느끼는 부정성의 거대한 위력 속에서도 법칙적 이성의 긍정성을 발견할 수 있다는 생각을 표현한다.

앞선 아도르노의 문장은 헤겔의 이 표현에서 드러나는 밤(어둠)과 이성(긍정)의 대조를 차용하면서도, 이를 칸트의 '별이 빛나는 하늘'에서 드러나는 도덕적 당위의 이상과 연결시키고 있다. 이를 통해 아도르노는 부정적 '현실'과 도덕적 '이상' 사이의 관계에 관한 물음을 제기한다. 그는 개별자의 고통스러운 삶을 도덕적 당위가 실현될 수 없는 현실의 부정성으로 이해한다. 그러나 그는 동시에 그 하늘에는 별이 반짝인다고 표현함으로써, 도덕철학적 이상을 포기할 수 없다는 사실 역시 강조한다.

그런데 이는 하나의 철학적 딜레마를 형성한다. 쇼펜하우어적인 어둠 또는 세계의 밤으로 이해된 현실은 그 자체로 도덕적이지 않다. 그렇다면 이 부정성의 현실적 조건 속에서 도덕적 당위는 어떻게 실현될 수 있는가? 이는 결국 '아도르노는 칸트의 도덕적 당위를 어떻게 수용하는가' 하는 물음으로 연결된다. 슈베펜호이저에 따르면 "칸트에게서 보장된 현실성으로 개념화되는 것이 아도르노에 의해서는 잠재성의 지위로 번역된다"(Schweppenhäuser 1993, 108). 칸트가 강조하는 도덕철학의 예지계적 성격은 아도르노에게는 이미 현존하는 도덕성의 상태가 아니라, 아직 존재하지 않는 것(ein noch-nicht-Seiendes), 즉 오로지 개별적이고 부수적으로만 현존하는 것을 의미한다. "주체의 가능성으로서 예지계적 성격은 … 생성되는 것(Werdendes)이지, 존재하는 것(Seiendes)이 아니다"(Adorno 1966, 293-294)라는 『부정변증법』의 구절이 이러한 사고를 보여 준다.

이러한 언급은 아도르노가 칸트의 도덕철학을 비판하고 있음에도, 칸트가 제기한 도덕철학적 물음 자체를 거부하지는 않고 있음을 보여 준다. 즉 아도르노는 칸트가 제기하지 않은 도덕의 가능·불가능의 조건에 관한 메타적 물음을 제기하면서 칸트를 넘어서지만, 동시에 '올바른 행위와 실천'의 가능성에 관한 도덕철학적 관심을 놓치지 않고 있다. 따라서 "허위적인 삶 속에서 올바른 삶은 존재하지 않는다"(Adorno 1951, 43)라는 아도르노의 유명한 문구에서 많은 이들이 다소 성급하게 추론해 내듯이 아도르노가 도덕적 물음에 대해 거부 혹은 기권한 것은 아님을 확인할 수 있다. 오히려 아도르노는 이러한 논의를 통해 '부정주의적 도덕철학'으로 이름 붙일 수 있는 도덕에 관한 입장을 밝힌다.

그런데 이러한 아도르노의 도덕철학적 입장은 매우 복잡하며, 나아가 그가 ('부정주의적'이라는 수사에서도 표현되듯) 긍정적인 형태로 자신의 테제를 진술하기보다는 '비판'의 짜임관계 속에서 진리가 드러나기를 의도했기 때문에, 이를 추적하는 이 글의 논의 역시 아도르노가 자신에 선행하는 도덕철학적 논쟁들의 짜임관계에 관해 어떤 변증법적 관점을 취하고 있는가를 우선적으로 밝혀야 하는 과제를 떠안는다. 따라서 이 글은 그가 칸트에서 정점에 이른 서구 도덕철학이 갖는 이율배반을 어떻게 사고하는지(2장), 그리고 이에 대한 헤겔과 니체의 비판이 갖는 각각의 진리 내용(Wahrheitsgehalt)을 어떻게 수용하는지를 파악해야 한다. 그런데 아도르노는 여기에 그치지 않고 이러한 반론에 대해 다시 칸트가 갖는 또 다른 상대적 진리 내용이 무엇인가를 물으며, 이를 어떻게 비판적으로 계승할 것인가 논하고 있다. 즉 아도르노는 칸트와 헤겔 사이(3장), 칸트와 니체 사이(4장)에서 아슬아슬한 줄타기를 수행하면서, 이러한 사유의 모험 속에서 비로소 자신의 사유를 전개하고 있다는 사실이 드러나야 할 것이다. 이제 이를 토대로 아도르노가 이러한 비판의 성좌(星座) 속에서 어떻게 자신의 도덕철학적 입장을 형성하는지(5장) 파악할 수 있을 것이다.[1]

2. 칸트와 자유의 이율배반

아도르노는 1963년 여름학기에 열린 『도덕철학의 문제들』이라는 강의에서 칸트의 도덕철학을 집중적으로 다룬다. 여기서 그는 우선 칸트 철학이 이율배반에서 출발할 수밖에 없었던 이유를 칸트가 서 있었던 모순적인 조건을 들어 설명한다. "칸트에게서 도덕철학의 정초는 필연적이고 불가피한 모순의 의식에서, 즉 소위 이율배반에서 출발한다"(Adorno 2010, 47. 이후 약어 PM으로 표기). 도덕의 핵심 문제는 자유를 증명하는 것이다. 자유가 존재하지 않는다면 어떤 행위의 책임을 물을 수 없으며 도덕은 성립 불가능해진다. 그런데 칸트에게서 이론적·사변적 인식인 순수이성은 자유의 존재를 증명하지 못한다. 의식의 경험에 주어져 있지 않기 때문이다. 따라서 자유는 증명될 수 없는 예지계의 영역에 속하는 것이다. 그런데 자유의 문제는 도

---

1 아도르노의 도덕철학에 관련된 국내 논문으로는 이종하(2010), 정현철(2013), 정진범(2016) 등이 있다. 필자는 이 논의들을 수용하면서도, 아도르노의 도덕철학이 칸트, 헤겔, 니체의 논쟁 맥락에서 차지하는 위치를 소개하면서 도덕과 정치 사이의 관계에 대한 질문을 제기하고자 한다.

덕철학의 핵심이므로 자유의 증명 없이 순수이성은 실천적 도덕에 관한 입장을 전개할 수 없다.

칸트가 『순수이성비판』의 초월론적 변증론에서 제기한 '순수이성의 이율배반'은 세 번째 이율배반으로 자유인과성을 제기한다. 이에 따르면 '인과율은 유일한 원리가 아니며 자유를 통한 인과율을 상정해야 한다'는 '정립'은, '자유가 존재하지 않으며 모든 사물의 운동은 인과적 자연법칙에 따라 설명돼야 한다'는 '반(反)정립'과 대립한다. 양자 중 무엇이 참인가를 사변적 이성은 논할 수 없다. 따라서 자유인과성에 대한 논증은 자유에 대한 인식이 불가능하다는 사실에 대한 증명이기도 하다(Kant 1781, A448=B476).

이러한 이율배반을 극복할 칸트의 전략은 자유를 '실천적 관계 속에서' 불가피한 것으로 가정하는 것이다. 칸트는 감성 세계의 모든 조건들 너머에 그 규정 근거를 두는 인과성이 존재한다는 사실을 이론적으로 증명할 수는 없으나, 그것이 실천적 관계의 필연성을 보장해 주는 조건으로서 가정되어야 한다는 것을 보여 주는 전략을 취한다. 자유인과성은 이렇게 실천적 관계 속에서의 '규제적 이념'이라는 "초월론적 자유"라는 형태로 자신의 "객관적 실재성"을 획득한다(Kant 1788, A4=V4). 따라서 칸트에게서 자유의 문제는 다시 형이상학적인 물음, 즉 예지계의 존재와 예지적 이념들의 증명이라는 문제로 이전된다. 그는 이 균열을 '실천이성의 우위'라는 정식으로 봉합하고자 했다.

아도르노는 칸트가 제기했으나 그의 관점에서는 불충분하게 해결된 이 '자유'의 실재성에 관한 물음이 "도덕철학의 근본 문제"(PM 51)

를 형성한다고 지적한다. 인간은 도덕적으로 행위하기 위해서는 자유로워야 한다. 그러나 인간이 자유롭다는 확신의 근거를 어디에서 찾을 것인가? "이러한 자유와 필연의 상호 뒤섞임과 여기에 놓여 있는 모순의 해소야말로 단순한 인식론적 물음이 아니라 최상의 실재적 물음이며, 소위 도덕의 모든 철학적 정당화는 이것과 관계되어 있습니다."(PM 57)

칸트의 자유 개념이 갖는 이율배반적 성격은 그 증명 방식뿐 아니라 그것의 내용과도 관련이 있다. 『실천이성비판』에서 "도덕법칙"을 나타내는 수식어들은 다음과 같다. 그것은 무제약적 "명령(Imperativ)"이며, 이 법칙에 대해 의지는 "종속(Abhängigkeit)"되어 있고 따라서 그것은 "강제(Nötigung)"이자 "의무(Pflicht)"로서, 우리의 자연적 욕구에 대해 행해지는 "실천이성의 저항"이자 "내적, 예지적 강요(Zwang)", "도덕적 강제"를 말한다(Kant 1788, A58=V32). 자유가 곧 법칙이자 강제력이라는 사실은 모순적이다. 아도르노는 여기서 "칸트 철학의 야누스 성격"(PM 74)을 발견한다. 그가 보기에 칸트는 '자유인과성'이라는 표현 속에서 자유와 법칙의 이율배반을 강제적으로 해소하려고 시도한다. 여기서 아포리아가 등장한다.

'순수'실천이성(또는 '실천적' 순수이성)이라는 칸트의 목표는 자유로운, 도덕적인 실천의 가능성을 경험과 무관한 순수한 법칙을 통해 정당화하지만, 이는 실은 불가능한 것이다. 이미 실천은 특정한 상황 속에 수행되는 인간 행위를 말한다. 실천이 벌어지는 구체적 조건과 그것의 경험적 내용, 맥락을 추상하고 순수한 실천의 원리를 도출하는 것은 불가능하다. 칸트에게서 도덕의 형식은 보편적 법칙이지만 도덕의 내용은 특수한 개인의 구체적 행위를 말한다. 아도르노가 보기에 도덕적 행위와 내용의 분리를 전제하는 이러한 구상은 행위를 설명하는 데 난점을 발생시킨다. 칸트는 도덕철학의 질료인 감각 경험을 도덕법칙 수립의 장애물로 규정해 버리며, 자유는 순수한 이성에 의해 규정되어야 한다고 주장한다. 칸트는 이러한 방법을 개인의 자율성(Autonomie)이라는 이념과 결합시키지만, 이러한 역설적 구성의 귀결은 자유를 위해 각 개인이 지닌 자연 충동을 억압하라는 명령에서 드러난다. 즉 '자유'는 '억압'을 통한 '명령'의 귀결이라는 역설 속에서 자율성의 이념은 타율성(Heteronomie)으로 전도된다.

이 역설적 변증법의 귀결은 무엇인가? 아도르노는 칸트의 도덕철학이 햄릿적인 주체, 즉 행위할 것인가, 행위하지 않아야 하는가를 결정하지 못하는 우유부단한 주체를 만들어 낸다고 지적한다. 이는 행위를 정초하기 위한 발생 과정과 맥락, 조건, 그리고 행위의 동력으로 작동하는 인간의 충동적·감성적 요소들을 논의 과정에서 모두 제거해 버렸기 때문이다. 따라서 순수실천이성은 '실천'을 정당화하지 못한다. 『도덕 형이상학의 기초 놓기』에서 칸트는 "의무는 법칙에 대한 경외에서 비롯하는 어떤 행위의 필연성"(Kant 1785, 26)이라고 주장한다. 도덕적 행위는 인간의 내적 욕구, 성향이 아니라 이들의 추상을 통해 얻어진 순수 법칙과 의무에서만 비롯한 것이다. 그러나 이는 현실적인 인간의 행위와 실천에 관한 이론이 될 수 없다.

결국 칸트의 체계 속에서 자유의 현실적·실재적 조건에 관한 물음은 제기되지 않는다. 이 때문에 그의 도덕철학에서는 선하고 옳은 행위와 그것을 이행할 수 있는 가능성 사이의 현실적 모순이 존재한다. 카프카와 같은 현대 작가들이 제기하는 "부조리의 가능성", 즉 "선의 이념, 그리고 선을 행하고 법칙을 이행하라는 의무는 존재하지만, 동시에 인간에게는 그들이 얽혀 있는 사회적 관계의 총체성에 의해 이를 이행할 수 있는 가능성이 거부되어 있다"는 조건이 칸트에게는 철학적 주제로 나타나지 않는다(PM 114). 이는 칸트가 자유와 합법칙성 사이의 '현실적·실재적' 모순의 가능성을 고려하지 못했기 때문이다.

반면 칸트가 강조하는 도덕법칙의 수립을 위한 감각적·경험적 요소들의 '억압'은 그 자체 '경험적' 사실이다. 프로이트 정신분석학은 심리현상 속에서 이러한 억압을 이론화하여, 칸트가 강조하는 도덕감과 의무감 등은 초자아(Über-Ich)의 명령이라고 단언한다. 칸트는 이러한 명령의 이행을 '자유'로 보았지만, 프로이트에 따르면 그것은 실은 초자아의 형태로 내면화된 사회적 규범 질서, 가족-아버지-오이디푸스 모델이 나에게 내린 타율적 명령을 의미한다. 따라서 양심의 형성은 타율적 질서에 대한 순응을 나타낸다.

실제로 칸트 역시 경험계에서 인간의 예지적 자유의 실현이 그 자체로 가능하지 않음을 인식하고, 도덕의 궁극적 보증인으로서 (그가 『순수이성비판』의 이율배반론에서 제외시킨) 신, 영혼, 자유 등의 개념들의 실재성을 요청한다. 이는 도덕법칙의 핵심인 자율성 이념, 곧 자기입법의 관점과 모순을 빚는다. 타율성을 통한 자율성의 확립이라는 이러한 구상에는 칸트 도덕철학의 "권위적 계기"(PM 129)가 나타난다는 것이 아도르노의 비판이다. 구체적으로 말하자면 정언명법이란 규범적으로 전환된, 절대자로 고양된 자연 지배의 원칙을 말한다. 그것은 내적 자연(내 안의 욕구와 충동)에 대한 보편적·절대적 억압을 의미한다. 여기서 이성은 이미 "극단적인 추상에 도달한 자연 지배의 원칙"이자 "자연 지배의 총체성"(PM 155)으로 드러난다.

따라서 자유의 이념은 칸트의 증명 방식과는 다른 관점에서 사고되어야 한다. 특히 자유의 현실적 토대인 사회적 관계에 관한 고찰이 전제되어야 한다. 자유의 현존 여부는 헤겔이 '객관 정신'이라고 부른 사회제도적 실재의 기반 위에서 설명 가능한 대상이다. 또 총체적 기능연관으로 전락해 버린 후기 자본주의사회에 대한 비판적 이론화 역시 자유의 가능성에 대한 선결조건으로서 해명되어야 할 필요가 있다. 이러한 측면에서는 자유를 '객관 정신', 즉 사회적·제도적 조건과의 관계 속에서 사고했던 헤겔의 칸트 비판을 참조할 필요가 있다.

3. 칸트와 헤겔 사이: 개별과 보편의 변증법

칸트와 헤겔 사이의 도덕철학적 논쟁 지점은 자유의지의 실현 조건이 경험적 현실과 맺는 관계에 관한 것이다. 아도르노는 이 문제에서 칸트는 베버가 "신념윤리(Gesinnungsethik)"라고 부른 것과 유사한 관점을 취한다고 지적한다. 나의 선한 의지, 곧 의지의 준칙과 객관적 법칙 사이의 통일성을 상정하는 칸트는 그것이 초래하는 결과에 대해서는 무관심한 입장을 보인다. 이에 반해 아도르노는 "실현된 올바른 사회에 관한 요구"(PM 34)란 보편에 대한 물음 속에서만 제기될 수 있다고 주장한다. 즉 특수한 개인의 행위가 올바른 방식으로 표현될 수 있는 보편적 관계가 존재하지 않는 한, 개인의 올바른 행위를 상정할 수 없다는 것이다. 이는 도덕적 행동은 하나의 사회적 현상이며, "순수하게 독자적으로 존재하는 개인"이란 "공허한 추상"(PM 35)에 불과하다는 관점의 표현이다.

아도르노는 오늘날 도덕철학이 다뤄야 할 물음은 올바른 행위, 올바른 삶에 대한 문제들이 현재 세계에서 차지하는 역사적 위치, 역사적 짜임관계에 관한 설명을 제시하는 것이라고 본다(PM 148). 이런 점에서 그는 (베버식 표현으로) "책임윤리(Verantwortungsethik)"에 해당하는 헤겔 철학의 진리 요소를 수용한다.

헤겔은 주관적 이성(주체의 선험적 사유형식)과 객관적 이성(자연과 사회에 깃든 합리성) 사이의 이분법을 전제하는 반성철학의 대표주자로 칸트를 거론하면서 그의 형식주의를 비판한다. "내용을 위해서가 아니라 오로지 그 자체로서 의지되어야 할 의무, 즉 형식적 동일성은 그야말로 모든 내용과 규정을 제거해 버린 것이다"(Hegel 1821, 253, §135 Zus.). 주관과 객관, 이성과 감성, 당위와 현실의 분리를 전제한다면, 주관적인(형식적인) 선은 자기주장에 지나지 않을 경우 악으로 전환될 수도 있다는 반론이 제기된다. 자의적인 의무감이 객관적인 선과 불일치할 가능성이 존재하기 때문이다. 따라서 헤겔은 도덕과 악은 모두 주관적 확신으로부터 근거한다는 공통의 뿌리를 갖는다고 지적한다(Hegel 1821, 261, §139).[2] 그렇다면 헤겔에게서 도덕적 내용

2 이런 맥락에서 매킨타이어는 "헤겔은 단 하나뿐이고 영원한 도덕적 문제는 존재하지 않는다는 사실을 이해한 최초의 작가였다"고 지적한다. 알래스데어 매킨타이어, 『윤리의 역사, 도덕의 이론』, 김민철 역, 철학과현실사, 2004, 341쪽.

을 갖는 행위는 어떻게 가능한가? 헤겔이 인륜성(Sittlichkeit)이라는 개념으로 표현한 바와 같이, 하나의 사회에는 이미 특정한 도덕적 내용이 실체화되어 있다. 이러한 도덕의 실체성, 올바른 삶의 가능성은 사회적 형태로 이미 각각의 공동체에 주어져 있다.

그러나 아도르노가 보기에, 문제는 이렇게 주어진 도덕적 실체성의 보편적 내용이 각 개별자들의 구체적이고 실질적인 삶과 일치하지 않는다는 것이다. 도덕철학의 문제는 이렇게 주어져 있는 도덕규범이 하나의 공동체의 생활과정 속에서 더 이상 그 실체적 내용대로 구현되지 않는 상황에서 발생한다. 이론적 분과로서 도덕(Moral)은 관습적 도덕(Sitte), 현존하는 인륜성이 그 직접적 타당성을 상실한 순간에 발생한다. 예컨대 플라톤이 살던 아테네 공동체(폴리스)의 붕괴는 당대의 그리스 철학에서 도덕적 물음이 철학적 관심 전반을 장악하고 있었다는 사실을 설명해 주는 열쇠가 된다(PM 30-31).

아도르노가 보기에 헤겔의 문제는 특정한 사회의 주어진 도덕적 관습과 개별자의 구체적 삶이라는 두 모순적 요소의 직접적 일치 가능성을 상정한 데에서 비롯한다. 양자를 직접적으로 일치시키는 관점은 억압적인 결론으로 빠질 수 있다는 것이다. 헤겔은 보편적 규범과 개별자의 행위가 드러내는 간극을 이론화하지 못했다는 점에서 엄밀한 의미의 '도덕'에 관한 논의를 이끌어내지 못한다는 문제를 안고 있다.

헤겔이 인륜성 개념에서 막연하게 가정하는 것과 달리, 규범적으로 옳은, 정의로운 사회에 관한 관념으로부터 직접적으로 나의 행위가 도출되는 것은 아니다. 즉 전체에 관한 관념은 지금 여기에서 벌어지는 매 순간 나의 구체적 행위를 곧바로 정당화해 주지 못한다. 전체와 개별, 보편과 특수 사이의 적대를 생략해 버리는 이론과 그 토대 위에 성립되는 실천은 야만과 타율성으로 후퇴할 위험이 존재한다. 예컨대 파시즘과 같은 전체주의 지배는 보편성의 외관을 가장한 '민족 도덕'에 개별자들의 삶을 구속시키는 것에서 비롯한다(PM 33). 양자의 직접적 동일시는 개별자의 주관적 행위와 체계화된 사회적 규범의 객관성·보편성 사이를 강제적으로 통일함으로써, 양자의 긴장관계에 관해 제기되어야 할 물음을 추상해 버린다. 반면 도덕철학은 바로 이러한 전체·개별, 보편·특수 사이의 이율배반을 표현해야 한다.

역설적으로 칸트 도덕철학의 진리 요소는 다시금 이러한 맥락에서 드러난다. 칸트는 주관적 내면성의 원칙으로 후퇴하면서 도덕의 구체적 조건에 관한 물음을 제기하지 않았으나, 오히려 이를 통해 거꾸로 사회적 실재와 개별 주체 사이의 긴장관계를 표현할 수 있었다. 반면 헤겔은 도덕의 물음을 객관 정신 속에서 해소하고자 시도하지만, 제도적·객관적 규범의 원리와 개인 행위의 원칙을 일치시키려는 시도 속에서는 양자 사이의 이율배반이 보편의 이름으로 해소되어 버린다. 즉 개인은 현존하는 인륜적 제도에 순응해야 하는 존재로 전락한다.

이러한 맥락에서 아도르노는 (칸트가 구현하는) 신념윤리와 (헤겔이 구현하는) 책임윤리 사이의 딜레마야말로 오늘날 도덕철학의 진정한 문제라고 진단한다(PM 247). 도덕적 행위를 가능케 해 줄 자유는 사회적 관계 속에서 객관적으로 생성되어야 하며, 따라서 도덕적 행위의 가능성은 개별자가 살아가고 있는 보편적 관계에 의존할 수밖에 없다. 그러나 사회적 관계가 보편적 기능연관체계 속에서 개별자의 자유를 보장하지 못하는 상황 속에서, 개인은 어떠한 행위를 해 나갈 수 있는가? 그러한 상황에서 도덕은 어떻게 가능한가? 이러한 질문은 칸트의 진리 내용을 통해 헤겔의 단점을 극복하고 헤겔의 진리 내용을 통해 칸트의 단점을 극복하는 교차적 논의 속에서 답변될 수 있을 것이다.

4. 칸트와 니체 사이: '도덕의 비판'과 '도덕적 비판'의 관계 물음

칸트 철학은 도덕법칙을 의무이자 명령으로 이해하면서 인간의 자연적 욕구와 성향, 충동을 도덕적 행위와 양립 불가능한 것으로 고찰한다. 이러한 생각에는 욕구와 충동을 적대시하는 금욕주의적 요소가 스며들어 있다. 청교도적 노동윤리 전통을 수용하고 있는 칸트에게서 자유란 욕망을 억제하는 것에서 비롯한다. "칸트에게 자유는 대상을 스스로 생산하는 순수 실천이성과 같은 것이다. … 여기에 함축된 의지의 절대적 자율성은 내적 자연에 대한 절대적 지배와 같은 것이다"(Adorno 1966, 253).

아도르노의 이러한 언급에는 칸트의 의무론에 대한 니체, 프로이트적 비판이 공명하고 있다. 특히 아도르노는 니체에 의해 도입된 '금욕주의적 이상'으로서의 서구 도덕철학 비판, 그리고 도덕이 곧 억압을 의미한다는 이중논리의 폭로를 수용한다. 그러나 아도르노는 니체 철학이 함축하는 지배와 힘의 관계에 대한 긍정적 표상을 따르지 않는다. 다시 말해, 아도르노는 도덕과 억압의 결합에 관한 니체의 '진단'에 동감하지만, 이를 곧바로 긍정하고자 하는 것은 아니다.

니체는 『선악의 저편』에서 "모든 도덕에서 본질적이고 귀중한 것은 그것이 오랫동안에 걸친 강제라는 것이다"(니체 2002, 140)라고 말함으로써 도덕의 이중적 논리를 간파해 낸다. 그가 보기에 양심의 가책이란 적에 대한 공격성을 나로 향하게 하는 것, 곧 공동체의 유지라는 공리주의적 목적을 위해(모든 도덕은 공리주의적이다) 폭력적 성향을 나로 향하도록 만드는 것에 불과하다. 그것은 노예의 순응 전략이다. 따라서 양심은 자기부정이자 자기학대를 의미한다. 니체가 『도덕의 계보』에서 밝히고 있듯이, 양심과 도덕이란 "인간의 인간에 대한, 자기 자신에 대한 고통이라는 병"(니체 2002, 432)인 것이다.

이처럼 니체는 도덕과 금욕주의적 이상의 '억압적' 성격을 분명히 드러낸다. 니체에게 도덕의 귀결은 자기부정, 가책, 약자에 대한 연민에 의한 인간 자체의 퇴화를 뜻했다. '이웃사랑' 도덕의 귀결인 평등의 요구는 인간을 군집 동물로 왜소화, 격하시키는 것을 의미하며, 민주주의, 무정부주의, 사회주의는 기독교의 후예들로서 인간성의 후퇴에 기여한다. 이들은 퇴화된 인간성을 '미래의 인간'이라는 이상으로 고양시킨다. 그 귀결은 개인의 욕망이 제거된 '무리 동물'로서의 인간이다.

이에 대항하여 니체는 주인도덕, 고귀한 자의 도덕을 옹호한다. 고귀한 자란 스스로 가치를 만들어 내는 사람, 자신을 긍정하는 자를 말한다. 이에 반해 노예란 스스로 창조하지 못하고, 고귀한 자들이 만들어 낸 가치를 '악'으로 규정하는 자들, 타인과 자신을 부정하는 자를 말한다. 니체에게 노예도덕은 따라서 허무주의를 의미했다. 그것은 복수, 원한, 자기부정(자책)의 가치들을 선으로 고양시킨다. 따라서 도덕은 노예도덕이 제도화된 것에 불과하며 주인도덕에 대해 노예들이 행사하는 원한 감정의 표현일 뿐이다.

이러한 주인도덕/노예도덕의 개념 구분과 가치평가에 이르러 니체의 도덕비판은 그 보수적 측면을 드러낸다는 것이 아도르노의 지적이다. 니체는 주인도덕이 노예도덕에 의해 역사적으로 패배했다고 주장하지만, 아도르노가 보기에 실은 노예도덕의 발생이야말로 주인도덕이 승리를 거두었음을 보여 주는 사례를 의미했다. 니체는 이데올로기로 변질된 부르주아 도덕을 비판하지만, 이를 '추상적으로' 거부하면서 여기에 긍정도덕을 대립시킨다. 그러나 니체가 내세우는 긍정도덕은 그가 비난하는 도덕의 단순한 부정적 '거울 이미지'에 불과하다. 아도르노가 보기에 니체의 긍정도덕이 불가능한 이유는 그것이 칸트 도덕철학과 마찬가지로 사회의 구체적 상태로부터 도출된 것이 아니며, 따라서 추상적이고 또한 시대착오적이라는 데에 있었다. 예컨대 아도르노는 『차라투스트라는 이렇게 말했다』에 등장하는 '새로운 서판'[3]을 유겐트스틸(Jugendstil)과 같은 고루하고 유치한 방식의 표현이라고 부르면서, 니체가 강조하는 새로운 긍정도덕의 내용들이 실상은 "시민사회에서는 결코 실현될 수 없는 봉건적

3 "지금까지 모든 지식은 양심의 가책과 더불어 자라났다! 그러므로 부숴라, 부숴 버려라. 그대 인식하는 자들이여, 낡은 서판들을!"(프리드리히 니체, 『차라투스트라는 이렇게 말했다』, 홍성광 역, 펭귄클래식 코리아, 2009, 316쪽).

규범들"(PM 257)이라고 비판한다.

아도르노가 니체에게 가하는 비판의 핵심은 니체가 비난하는 노예도덕이 사실은 "지배에 의해 피억압자들에게 강요된 주인도덕"(PM 258)이라는 지적에 있다. 니체는 이러한 구조화된 사회적 폭력의 조건에 대해 묻지 않기 때문에 그의 노예도덕 비판은 추상적일 뿐 아니라 니체 자신의 의도를 넘어 정반대의 효과를 낸다. 그는 도덕이 곧 폭력적 강제이자 억압이라는 점을 지적하지만, 주인도덕이 '도덕적 폭력'이 될 수 있는 가능성에 대해서는 침묵한다. 예컨대 니체는 그가 행하는 연민(Mitleid)에 대한 조소가 동시에 약자에 대한 '혐오'로 기능할 수 있는 가능성에 관한 인식을 거부한다. 아도르노는 불의와 폭력, 착취가 지배하는 사회에서 연민이란 약자에 대한 우월감을 의미할 뿐이라는 점에서 니체의 연민도덕 비판이 갖는 의미를 인정하지만, 니체와 달리 연민과 겸손은 노예 반란에 의해 만들어진 것이 아니라, 거꾸로 노예에게 강요된 주인의 도덕이라는 점을 지적한다. 노예도덕의 귀결인 금욕주의와 자기부정은 노예 자신이 아니라 지배자에게 봉사하는 도덕의 원칙이다. 니체의 말대로 현대인이 "잘 길들여진 가축"이라면, 그렇게 노예를 순응하도록 만든 지배자들을 고발해야 한다. 니체는 그렇게 하지 않으면서, 노예들의 모든 저항이 갖는 평등주의적 이상(민주주의, 무정부주의, 사회주의)을 노예도덕의 이름으로 비난할 뿐이다.

니체는 이렇게 외부로부터 도덕을 거부하며, 선과 악의 물음을 초월하고자 한다. 반면 아도르노는 도덕의 내적 자기지양이라는 기획 속에서 도덕을 자기반성적으로, 비판적으로 고찰하고자 한다.

이 양자의 차이를 크리스토프 멘케는 (근대적 평등주의 규범과 관련하여) 도덕의 "추상적" 부정과 "비판적" 부정으로 구분한다. 전자가 니체의 비도덕주의를 나타낸다면, 후자는 아도르노에 의한 도덕의 자기반성 기획을 지칭한다(Menke 2004, 98). 니체의 도덕비판은 물론 도덕의 이데올로기적 성격에 관한 비판이라는 진리 계기를 갖지만, 그렇다고 해서 부정의와 고통에 대한 항의가 지니는, 도덕적 영감에서 비롯하는 인간적 존엄성의 의의가 부정되는 것은 아니다. 니체의 도덕 비판을 부분적으로 수용하면서도 칸트 도덕철학의 합리적 핵심을 이어받으려는 아도르노에게서 "도덕철학 전통의 정당한 유산"(Schweppenhäuser 1993, 121)이란 도덕철학적 계기로부터 기원을 두는 '사회비판'이라는 기획을 의미하는 것이었다. 즉 도덕은 추상적으로 부정되는 것이 아니라, 규정적 부정을 통해 그로부터 사회적 구조에 의해 가해지는 폭력과 억압에 대한 비판의 잠재성을 끌어낼 수 있는 모티브로서의 역할을 부여받아야 한다. 이제 우리는 아도르노 자신의 도덕철학적 입장들이 어떻게 지금까지 살펴본 도덕 자체에 대한 (내재적) 비판을 토대로 도출되는지 살펴보기로 한다.

5. 아도르노: 부정주의적 도덕철학의 전개

1) 도덕의 부정적 보편주의

아도르노가 '최소한의 도덕'이란 의미를 제목에 담은 자신의 저서 『미니마 모랄리아(Minima Moralia)』의 부제를 "상처받은 삶으로부터의 성찰"이라고 정한 사실은 도덕적 물음을 다루는 그의 태도를 드러내

준다. 철학적 의식이 도덕을 다룰 때, 그것은 비판적·부정적으로 개별자의 상처받은 삶과 직면해야 한다. 실제로 이 책은 다양한 일상적·미시적 생활 형식들을 스케치하는 가운데 이로부터 철학적·윤리적·정치적 귀결들을 도출해 낸다. 일상적인 삶 속에서의 상처와 고통의 흔적은 왜곡된 보편적 질서가 남기는 자국으로 묘사된다. 고통은 물론 자신만의 것이다. 다른 누구도 고통을 대신해서 느낄 수 없으며, 내가 느끼는 고통을 정확하게 이해하기란 불가능하다. 따라서 개별자의 상처받은 삶은 타인과의 소통이 불가능한 하나의 모나드로 이해되지만, 그것은 보편적 관계들의 총체적 연관 속에서 현상한다는 의미에서 단순히 고립된 소우주로 부를 수 없다.

이로부터 개별자의 상처와 고통에 대한 아도르노의 관점 속에 담겨 있는 "부정적 윤리적 보편주의"(Rentsch 2000, 15)를 추론해 볼 수 있다. 인간적 고통은 한 개인의 주관적 체험에 의한 것일 수도 있지만, 때로 그러한 고통의 경험에는 보편적 관계의 흔적이 자국을 남겨 놓기도 한다. 아도르노는 후자로서의 고통, 즉 특정한 사회적·역사적인 상황 속에서 개인이 겪는 내면의 상처와 그것의 신체적 표현에 주목하며, 이를 토대로 개인의 고통으로부터 출발하여 그 안에 표현되는 보편적 관계의 흔적을 읽어 내고자 한다. 이렇듯 개별자에게 상처의 경험과 고통을 야기하는 '보편적 관계의 폭력성'을 인식한다면, 그 귀결은 이 폭력적 보편을 극복할 수 있는 다른 방식의 보편성의 원리를 어떻게 발견할 수 있는가 하는 물음으로 이어진다. 여기서 과제는 이러한 노력 속에서 다시금 도덕의 원리, 곧 "올바른 삶에 관한 학설"(Adorno 1951, 13)을 찾아내는 것이다.

여기서 드러나듯, 아도르노에게서 도덕의 물음은 개별자의 삶의 형식을 다루지만, 동시에 그 속에 담겨 있는 보편적 관계의 폭력성의 흔적을 읽어 내며, 이 폭력성의 형상을 넘어서는 다른 방식의 보편적 관계를 지향하는 실천의 방향을 택한다. 따라서 도덕은 단순한 개인의 행위의 물음이 아니라 보편적 관계에 관한 물음으로 이어지는 계기를 제공한다. 그렇다고 해서 도덕에 관한 물음이 보편적 관계에 관한 것으로 환원되어서도 곤란하다. 도덕의 출발점은 개별자가 삶 속에서 어떤 행위를 할 수 있는가에서 출발한다(이런 점에서 아도르노는 도덕론에 관한 칸트와 헤겔의 대립을 넘어서고자 한다).

여기서 개별적 행위에서 출발하는 도덕의 물음이 보편적 성격을 얻게 되는 것은 타인이 느끼는 고통의 표현으로부터 비롯하는 연대의 감정 속에서다. "충동, 벌거벗은 신체적 공포 그리고, 브레히트의 표현대로, 고통받는 신체와의 연대의 감정"은 "도덕적 행위에 내재해 있는 것"(Adorno 1966, 201)이다. 아도르노의 이러한 출발점은 감정과 충동을 도덕법칙의 도출 과정에서 철저히 배제해야 한다고 주장한 칸트의 도덕철학과도 구분되지만, 동시에 니체의 연민윤리(Mitleidsethik) 비판이 갖는 일면성을 지적하는 것이기도 하다.

니체와 마찬가지로 아도르노는 연민윤리를 비판한다. 연민의 태도는 고통받는 타자의 처지를 딱하게 여기면서 고통받지 않는 자신의 상황에 안도하는 방식의 위계적 질서에서 기인하는 자세라고 보며, 이런 의미에서 연민으로부터는 연대의 자세가 도출될 수 없다고 본다. 그러나 이러한 비판은 연민의 태도가 암묵적으로 갖게 되는 우월감에 대한 공격이지, 고통받는 타자와의 연대 자체가 무의미하다거나 불가능하다는 결론으로 이어지지 않는다. 아도르노는 니체와 달리 '힘에의 의지'가 아니라 '타자와의 연대'에서 출발하는 도덕적 행위의 가치를 포기하지 않는다. 따라서 그는 연민(Mitleid)의 태도를 비판함과 동시에, 정치적 연대의 실현이라는 목적을 위해서 공감(Mit-Leiden)의 이상을 수용한다. 즉 함께(mit) 고통받는(leiden) 자세, 타자의 고통을 함께 나누려는 태도는 도덕의 가장 본질적 요소를 형성한다. 고통을 계기로 한 연대라는 관념은 니체에게는 노예들의 평등주의적 이상에 불과할 것이다. 바로 이런 점에서 아도르노는 니체가 갖는 엘리트주의적 한계를 비판하고 넘어선다. 다시 말해, '고통과 연대'라는 테마는 아도르노 철학이 갖는 반(反)니체주의적 요소를 드러낸다.[4]

이러한 아도르노의 관점은 그가 칸트의 도덕법칙과 양심, 정언명법 등의 개념을 구원하고자 시도하는 과정에서 보다 명확히 드러난다. 물론 칸트의 양심 개념은 (정신분석학적으로 말하자면) 초자아가 내면화된 것에 불과하며, 따라서 칸트의 생각과 달리 자유로운 주체가

---

4 참고로 양자의 이러한 근본적 관점 차이로부터 우리는 들뢰즈와 아도르노와 사이의 차이를 추론해 보는 것도 가능할 것이다. 흔히 들뢰즈의 차이의 철학과 아도르노의 비동일자의 변증법 사이의 유사성에 주목하지만, 변증법과 부정 사유 일반은 허무주의이자 복수, 원한, 자책의 사유로, 현존을 유죄시하는 패배주의로 규정하는 들뢰즈와 사유의 부정성을 경유해야만 비판이 가능하다고 보는 아도르노 사이에는 해소 불가능한 차이가 자리 잡고 있다. 아도르노는 언제나 '향유의 기쁨'이 아니라 '현존의 고통'에서 출발한다. 나아가 아도르노에게서 비동일자의 고유한 경험은 보편적 관계에 의해 매개되어 있으며 따라서 연대를 낳는 요소이지만, 들뢰즈에게서 차이는 직접적으로 주어져 있는 것으로서 그 자체로 긍정적인 것이며 모든 매개를 거부한다(들뢰즈의 니체주의에 대해서는 질 들뢰즈, 『니체와 철학』, 이경신 역, 민음사, 2005 참조).

스스로에게 부과한 의무가 아니라 사회적 규범이 타율적으로 내면화된 억압적 기제로 이해될 수 있다. 아도르노는 이와 같은 칸트의 의무감 이론을 그대로 수용하지 않고 변형을 가한다. 이제 의무감과 양심이라는 범주는 역설적으로 (칸트의 이론이 정면으로 부정한) '충동'의 도덕적 잠재력을 긍정하는 방향 설정 속에 논의된다. 이에 따르면 '양심'은 사회적으로 강요된 부자유에 대한 주관적 저항의 심급을 나타내며, 이와 더불어 자유의 잠재력의 담지자가 된다. 이를 통해 아도르노는 (충동의 제거를 전제하는) '억압적' 양심 개념을 넘어서, 충동을 통한 양심 개념의 구원 가능성을 타진한다. "양심의 비판은 양심의 잠재력의 구원을 겨냥한다. 그러나 이는 심리학적인 영역이 아니라 자유로운 인간들의 화해된 삶의 객관성 속에서 가능하다"(Adorno 1966, 271).

이러한 양심의 잠재력이란 그것이 사회적 부자유와 억압으로 인해 발생하는 고통에 대해 개별자들이 갖게 되는 윤리적 충동에서 나타난다. 바로 이러한 '윤리적 충동'의 요소를 사회비판의 정당한 이론적 요소로 끌어들이기 위해 아도르노는 칸트의 정언명법을 수용하는 시도를 감행한다. "히틀러는 인간에게 그들의 부자유의 상태 속에서 하나의 새로운 정언명법을 강요했다. 너희의 사유와 행위를 아우슈비츠가 반복되지 않도록, 어떠한 유사한 일도 발생하지 않도록 수립하라는 것이 그것이다"(Adorno 1966, 358).

여기서 언급된 '새로운 정언명법'은 칸트의 정언명법과 유사성과 차이성을 모두 가지고 있다. 칸트와 아도르노는 모두 정언명법의 형식적 절대성과 보편성을 통해, 어떤 행위가 도덕적으로 옳다는 주관적 신념이 행위의 근거를 산출한다는 점을 주장한다. 그러나 아도르노에게 이 행위의 근거를 산출하는 것은 주관적 준칙과 객관적 법칙의 일치라는 정언명법의 '형식'이 아니라, 그것의 역사적 배경과 맥락(나치즘의 집권과 아우슈비츠의 대량학살) 등 '내용'적 요소다. 칸트가 이러한 행위의 배경과 맥락을 정언명법의 형식적 절대성을 위해서 배제해야 할 것으로 보았다면, 아도르노는 과연 이러한 역사적 맥락이 추상된 채 어떻게 어떤 행위가 갖는 규범적 절대적 필연성이 도출될 수 있는가 반문한다. 이러한 이유에서 이 정언명법은 윤리적 보편주의와 특수주의가 혼합된 형태를 보여 준다. 그것이 '명령'이라는 점에서, 만인에게 어떤 상황이든 무관하게 적용된다는 점에서 이 명령은 절대성과 보편타당성을 갖는다. 그러나 이 명령은 개별자들의 구체적 역사적 경험으로부터 귀결된 것이다. 즉 그것은 특정한 역사적 맥락 속에서 획득된 특수한 형태의 규범성에서 출발한다(Schweppenhäuser 1995, 251). 아도르노에게서 새로운 정언명법이 갖는 보편타당성은 그것의 형식성이 아니라 바로 이러한 특수한 역사적 경험에서 비롯하는 것이다. 도덕의 보편성은 곧 그것의 특수한 경험적 맥락, 그중에서도 고통의 경험에 의존한다.

여기서 드러나듯, 아도르노에게서는 칸트와 달리 (주관적 준칙과 객관적 법칙의 일치라는) 담론적 절차로 환원될 수 없는 육체적 고통과 충동이 도덕적 명령을 산출한다. 담론적 정당화 절차에 앞서는, 말로 표현되지 않는 고통의 경험을 표현하려는 충동은 그 자체 비합리적 요소로 제거되어야 할 것이 아니다. 그것은 오히려 '비도덕적' 상태에 대한 '도덕적' 물음의 근거를 형성한다. 도덕은 담론적 절차의 형식 원칙으로 환원되지 않는다. 타자의 고통, 그리고 윤리적 충동이라는 계기 역시 도덕의 영역에 포함되어야 한다. 이를 아도르노는 도덕의 유물론적 모티브로 부르면서, 담론적 형식으로 환원되는 도덕의 추상성이 이를 통해 극복되면서 도덕의 현재적 요소가 구원될 것으로 보았다. "오로지 꾸밈없는 유물론적 동기 속에서만 도덕은 살아남게 된다"(Adorno 1966, 358).

2) 부정주의적 규범이론

아도르노의 칸트 정언명법에 대한 재해석과 비판적 수용, 이를 통한 윤리적·도덕철학적 관점에서의 부정적 보편주의의 전개는 도덕적 당위 혹은 규범에 대한 칸트적 이해 방식과의 또 다른 차이를 드러낸다. 그것은 아도르노의 우상 금지 원칙(Bilderverbot), 곧 선험적이고 긍정적인 이상과 그 청사진을 제시해선 안 된다는 철학적 계율과 연관되는 것으로서, 아도르노는 자신의 도덕철학적 고찰에서도 이 우상 금지 원칙을 적용하고자 한다. 그런데 여기서 중요한 사실은, 이러한 우상 금지 원칙의 적용이 선험적 당위로서의 규범을 설정하지 말라는 '제약'을 나타내기만 하는 것이 아니라, 이를 통해 현실에 대한 도덕적·규범적 고찰이 현실 자체에 대한 비판의 방향을 취하도록 하는 도화선이 될 수 있다는 사실이다.

예를 들어 보자. 주지하다시피, 칸트는 역사의 자연목적이 실현되어 인간성이 자신의 잠재력을 완전히 발전시킨 상태를 곧 인간이 자기 자신의 목적이 되는 사회, '목적의 왕국'으로 불렀다. 그런데 여기서 '인간이 자신의 목적'이 된다는 것은 무엇을 의미하는가? 도대체 여기서 전제되는 '인간의 실현'이란 무엇이며, 그 전제가 되는 인간의 본래적 규정이 무엇인가? 다시 말해, 인간적인 것은 무엇인가? 수많은 철학자들은 이러한 질문에 답하기 위해 무엇이 인간의 본래적 규정이며, 달성되어야 할 인간적 상태는 무엇인가에 관한 수많은 논의들을 남겼다. 그러나 아도르노가 보기에 이렇게 현실과 무관한 인간 자신의 '본래적' 상태를 기술하는 것, 그리고 그에 입각하여 달성되어야 할 추상적인 당위를 설정하는 것은 공허하며 무의미한 일이다. 그러한 당위는 구체적인 형태의 '인간'적인 현실을 변화시키는 역할을 수행하지 못하며, 오히려 바로 그 추상성으로 인해 또 다른 특수한 현실적인 억압을 정당화할 위험마저 노출한다.

이러한 이유에서 아도르노는 '인간적'인 사회를 실현해야 한다는 전통 철학적 목표를 '부정주의적'으로 전복한다. 무엇이 '인간적'인 상태인가에 관한 당위적인 규정은 결코 그 자체로 긍정적인 형태로 제시될 수 없다. 거꾸로 그것은 '인간적'인 현재의 상태에 직면하여, 이 부정적인 것(인간적이지 '않은' 상태)에 대한 규정을 통해 나타난다.

> "우리는 절대적 선이 무엇인지, 절대적 규범이 무엇인지, 다시 말해 무엇이 인간 혹은 인간적인 것 그리고 인간성인지에 관해 알지 못할지도 모릅니다. 그러나 무엇이 비인간적인 것인지에 대해서는 매우 잘 알고 있습니다. 나는 오늘날 도덕철학의 장소는 구속력 없고 추상적인 인간 존재의 위치설정보다는, 비인간성에 대한 구체적인 비난에서 추구되어야 한다고 말하고자 합니다"(PM 261).

이처럼 '인간적'인 상태에 관한 진술은 긍정적 명제로서가 아니라, '인간적' 상태에 대한 규정적 부정(bestimmte Negation)으로서만 가능하다. 아도르노는 이러한 방식으로 의미하는 바는 추상적 당위를 미래에 달성되어야 할 목적으로 설정하는 규범주의적 전통에 맞서면서도, 규범 그 자체를 기각하는 것이 아니라, 그것의 부정주의적 전복을 통해 '규범적이지 않은' 현실에 대한 비판의 잠재력을 끌어내고자 했다. 이러한 관점에서 드러나듯, 아도르노는 도덕철학적·윤리적 고찰로부터 출발하여 이를 현재의 사회적 상태를 고발하고 변화시키는 정치에 대한 성찰로 연결하고자 했던 것이다.

3) 윤리에서 정치로

앞서 보았듯 아도르노는 그가 추상적이라고 비판하는 칸트의 도덕철학을 칸트 본인의 시도와 구별되는 방식으로 다시 수용한다. 이렇듯 아도르노는 존재의 비도덕적 현실에 대항하는 방향 속에서 도덕적 당위의 파토스가 갖는 의미를 발견한다(Schweppenhäuser 1993, 62). 이러한 아도르노의 방향 설정은 윤리 혹은 도덕이 정치와 맺는 관계에 관한 물음으로 연결된다.

"윤리의 전제는 관리되는 세계에 대한 비판"(PM 261)이라는 언급에서 보듯 아도르노에게 도덕과 윤리의 학설은 개인이 살아가는 사회적 관계에 관한 성찰과 분리될 수 없는 성격을 지니고 있다. 허위적 세계 상태가 선 자체를 저해하는 상황 속에서는 관리되는 사회에 대한 비판은 아도르노에 있어 윤리 혹은 도덕철학 자체의 전제를 형성한다(Jaeggi 2005, 122-123). 올바른 삶에 관한 논의는 그것의 실현을 가로막는 허위적인 삶의 조건에 대한 비판 속에서 비로소 시작될 수 있다. 이러한 근거에서 '올바른 실천'에 관한 논의는 사회적 상태의 변화 가능성, 즉 올바른 정치의 출현 가능성과 밀접한 관련을 맺는다.

> "짧게 말해 오늘날 아마도 도덕이라고 일컬을 수 있는 것은 세계의 상태에 관한 물음으로 이행합니다. 말하자면 올바른 삶에 관한 물음은 올바른 정치에 관한 물음일 것입니다. 이는 물론 그러한 올바른 정치 자체가 오늘날 실현되어야 할 것의 영역 속에 놓여 있는 한에서입니다"(PM 262).

이러한 아도르노의 논의구조는 '윤리에서 정치로'라는 방향을 택한다. 이것은 '정치에서 윤리로'라는 방향에 대립하는 것이다. 전자가 개인의 올바른 실천의 가능성을 모색하는 가운데 사회적 상태의 변화가 그에 따라 요청된다는 사실을 의미한다면, 후자는 정치적 관계들과 관련된 논의들을 윤리적 규범에 관한 것으로, 즉 개인들 사이의 행위에 관한 논의로 환원, 축소하는 방향을 일컫는다.

오늘날 도덕(혹은 윤리)과 정치가 맺는 방향과 관련된 논쟁 속에서 이러한 아도르노의 관점은 매우 시사적이다. 이러한 관점은 도덕을 오로지 정치적 실천을 저해하는 이데올로기로 치부하는 정설인 마르크스주의적 경제환원론과 의식적으로 대립하면서, 인간의 행위는 도덕적 물음, 곧 규범적 척도와 관련된 물음으로부터 분리될 수 없다는 사실을 상기시킨다.[5] 인간은 단지 계급적 이해관계에서만 행위하는 존재가 아니다. 그러한 계급적 이해관계의 대립이 제기하는 규범적 훼손에 대한, 그리고 적대로 인해 발생되는 고통의 현실에 대한 윤리적 충동 속에서 인간은 비로소 정치적 주체가 된다.

동시에 이러한 관점은 도덕적 논의가 곧 정치를 대체할 수 있다거나 정치적 물음을 도덕으로 환원할 수 있다는 가상을 반박한다. 정치는 도덕과 구분되는 독자적인 심급으로서, 사회의 구조와 권력의 생성, 분배, 변화와 관련된 영역이다. 자유로운 행위의 가능성이 침식당하는 후기 자본주의의 사회적 조건 속에서 어떻게 도덕적 행위가 가능한가에 관한 물음은 사회적 구조의 변형에 관한 정치적 논의로 확장되어야 하는 것이지, 거꾸로 정치적 관계에 관한 논의들을 개인들 간의 일상적이고 미시적인 관계에서 제기되는 규범적 물음으로 환원할 수는 없는 것이다. 도덕과 윤리의 물음을 담론적 형식으로 환원하는, 아도르노 사후 프랑크푸르트 학파 후속 세대의 담론윤리(Diskursethik), 그리고 윤리의 물음을 언어명제들의 논리적 분석과정으로 해소하는 분석윤리학(analytical ethics)의 등장 이후, 정치의 물음을 개인들 간의 미시적 행위 모델로 축소시켜 그 규범적 가치를 분석하는 논의들이 응용윤리학(applied ethics, angewandte Ethik)이라는 타이틀 속에 확산되었다. '윤리에서 정치로'라는 아도르노의 방향은 이러한 논의에 정면으로 대립하는 지점을 형성한다.[6]

우리의 논의와 관련하여, '윤리에서 정치로'라는 아도르노의 방향설정은 어떻게 구체적으로 표현될 수 있는가를 좀 더 알아보기로 하

5 '규범적이지 않은 비판'이 갖는 신화적 성격을 비판하면서 이 주제에서 아도르노의 관점을 제시한 논문으로는 Ritsert(2009) 참조.

6 정치를 '응용윤리학'으로 환원하려는 시도에 관한 비판은 Geuss(2011, 18) 참조.

자. 아도르노가 주로 비판한 후기 자본주의사회의 모순은 그것이 개인의 자유를 중시했던 초기 부르주아 사회의 연장선상에 있으면서도, 관료적 합리성과 총체적 시장 논리(교환 원칙)의 관철 속에서 '관리되는 세계'로 전화되면서 개인의 자유의 가능성이 부정된다는 역설에서 발견된다. 아도르노는 마르크스가 정치경제학 비판의 이론 기획에서 전개한 상품과 가치, 노동에 대한 통찰에 힘입어 이러한 후기 자본주의사회의 교환 원칙을 분석하며, 동시에 칸트의 도덕철학으로부터 이 교환 원칙을 비판하는 논의를 차용한다.

아도르노에 따르면 칸트에 의해 도입된 수단과 목적의 구별은 가치를 창조하는 '노동력'이라는 상품으로서의 주체, 그리고 교환될 수 없으며 그 자체로 목적인 인간 사이의 구별에 상응한다(Adorno 1966, 254). 도덕성의 특수한 조건으로서 인간의 자율성에 대한 칸트의 요청은 도덕성의 실현을 저해하는 사회적 상태, 즉 인간을 가치창출과 교환을 위한 수단으로 전락시키는 사회적 교환 원칙에 대한 비판의 역할을 맡는다. 이렇듯 칸트 도덕철학의 요소들은 아도르노에 의해 상품경제와 교환 원칙이라는 사회적 원리를 비판하는 근거로 급진화된다.

이러한 시도를 감행하는 과정에서 아도르노는 "목적으로서 인간(Menschheit als Zweck an sich selbst)"이라는 칸트의 개념이 갖는 비판적 잠재성을 활용한다. 칸트는 인간이 그 자체로 수단이 아닌 목적으로 대우받아야 한다는 사고를 "가격(Preis)"과 "존엄(Würde)"의 구분을 통해 개념화한다. "가격을 갖는 것, 그것의 자리에는 등가물로서 다른 어떤 것이 대체할 수 있다. 이에 반해 모든 가격을 넘어서는 것, 따라서 어떠한 등가물도 허락하지 않는 것은 존엄을 갖는다"(Kant 1785,

68). 칸트에게 이성적 존재자의 존엄은 시장가격(Marktpreis)으로 환원될 수 없는 행위의 목적을 의미했다. 따라서 인간은 가격이 붙는 상품으로 취급되어서는 안 된다는 통찰이 이러한 관점의 실천적 귀결이 된다. 그렇다면 모든 것이 상품화되어 인간마저도 상품교환의 논리 속에서 경제적 가치의 창출이라는 목적을 위한 수단으로 전락하고, 나아가 취업난 속에서 수단화되는 것조차 거부당한 인간은 '잉여인간'으로 전락하는 시대에, '목적으로서 인간의 존엄'에 관한 도덕철학적 성찰은 교환 원칙에 대항하는 정치적 실천의 필요를 요청한다.

6. 결론: 별은 어둠 속에서 빛난다

아도르노는 칸트가 집대성한 고전 도덕철학의 물음에 "규정적 부정의 원칙"을 도입(PM 260)하고자 하였다. 그리하여 그는 도덕이 갖는 억압적·자연 지배적 성격을 폭로하지만, 동시에 도덕을 추상적으로 거부하는 것이 아니라, 도덕의 계기를 사회비판을 위한 본질적 심급으로 사유하면서 그 잠재성을 끌어내어 급진화하고자 시도했다. 도덕철학이 갖는 형식주의적·추상적 한계를 넘어서기 위해서는 도덕적 실천이 구현되지 못하도록 제약하는 현실적 조건이 논의에 포함되어야 한다. 그러나 도덕철학은 또한 보편적 관계 속에서 도덕적 행위가 보장될 것이라는 낙관주의에 기대서도 곤란하다. 헤겔을 통해 칸트의 추상성을 비판하면서도 동시에 헤겔이 강조하는 주객동일성의 난점을 다시 칸트에 의거해 폭로하는 것, 또 니체를 통해 칸트의 이분법이 갖는 억압성을 비판하면서도 다시 니체의 비판이 갖는 일면성의 한계를 지적하며 칸트의 도덕철학을 급진적으로 재구성하는 것이 아도르노가 도덕철학을 사유하는 방식이었다.

이러한 논의는 궁극적으로는 아도르노가 "오늘날 도덕적 변증법의 무대"(PM 20)라고 부른 것, 즉 현실이 갖는 모순적 성격에 의해 도덕철학에 관한 논의 역시 이율배반성을 지닐 수밖에 없음을 드러낸다. 칸트와 헤겔의 대립, 칸트와 니체의 대립은 실은 단순한 철학사적 발전 과정에서 드러나는 이견의 표출이 아니라, 현대사회가 가지고 있는 본질적 이율배반의 표현이기도 하다. 오늘날 사회는 규범적으로 개인의 자율성을 강조하지만 동시에 개별성과 고유성이 침식당하는 구조적 조건을 만들어 내며, 이러한 사회 속에서 도덕은 개인의 행위를 규제하며 내면적 충동을 억누르는 억압적 장치이면서 동시에 현존하는 사회구조의 부조리를 대하는 개인이 취하는 규범적 충동이 표현되는 장소이기도 하다. 이 모순적 현실 속에서 도덕철학의 논의는 그 자체 모순을 피해갈 수 없다. 즉 오늘날 도덕철학은 일관된 체계성과 논리적 형식성의 형태로 무엇이 궁극적인 규범적 원리가 될 수 있는지를 긍정명제의 형태로 진술하는 것이 불가능하다. 도덕적 행위의 가능성은 이 모순된 현실에 대한 비판과 부정 속에서 비로소 생성된다.

이러한 사실은 서두에 제기된 아도르노의 관점, 즉 '어두운(쇼펜하우어적인) 밤'과 그 밤하늘에 떠 있는 '반짝이는 별' 사이의 대조를 상기시킨다. 어두운 밤하늘 속에서 비로소 별은 반짝이는 빛을 낼 수 있다. 어둠은 개별자를 압도하는 거대한 현실의 부정성이 갖는 위력이지만, 동시에 비판적 의식은 그 부정성 속에서 반짝이는 별을 찾는다. 일반화된 상품경제 속에서 개별자의 일상이 거대한 경제적 구조의 힘에 의해 지배당하는 후기 자본주의의 현실적 상황은 개별자의 정의로운 실천의 가능성을 부정하는 실질적 위력이다. 불안정한 삶과 잉여인간의 위기, 반복적 일상과 권태, 숨 막히는 경쟁과 공동체성의 붕괴라는 현실의 고통으로 가득 찬 밤하늘 속에서 이 고통의 보편적 근원에 맞서는 연대의 숨결 안에 비로소 반짝이는 별빛이 발견될 수 있을 것이다. 정의로운 실천의 가능성은 이 부정성을 직시하고 타자의 고통과 연대하는 노력들 속에 잠재되어 있는 것이다.

Adorno, Theodor W., *Minima Moralia*, Gesammelte Schriften Bd. 4, Frankfurt/M. 2003.

_________________, *Negative Dialektik*, Gesammelte Schriften Bd. 6, Frankfurt/M. 2003.

_________________, *Probleme der Moralphilosophie*, Nachgelassne Schriften IV.10, Frankfurt/M. 2010.

Horkheimer, Max & Adorno, Theodor W., *Rettung der Aufklärung. Diskussionen über eine geplante Schrift zur Dialektik*, Max Horkheimer Gesammelte Schriften Bd. 12, Frankfurt/M. 1985.

니체, 프리드리히, 『선악의 저편·도덕의 계보』, 김정현 역, 책세상, 2002.

_____________, 『차라투스트라는 이렇게 말했다』, 홍성광 역, 펭귄클래식 코리아, 2009.

들뢰즈, 질, 『니체와 철학』, 이경신 역, 민음사, 2005.

매킨타이어, 알래스데어, 『윤리의 역사, 도덕의 이론』, 김민철 역, 철학과현실사, 2004.

이종하, 「고통과 도덕 없는 사회를 위한 부정적 도덕철학 – 아도르노의 도덕에 관한 사회철학적 비판을 중심으로」, 『사회와 철학』 제20집, 사회와 철학 연구회, 2010.

정진범, 「현대적 조건 하에서 좋은 삶의 가능성에 대한 아도르노의 대답」, 『철학』 126호, 한국철학회, 2016.

정현철, 「현대 정치철학 지형에서 본 '자유'의 문제: 아도르노의 이성에 대한 poiesis적 규정의 관점을 중심으로」, 『가톨릭철학』 20호, 한국가톨릭철학회, 2013.

Geuss, Raymond, *Kritik der politischen Philosophie, Eine Streitschrift*, Hamburg 2011.

Hegel, G. W. F., *Jenaer Systementwürfe III*, Gesammelte Werke Bd. 8, hg. v. Rolf Peter Horstmann & Johann H. Trede, Hamburg 1975.

______________, *Grundlinien der Philosophie des Rechts*, Werke in zwanzig Bände, Bd. 7.

Frankfurt/M. 1986.

Jaeggi, Rahel, "Kein Einzelner vermag etwas dagegen", Adornos Minima Moralia als Kritik von Lebensformen, in: Honneth, Axel(Hg.): *Dialektik der Freiheit*, Frankfurter Adorno-Konferenz 2003, Frankfurt/M. 2005.

Kant, I., *Grundlegung zur Metaphysik der Sitten*, Werkausgabe Bd. VII. Frankfurt/M. 1974.

______, *Kritik der reinen Vernunft*, Werkausgabe Bd. III, VI, hg. v. Wilhelm Weischedel, Frankfurt/M. 1974.

______, *Kritik der praktischen Vernunft*, hg. v. Karl Vorländer, Hamburg 1990.

Menke, Christoph, *Spiegelungen der Gleichheit, Politische Philosophie nach Adorno und Derrida*, Frankfurt/M. 2004.

Rentsch, Thomas, *Negativität und praktische Vernunft*, Frankfurt/M. 2000.

Ritsert, Jürgen, Der Mythos der nicht-normativen Kritik, Oder: Wie misst man die herrschenden Verhältnisse an ihrem Begriff?, in: Müller Stefan(Hg.): *Probleme der Dialektik heute*, Wiesbaden 2009.

Schweppenhäuser, Gerhard, *Ethik nach Auschwitz, Adornos negative Moralphilosophie*, Hamburg 1993.

______________________, *Kritische Moralphilosophie als negativer Universalismus*, Zum Problem der Normativität bei Adorno, In: Ders.(Hg.): Soziologie im Spätkapitalismus, Zur Gesellschaftstheorie Theodor W. Adornos, Darmstadt 1995.

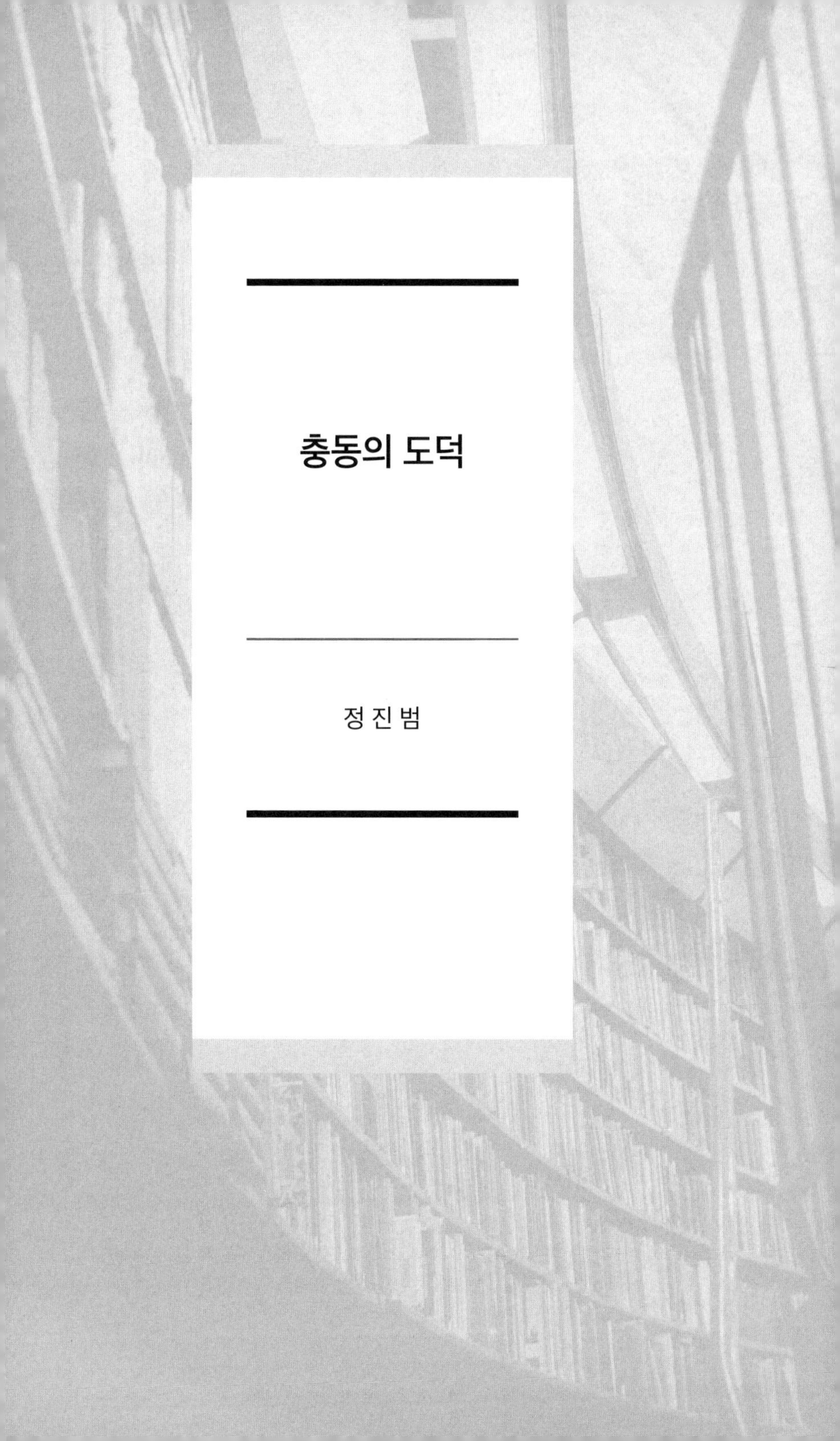

충동의 도덕

정 진 범

❖

이 글은 학술지 『사회와 철학』 36집 (2018년 10월)에 실린 「충동과 저항. 아도르노의 유물론적 도덕철학에 대한 연구」를 부분적으로 교정 및 개작한 글임.

1. 아도르노의 도덕철학

아도르노가 비판적 사회이론가나 미학자일 뿐만 아니라 또한 도덕철학을 전개한 철학자이기도 하다는 주장은 한동안 사람들에게 생소한 주장이었고, 어쩌면 지금도 의아하게 들릴 수 있는 주장이기도 하다. 우선 단순한 사실 차원에서만 보면 이 주장은 참이다. 아도르노의 도덕철학 강의록이 1996년 독일의 주어캄프 출판사에서 『도덕철학의 문제(Probleme der Moralphilosophie)』라는 제목으로 출간된 이후 이 책은 점차 널리 읽히게 되었고, 이 책이 영어로 번역된 2000년 이후로는 더욱 그렇다. 그리고 이 책이 나오기 몇 해 전인 1993년, 슈베펜호이저(Schweppenhäuser)는 아도르노 문서보관소에 아직 녹취록 형태로만 보존되어 있던 이 강의 내용을 바탕으로 『아우슈비츠 이후의 윤리학(Ethik nach Auschwitz)』(Wiesbaden: Springer)을 저술 및 출간하였다. 아직 당시로서는 세상에 잘 알려져 있지 않았던 아도르노의 도덕철학은 이 저작을 계기로 하여 사람들의 주목을 받게 되었다.

그렇지만 아도르노에게 도덕철학이 존재한다는 주장은 단순히 이와 같은 전기적·역사적 사실의 차원에서 모두 해명되는 것이 아니며 철학적 차원에서는 여전히 의문스러울 수 있다. 단지 그가 도덕철학에 대해 말했다는 사실로부터, 그가 도덕철학을 갖고 있다는 결론이 도출될 수 있을까? 이런 질문이 제기되는 이유는 변증법적 사회철학 전통에서 도덕철학이 갖는 지위 때문이다. 헤겔로 소급되고 마르크스도 빼 놓을 수 없으며 아도르노 자신이 속해 있는 이 전통에서는 칸트가 정초했던 것과 같은 순수 이성의 도덕철학, 엄격한 자율의 영역으로서의 도덕에 관한 철학이 부정된다. 헤겔은 칸트의 도덕철학을 '추상적 도덕성'이라고 비판적으로 명명하면서 이를 인륜성이라는 한층 더 높은 차원으로 지양하고자 하였으며, 마르크스적 유물론의 지반 위에 서서 호르크하이머는 칸트적 도덕철학을 부르주아 도덕철학으로 규정하면서 이를 해체하고자 하였다. 각각에 있어 구체적 양상은 다를지라도, 이 전통에서는 하나의 근본적인 확신이 서로 간에 공유되고 있다. 그것은 순수 도덕이란 없으며, 도덕적 문제는 사회적·정치적 수준으로 환원되어야 한다는 것이다.

아도르노는 어떨까? 그의 경우 문제는 좀 더 복잡하다. 우선 이 문제에 관해 연구자들 사이에는 통일된 견해가 없다. 어떤 연구자들은 아도르노에게 독립적 영역으로서의 도덕철학이 없음을 강조한다. 즉 아도르노에게는 정합적이고 완결적인 도덕이론이 없으며, 이는 그가 도덕을 역사와 사회에 종속된 변수로 보았기 때문이라는 것이다. 또 어떤 이들은 아도르노가 강조한 실천철학적 주제들[가령 '자기비판(MM)', '저항(PM)', '겸손함(PM)', '새로운 정언명법(ND)' 등]에 주목하면서, 이 주제들을 중심으로 아도르노가 생전에 시도한 적 없는 도덕 이론적 체계화를 시도함과 동시에 재구성함으로써 그에게 도덕철학이 있음을 보이고자 한다. 이와 같은 입장들 각각은 나름의 타당한 근거와 통찰에 기초한다. 한편으로 아도르노가 도덕을 명시적으로나 암묵적으로나 사회이론적 맥락 안에서 고찰해야 한다고 믿었던 것이 사실이며, 다른 한편으로 몇몇 실천적 덕과 도덕명령을 도덕의 이름으로 강조했던 것도 사실이기 때문이다.

그러나 우리는 이상과 같은 대립적 입장 중 딱히 어느 한쪽을 편들기보다는 아도르노의 도덕철학이 갖는 고유한 형상에 우선적으로 주목해 보고자 한다. 즉 아도르노는 칸트에 대한 애매한 관계 속에서 자신만의 고유한 도덕철학을 지극히 자신다운 방식으로 전개시키고 있다는 것이다. 여기서 칸트에 대한 관계가 애매하다는 말은, 아도르노가 칸트적 순수 (이성의) 도덕을 비판하지만, 이로써 칸트적 도덕을 일괄적으로 부정하면서 도덕 일반을 정치로 환원하려는 게 아니라, 칸트적 도덕이 도덕을 왜곡하고 있음을 보이고자 한다는 뜻이다. 이런 목적에서 아도르노는 칸트적 도덕의 내재적 비판을 시도함과 동시에, 자연, 감정, 사회와 역사 등과 같이 이성 도덕이 외면하는 주제들에 주목하며 이를 도덕철학 안으로 들여오고자 한다. 다시 말해 아도르노는 칸트적 자유의 부자유, 칸트적 도덕의 부도덕, 칸트적 실천의 탈실천화를 지적하고서, 철저히 유물론적 관점에서 자유, 도덕, 실천을 다시 한번 새롭게 사유하고자 하는 것이다.

역사상 가장 탁월한 도덕철학 중 하나이자 어쩌면 도덕철학 그 자체를 의미하는 칸트의 도덕철학을 뛰어넘고자 하기에, 아도르노의 이 기획은 매우 야심찬 것이 아닐 수 없으며 또한 지난한 숙고와 연구의 길을 요구하는 탐구 주제이기도 하다. 일거에 그 전체 모습을 파악하기란 당연히 불가능하다. 그래서 우리는 아도르노의 도덕철학적 기획의 한가운데 놓여 있는 개념 중 하나로서 특히 "충동

(Impuls)" 개념에 집중하고자 한다. 이 개념은 무척 복잡하고 애매하지만, 아도르노가 자신의 도덕철학에서 제시했던 여러 가지 실천적 덕들 모두와 관련된다는 점에서 매우 중요하다. 아도르노는 '잘못된 사회에 저항하기'를 도덕적 실천의 가장 중요한 과제로 상정했는데, 충동 개념은 반성 개념과 더불어 그런 저항적 실천의 가능성을 주체의 측면에서 해명할 때의 핵심 개념이기 때문이다.

2. 행위 이론적 개념으로서의 충동: 부가요인(das Hinzutretende)

1) 근대적 이원론 비판

아도르노는 자유를 이성의 능력으로 환원하는 칸트의 시도를 비판하는 맥락에서나, 맹목적이고 반지성주의적인 행동주의에 경도되어 있던 1960년대 당시 독일 사회 분위기를 비판하는 맥락에서나 자신의 고유한 실천 이해를 개진한 바 있다. 이 이해에 따르면 실천은 주체가 자신의 폐쇄성을 깨고 바깥으로 나와서 타자를 경험하는 행위로서, 일종의 비동일성의 경험에서 출발한다. 그런 실천을 가능케 하는 것은 반성(이론적 의식) 능력과 충동의 힘이다. 여기서 반성이 실천의 방향을 잡아 주는 인식 연관적 계기라면, 충동은 실천이 비로소 일어날 수 있게 해 주는 행위 연관적 요소이다. 이 두 요소는 데카르트로 소급되는 근대적 사유-물질 이원론 전통을 상기시킨다. 그러나 아도르노가 이 두 개념을 제시하는 것은 저 고전적인 개념쌍을 단순히 새로운 이름 아래 다시 불러들이려는 의도가 아니며 그 이상의 의미, 비판적 의미를 갖는다. 아도르노의 개념인 반성과 충동은 서로 간에 환원될 수 없는 대립관계 속에 존재한다는 점에서 근대적 이원론과 상응하는 면이 없지 않지만, 동시에 아도르노는 상호대립하는 두 항을 무매개적으로 나열하는 근대적 이원론을 극복하지 않고서는 행위적 실천이 설명될 수 없다고 보았기 때문이다.

흥미롭게도 아도르노는 셰익스피어의 비극 『햄릿』에 대한 철학적 해석을 통하여 자신의 행위 이론을 구체화한다. 잘 알려져 있듯이 이 작품에서는 주인공 햄릿 왕자가 억울하게 독살당한 일을 폭로하면서 복수를 호소해 오는 부친의 유령과 맞닥뜨리며 본격적인 사건 전개가 이루어진다. 햄릿은 한편으로는 자신의 부친을 죽이고서 모친과 결혼하며 왕좌에 오른 숙부 클로디우스에 대해 격분하지만 다른 한편으로는 유령의 말이 사실인지에 대한 완전한 확신이 없기에, 그와 같은 확신을 얻을 때까지 미친 척하며 지내기로 결심한다. 의심 많고 우유부단한 햄릿은 연극을 통하여 마침내 클로디우스가 자신의 부친을 살해한 것이 사실이라는 확신을 얻게 된다. 그러나 그의 복수 실행은 순탄치 않다. 그는 실행의 순간 망설이거나, 마침내 그가 칼을 뺐을 때는 엉뚱한 자가 죽는다. 클로디우스를 천국에 보내 줄 수는 없다는 이유로 방에서 홀로 기도 중이던 그를 찌르는 일을 망설이다 포기하고, 이후에 막상 햄릿이 클로디우스라고 확신하며 찌른 자는 연인 오필리아의 부친 폴로니우스였던 것이다.

아도르노에 따르면 이 작품에서는 근대적 주체가 겪는 인식과 행위 사이의 단절이 주제화되고 있다.[1] 이 관점에서 보면 주인공 햄릿

1 햄릿에 대한 아도르노의 언급은 DA(276-277)를 제외하면 PM(제11강), ND(315) 그리고 MTP

은 인식과 행위의 극단적 분열 속에서 고통받다가 무너지는 인물이다. 햄릿의 회의주의적 태도는 인식적 확실성의 획득이 자신을 행위로 나아가게 해 주리라는 믿음과 밀접한 관련이 있다.

> "배우들에게 아버님의 살해와 엇비슷한 연극을 삼촌 앞에서 시켜야지. 표정을 살피고 아픈 데를 찔러봐서, 만약에 움찔하면 내 할 일은 알고 있다. 내가 본 혼령은 악마인지도 모른다. 그리고 악마는 제 모습을 보기 좋게 위장할 힘이 있지. 맞아, 또, 내 허약함과 우울증을 빌미 삼아, 심기가 그럴 땐 악귀가 큰 힘을 쓰니까, 나를 속여 파멸시킬 수도 있어. 좀 더 설득력 있는 증거를 잡으리라. 연극이 왕의 양심을 사로잡을 바로 그런 수단이다."(2막 2장 600행)[2]

그는 현재로서는 유령의 말이 사실이라는 확신이 없어 망설이고 있을 뿐, 경험적 증거를 통해 그와 같은 확신에 도달하기만 하면 복수는 자연히 따라오게 될 것으로 기대했겠지만 그런 기대는 실현될 수 없다. 그 기대는 행위함의 본질에 대한 오해에서 나왔기 때문이다. 그의 진짜 문제는 그가 무엇을 해야 할지 모른다는 데에 있는 것이 아니라 무엇을 해야 하는지 아는 데도 하지 않는다는 것이다.[3] 복수하려는 햄릿에게 필요한 것은 인식적 확실성이 아니라 행위로 나아갈 힘, 곧 충동이다. 오직 충동을 통해서만 그를 가로막고 있는 인

등에서 일관되게 실천론적 맥락에서 이루어지고 있다.

2 윌리엄 셰익스피어, 『햄릿』, 최종철 역, 민음사, 2001, 88쪽.

3 Menke(2005), p.169.

식과 행위의 괴리가 순간적으로 극복될 수 있다. 이와 같은 괴리의 경험은 역사적인 경험으로서 근대적 주체에 고유한 것이다. 인간은 외부 세계로부터 자신을 독자적 존재로서 구별하여 인식할 수 있을 때 비로소 근대인이 되었지만, 그와 같은 분리는 또한 그를 주관적 반성 속에 가둬 놓는다. 그 속에서 인간은 "앎에서 실천으로 가는 직접적인 길이 더 이상 없으며, 그 이행은 제3의 요소, 바로 비합리성, 곧 이성으로 순수하게 환원될 수 없는 요소의 개입을 필요로 한다는 것"(PM 181)을 경험하게 된다. 그래서 충동에 대한 아도르노의 또 다른 표현이 "부가요인(das Hinzutretende)"(ND 313 이하)이다.

2) 이원론 극복을 위한 아도르노의 전략

여기서 실천의 가능성을 설명하기 위해 아도르노가 사용하는 전략은 실천의 두 구성 요소를 상호매개된 대립 속에서 설명하는 것이다. 이것은 두 요소 간의 종합이나 통일과는 다르다. 아도르노에 따르면 이원론은 종합이나 통일 등과 같이 직접적인 방식으로 극복될 수 없다. 즉 근대 이후로는 더 이상 인식과 행위의 직접적 동일성이 주장될 수 없다. 양자 간의 분리는 역사적 과정의 산물이며 불가역적이기 때문에 자의적으로 취소될 수 없기 때문이다. 그러나 반대로 근대적 이원론을 그대로 고수한다면 햄릿의 경우처럼 행위로 나아가는 일이 어떻게 가능할지 알 수 없게 된다. 아도르노는 "양극단 각각을 자기 상대방의 계기로 규정함으로써 경직화된 이분법적 구조가 와해된다"(ND 214)고 말한다. 그래서 아도르노는 첫째, 이원론을 수용하여 반성과 충동 혹은 인식과 행위를 일단은 대립관계 속에서 파악한다. 이 이원론은 나름대로 참인데, 실제로 반성의 진행은 충동의 발현을 방해하기 때문이다. 햄릿이 그저 고민에 고민을 거듭하느라 절호의 순간에조차 복수의 실행을 망설이는 데에서 알 수 있듯이, 반성하는 자는 무한히 진행하는 반성 안에 갇혀 행위로 나아갈 힘을 상실한다. 반대로 예상치 못한 순간 돌발하는 충동 속에서 행위 하다가 햄릿이 자신의 본래 목표를 그르치는 장면이 보여 주듯, 충동은 어쨌든 반성의 연쇄를 임의의 순간에 끊어 버림으로써만 실현될 수 있다. 둘째로 아도르노는 반성과 충동이 상호매개적이라고 파악한다. 비록 햄릿은 반성과 충동의 절대적 분리로 인해 실천에 실패하곤 하지만, 예기치 못한 비극적 결말 속에서나마 어쨌든 그의 복수가 마침내 실현되는 것은 오직 이러한 사실에 의해서만 가능하다. 반성과 충동이 상호매개적이라는 것은 다른 말로 하면 반성은 충동을 향한 잠재력을 갖고, 충동 또한 반성에 대한 개방성을 갖는다는 뜻과 같다. 양자는 질적으로 불연속적이지만 발생적으로 연속성을 갖기 때문에, 그 작용에 있어서도 서로에 대해 그렇게 절대적으로 이질적이지 않다. 즉 "모든 정신적인 것은 수정된 육체적 충동"(ND 285)이고, 역으로 충동 또한 맹목적인 내적 자연이거나 추상적으로 개념 규정된 텅 빈 욕구 능력이 아니라 "정신의 예비 형태"(ND 285)로서 "정신 내적이면서 동시에 육체적"(ND 316)이라는 이중적 성격을 갖는 까닭에 반성과 경험을 통해 변형 가능하다.

이런 상호수용성을 전제하더라도 행위의 실현과 관련해서 볼 때 충동에는 반성과 대조되는 규정들이 부여되는데, 이 규정들은 공통적으로 충동 고유의 이중적 성격을 보여 준다. 충동은 주어진 상황에 응답하는 주체 내부의 힘이면서도 주체의 자기의식과는 비동일적이라는 점, 즉 스스로 전적으로 통제할 수 없는 주체 자신의 힘이라는 것이다. 충동을 특징짓는 규정들로 특히 중요한 것들은 "자발성(Spontaneität)"(ND 317), "주어진 상황에 대해서 직접적으로 이루어지는 반응"(PM 21), "비자의적 순응(unwillkürliche Anpassung)"(LGF 294) 등이다. 우선 자발성이란 "행동에서 순수한 의식과는 다른 것" "갑자기 분출되어 나오는 것"(ND 317)이다. 이런 자발성 이해는 칸트가 이 개념을 지성주의적으로 변형하기 이전의 전통을 돌이켜 지시하는데, 고대에서부터 자발성 개념은 자기 내부의 힘으로부터, 즉 강압받지 않은 채로 이루어지는 유기체의 활동과 관계된 것으로 이야기되었기 때문이다. 요컨대 아도르노가 이해하는 충동은 주체 자신에 내재하는 힘이면서도 주체의 의식 및 의지에 종속되지 않는 힘이라는 의미에서 자발적이다. 아도르노는 도덕적 실천의 맥락에서 충동이 갖는 자발성을 "주어진 상황에 대해 직접적으로 이루어지는 반응"이라고 설명한다. 이 설명에 따르면 도덕적 주체는 주어진 상황에서 요구되는 바를 즉각 포착하여 반응하는데, 충동은 그와 같은 반응과 관련되는 주체 내부의 힘이라는 것이다. 여기서 알 수 있듯이 행위 주도적 충동은 비자의적인 힘이 단순히 외부를 향해 무차별적으로 발산되는 것이 아니라 일종의 상황적 '순응'으로 이해되는데, 그와 같은 규정은 본래 아도르노가 미메시스에 부여하는 특성이기도 하다. 즉 충동은 주체가 스스로를 타자(상황)에 내맡김을 뜻한다는 점에서 미메시스적 본질을 갖는다.

이상과 같이 충동을 의식이 산출하거나 조종할 수 없다는 사실은 공통적으로 충동의 비합리성을 지시한다. 그래서 아도르노도 "부가 요인에는 합리주의적 규칙에 비추어볼 때 비합리적인 측면이 포함된다"(ND 315)고 말한다. 그러나 이 말은 충동의 비합리성에 대한 전적인 수긍이 아니라 다만 부분적인 인정일 뿐이다. 충동이 비합리적이라는 것은 합리주의라는 관점하에서의 규정이고, 합리성은 정신에 대한 완전한 규정일 수 없기 때문이다. 아도르노에게 충동은 합리성의 타자이기는 해도 절대적 타자는 아니며 오히려 합리성의 원천이다. 위에서 지적했듯이 정신 자체도 충동의 파생물이다. 충동은 반합리적(anti-rational)이라기보다는 전합리적(vor-rational), 즉 합리성의 선행 조건으로서, 이 토대와의 관련성이 끊길 때 합리성은 비합리성으로 전도된다. 따라서 충동이 비합리적이라는 말은 정확히 말하면 충동이 발생적으로 합리성에 선행한다는 의미이자, 작용 방식의 측면에서는 합리성의 통제하에 완전히 종속되지 않는다는 의미이다. 반면 충동이 내용적으로 비합리적이라는 것은 현실적 경험 수준에서는 개연성이 높지만 원칙적 수준에서 볼 때에는 필연적이지 않다. 충동의 내용은 경험과 교육, 습관 등을 통해 변형될 수 있기 때문이다.

3. 규범적 개념으로서의 충동: 고통에 대한 직접적 반응

아도르노가 도덕철학에서 말하는 충동은 고통을 향해 직접적으로 반응하는 힘이다. 그러나 이것은 말처럼 간단한 게 아니다. 왜 그는 충동이 (다른 어떤 신체적 느낌을 향해서보다) 유독 고통을 향해 더 잘 촉발된다고 전제하고 있을까? 아도르노는 어떤 근거로 충동과 고통 사이의 긴밀한 연관성을 전제할 수 있는 것일까? 쉽게 말해, 도덕적 충동이 어떻게 발생한다는 것인지가 해명되어야 한다. 그런 것을 단순히 인간학적으로 전제하는 것은 불가능하기 때문이다. 그런데 이 물음에 답하기 위해 먼저 검토되어야 할 것은 충동이 반응하는 타인의 고통이란 무엇인가 하는 문제이다. 도덕적 충동은 모든 종류의 고통을 향해 반응하는 것일까, 아니면 그중 어떤 특정한 종류의 고통을 향해 반응하는 것일까? 내가 돌부리에 걸려 넘어지는 고통도, 게슈타포에게 끌려간 유대인이 겪는 고통도, 모두 다 같은 의미라고 말하는 것일까? 이 문제를 먼저 검토해야 도덕적 충동의 발생 문제가 해명될 수 있다.

1) 고통의 도덕적 의미

아도르노는 고통의 신체적 성격을 강조한다. "변증법 사상의 원동력인 모든 고통과 부정성은 다양하게 매개되어 있고 종종 알아볼 수 없게 된 육체적 요인의 형태다"(ND 286). "육체적 계기는 인식을 향해 고통이 없어야 하고 상황이 달라져야 한다고 말한다. 아픔은 '사라지라'는 말을 한다"(같은 곳). 아도르노 스스로는 고통의 신체성에 대한 자신의 이러한 강조를 도덕의 진정한 동기, 유물론적 동기라는 맥락에서 이해한다. 그런데 여기서 중요한 것은 고통의 신체성의 의미를 오해하지 않는 일이다. 아도르노는 흔히 생각하듯 고통을 신체적 고통(감각에 직접적으로 알려지는 고통)과 정신적 고통(의미로서 전달되는 고통)으로 나눈 뒤, 전자만이 진정한 고통이라거나 도덕의 중요한 문제라고 말하려는 것이 아니다. 이것이야말로 아도르노가 극복하고

자 하는 이원론의 틀 안에 갇혀 있는 관점일 것이다. 인간은 물리력을 동반하지 않은 채 무시하고 경멸하는 뜻을 담은 타인의 말과 몸짓만으로도 고통받을 수 있는 존재이다. 어쩔 때는 그런 고통이야말로 그 어떤 극심한 고통의 감각보다 더 사회이론이 진지하게 다루어야 하는 고통일 수 있다. 앞서 말했듯, 규범적 사회이론은 돌부리에 걸려 넘어지는 고통과 폭력적 지배로 인한 고통 사이의 차이에 대해서 말할 수 있어야 한다.

우리는 아도르노가 도덕적 경험과 행위와 관련하여 드는 고통의 예들이 보여 주는 공통적 성격에 주목해야 한다. 이 고통들은 빠짐없이 신체성을 매개하고 수반하고 있지만, 동시에 사회적이고 역사적인 배경을 갖는 고통들이다. 아도르노의 예들은 공통적으로, 잘못된 사회로 인해 고통당하는 자들과 관련된다. 자신을 추적해 오는 경찰을 피해 절박하게 보호를 간청해 오는 난민 앞에서 우리는 이런저런 결과를 계산하며 숙고할 것이 아니라 그저 '여기 난민이 있다, 그는 내가 돕지 않는다면 생존을 위협받을 것이다, 그는 숨겨져야 하고, 보호되어야 한다'는 생각만을 앞세워 행위해야 하며(PM 157), 누군가 고문받고 있다는 사실이 알려졌을 때 우리는 그저 '고문을 해서는 안 된다'고 판단하고 이를 실천해야 할 뿐이라고 아도르노는 말한다(ND 379; ND 286 참고). 아도르노가 생각하는 도덕적 경험과 행위의 원형을 가장 잘 구체화한 예시는 도덕철학 강의 초반에 등장하는 슐라브렌도르프(Schlabrendorff)의 경우이다. 아도르노는 1944년 7월 20일에 시행하기로 계획된 히틀러 암살 기도의 한 주역인 그에게 어떻게 그런 위험천만한 일을 엄두 낼 수 있었냐고 묻는다. 이에 대해

슐라브렌도르프는, 암살 시도가 실패할 경우 어떤 끔찍한 결과가 자신에게 닥칠지 분명히 예견하고 있었지만 그럼에도 불구하고 지속되는 나치의 만행을 더 이상 두고 볼 수 없어 암살 기도에 동참했다고 말한다. 이렇듯 아도르노가 생각하는 도덕 실천의 전형적인 예시들은 모두 사회적 불의가 구체적인 인간들에게 고통을 가하는 경우들에 집중해 있다. 또한 그런 고통에서 공통적으로 발견되는 것이 폭력(및 그로 인한 고통)의 신체 매개적 성격이다. 잘못된 사회는 억압받는 소수자들의 신체를 통해 그 잘못됨을 표시해 온다는 것이다. 여기서 드러나는 아도르노의 문제의식은 다음과 같다. 신체성은 오늘날 사회이론이 진지하게 다뤄야 할 고통의 구성적 차원이자, 이제껏 이성 도덕에 의해서는 제대로 다루어질 수 없었던 차원이라는 것이다.[4]

그런데 이처럼 고통이 결국 사회적 불의로부터 생겨난 것이 사실이라 할지라도, 왜 아도르노는 불의에 대한 인식과 반성을 강조하는 방향으로 나아가기보다는 고통의 신체성에 더 큰 우선적 의미를 부여했을까? 고통은 신체를 매개로 알려지기 때문에, 고통받는 자가 자의적으로 거부하거나 부인할 수도 없다는 점에서 일종의 강압적 성격을 갖는다. 고통은 '덮쳐 온다'. 고통은 현실에서 도피하여 기

4 이 사실은 역으로 말해 신체적 성격이 없는 고통은 진정한 고통이 아니라는 아도르노의 숨은 전제를 드러낸다. 정도와 양상이 다를 뿐, 고통이 있다면, 그것은 신체적 고통의 성격도 갖는다. 그러나 이러한 사실이 표면적으로 신체적 고통을 동반하지 않는 것처럼 보이는 유의 고통(가령 무시나 멸시, 차별 등으로 인한 고통)을 가짜 고통으로 배제하는 것을 뜻하지는 않는다. 특정인을 향한 무시나 멸시, 차별은 반드시 그의 신체를 직접 겨냥하여 이루어지는 것은 아닐지라도 그의 입장에서 볼 때 결국 몸으로 느껴지는 위협과 실질적 활동의 제약 등을 통해 실현된다는 점에서 신체성을 매개한다.

만적인 자족성 속에 안락하게 머무르고자 하는 정신으로 하여금 그럴 수 없도록 만들고, 현재의 잘못된 사회 상태를 인식하도록 촉구하며, 무엇이 잘못되었기에 이토록 고통스러운지 반성하도록 끊임없이 자극한다. 이런 의미에서 아도르노의 도덕철학에서 고통은 신체적이면서도, 동시에 순수 자연적 감각이 아니라 역사적·사회적으로 함께 규정되어 있다. 그렇기 때문에 고통은 우리에게 비판적 사유를 촉구하는 "원동력"(ND 286)이자, 무엇보다 도덕의 "기초가 아니라 계기"(ND 99)이다.

고통이 이렇듯 신체적이면서 동시에 역사적·사회적 의미를 갖는다고 할 때, 그것은 한 사회의 불의가 개인의 신체에 남기는 압흔이라고 볼 수 있다. 신체를 직접 향하거나 매개하여 가해지는 이 불의의 본질은 이 사회가 개인들의 자유를 억압하고 훼손하고 있다는 사실에 있다. 신체야말로 개인적 자유의 실질적 장소이기 때문이다. 이것은 단지 내 몸을 내 마음대로 할 수 있는 것이 진정한 자유라는 의미가 아니다. 나의 신체는 나의 욕구, 나의 의지, 나의 사유가 일어나는 장소이며, 이 사실은 관념론적 망상에서가 아니라면 한시도 부인될 수 없다. 그런 의미에서 개인의 신체는 그가 갖는 자유의 실질적 담지체이다. 그리고 부정의한 사회는 개인의 신체를 위협하고 훼손하는 등의 방식으로 그와 같은 자유의 권리를 뿌리에서부터 부패하게 만든다. 따라서 고통받는 타인을 돕고, 고통으로부터 해방시킨다는 것은 불의에 대한 저항적 실천과 필연적으로 관련되는 것이다. 이렇듯 아도르노가 강조하는 고통의 신체성은 잘못된 사회의 모순이 개인에게 그의 신체를 통해 알려진다는 규범적 사회이론의 전제에 기초해 있기에, 가령 고전적 공리주의에서 말하는 쾌락의 반대로서의 고통감, 불행감과는 다르다.

2) 도덕적 충동의 발생

그렇다면 고통을 향해 직접적으로 반응하는 힘인 충동을 이제 어떻게 이해할 수 있을까? 현재 우리에게 분명해진 사실은 아도르노가 말하는 고통도, 그것을 향해 작동하는 충동도 모두 순수 자연적 능력, 즉 자연스럽게 발현되는 인간 본연의 능력으로 가정할 수 없다는 사실이다. 타인의 고통을 향한 직접적 반응 능력이 인간에게 존재한다는 사실에 대해 주목한 철학자들은 여럿 존재하며 특히 대표적으로 루소, 실러, 애덤 스미스 등을 언급할 수 있다. 이들은 인간에게 자신을 생각하는 마음 못지않게 공감과 연민의 능력이 있음을 말한다. 또한 오늘날 심지어 신경생리학의 발달은 인간뿐 아니라 영장류에게 '거울 뉴런'이 존재하여 자연적으로 타인과 공감적으로 감응할 수 있는 능력이 있다는 사실을 발견하였다.[5] 그러나 이러한 철학자, 자연과학자들의 주장이 참이라 할지라도 우리는 그것이 인간의 능력으로서 잠재해 있다는 것 이상을 주장하기는 힘들다. 그러한 능력의 실질적 발현에는 개체 차가 있을 뿐만 아니라, 개인주의와 파편화 경향성이 날로 심화되는 후기 자본주의사회는 그런 능력의 보존과 발휘에 매우 불리한 조건을 형성하고 있기 때문이다. 다시 말해 충동이라든가 미메시스의 능력은 인간학적·생물학적 차원에서 그 토

5 리촐라띠 & 시니갈이아(2016).

대를 가져야 하겠지만, 그것의 실질적 작동은 자연적으로 보장될 수 있는 것이 아니라 역사적·사회적으로 형성되는 후천적 환경에 의해 조건 지어지고, 제한된다는 것이다. 이 사실로부터 우리는 고통이 신체적 성격과 동시에 역사적·사회적으로 규정된 성격을 함께 갖는 것과 마찬가지로, 타인의 고통에 감응하는 충동의 능력 역시 비슷한 이중성을 갖는다고 추정할 수 있다. 그렇다면 어떤 역사적·사회적 조건이 고통을 향해 반응하는 충동을 가능케 하는가?

이 맥락에서 우리는 아도르노의 사유와 경험을 가장 결정적으로 각인한 역사적 사건인 아우슈비츠에 주목할 필요가 있다. 인간은 단지 인간이기 때문에 목적 그 자체로서 존중받아야 한다는 칸트의 숭고한 도덕적 사상이, 특정 인간 그룹의 인간성을 부정함으로써 인류라는 통일적 전체상을 붕괴시킨 나치 앞에서 완전히 무기력했다는 그 경험 말이다.[6] 이 경험은 "아우슈비츠가 되풀이되지 않고 그와 유사한 일이 일어나지 않도록 생각하고 행동하라"(ND 472)는 아도르노의 새로운 정언명법에서 가장 뚜렷한 윤곽을 얻는다. 이어 아도르노는 이렇게 말한다.

> 이 명령[새로운 정언명법 — J. C.]은 지난날 칸트식 정언명법의 경우가 그랬듯이 논증되기 어렵다. 그것을 논증적으로 다루는 것은 불경한 일일 것이다. 왜냐하면 그 명령에서는 윤리 속의 부가적 계기를 몸으로 느낄 수 있기 때문이다. 몸으로 느낄 수 있다는 이야기는, 그것이 개인

6 이에 대한 보다 상세한 설명은 Zimmermann(2005)을 참고할 것.

들이 겪는 견딜 수 없는 신체적 고통에 대한 ―정신적 반응형식으로서의 개별성이 소멸하게 된 후에도― 실제화된 거부감(praktisch gewordene Abscheu)이기 때문이다(같은 곳).

칸트에게 정언명법이 인간의 모든 도덕적 숙고와 실천을 규율하는 최상의 도덕법칙이었듯이 아도르노 또한 자신이 제안하는 정언명법에 마찬가지의 의미를 부여한다. 동시에 아도르노는 (칸트의 정언명법과 마찬가지로) 새로운 정언명법은 논증적으로 증명할 수 없음을 강조한다. 새로운 정언명법이 금지하는 아우슈비츠라는 사태가 갖는 반도덕성과, 아우슈비츠와 같은 일을 자행해서는 안 된다는 사실은 오직 "실제화된 거부감"이라는 신체적 감각을 매개로 하여 알려질 뿐이며 논증 대상이 아니라는 것이다. 여기서 동시에 칸트와 아도르노의 차이가 분명히 드러난다. 칸트는 도덕명령이 행위자에 대해 발휘하는 구속력의 원천이 행위자 자신의 이성에 있었다고 본 반면, 아도르노는 그것이 신체, 더 정확히는 타인의 고통에 대한 실제화된 (또한 신체화된) 거부감으로서의 충동에 있다고 본다.[7]

이제 새로운 정언명법이라는 배경 앞에서 충동이 갖는 두 가지 의미가 분명해진다. 신체성과 역사성이 그것이다. 우선 충동은 강하게 엄습하는 신체적 느낌이고, 논변적 이성으로 완전히 해소되거나 환원될 수 없다는 점에서 이성의 타자라는 성격을 갖는다. 그러나 동

7 "어디선가 고문이 이루어졌다고 말할 경우, 그러한 명제들은 충동으로서 참이다. 그 명제들이 합리화되어서는 안 된다"(ND 379).

시에 생성의 계기에 주목해서 본다면 충동은 역사적·사회적 장소에 자신의 자리를 갖는다는 사실로 인해 규범적 내용을 얻을 수 있다. 이 두 가지 특성은 충동이 특정한 역사적·사회적 조건 속에서 형성되고 도야된 결과로서의 도덕적 감정임을 시사한다. 이와 더불어 아도르노가 말하는 충동이 단순히 인간 본성에 선천적으로 내재하는 능력 이상을 말한다는 사실도 한층 분명해진다. 고통을 향해 반응하는 충동이 실제로 작동하기 위해서는 많은 후천적이고 사회적인 전제들이 요구된다. 타인의 고통이 우리에게 공감과 분노, 책임감 등을 불러일으킬 수 있다는 사실은 순수 이론적·선험적인 방식으로 정당화될 수 있는 게 아니라 오직 그 감정들에 선행하는 경험적 전제들, 즉 역사적·사회적 전제 속에서만 납득할 만하게 설명될 수 있다. 아도르노의 경우 그런 전제가 바로 아우슈비츠이고, 이 사건은 그런 경험적 전제들 중에서 가장 강한 효력을 갖는 사건, 가장 극단적인 부정성의 사건이다.

아우슈비츠의 경험은 극한의 잔인성에 대한 직·간접적 체험을 넘어 반성적 차원을 그 안에 함께 갖고 있다. 아우슈비츠는 단순히 한 역사적 사건의 이름이 아니라, 전율과 경악을 불러일으키는 반인륜적 행위의 대명사가 되었다. 아우슈비츠는 인류로 하여금 인간이 타인을 결코 그렇게 대우해서는 안 된다는 것을 알게 해 준 도덕적 경험인 것이다. 그런데 아우슈비츠의 경험이 내포하는 이 반성적·도덕적 차원은 어디에서 왔을까? 그것을 수행한 자, 수행하는 자는 누구인가? 이 반성을 수행하는 주체는 단순히 도덕적으로 뛰어난 한 개인이 아니다. 역사적 반성의 주체는 역사적 부정성을 직간접적으로 겪은 한 사회 공동체 자체, 그리고 그 공동체 속에서 사회화되면서 그 내용을 적극적으로 학습하고 전유하는 개인들 모두이다. 한 사회 공동체는 일어난 역사적 사건에 대한 부단한 반성과 해석을 거쳐 그런 무참한 대우가 타인의 자유와 존엄성을 뿌리에서부터 훼손하는 것이라는 도덕적 인식과, 동시에 그런 일이 허용되는 세계는 지옥일 것이며 우리는 그런 세계에서는 살고 싶지 않다는 소망을 구체화하여 공유할 수 있게 된다. 이런 반성 차원이 전혀 없다면 그 어떤 고통스러운 사건도 도덕적으로 중립적인 것으로 머물러 있을 것이고, 얼마든지 반복될 수 있을 것이다. 반대로 그런 반성 차원과, 그 안에 뿌리박고 있는 충동이 있기에 아우슈비츠가 되풀이되지 않도록 저지하라는 도덕명령이 나올 수 있고 효력을 가질 수 있는 것이다. 따라서 아도르노의 새로운 정언명법은 저 재앙과도 같은 역사적 경험을 상기하라는 명령이자, 그 지속적 상기 속에서 아우슈비츠의 반복을 용납할 수 없는 것으로 느끼고 거부하는 도덕적 충동을 도야하라는 명령이다.

이처럼 고통과 충동의 연관관계가 역사적 경험을 매개로 형성되고, 그 관계 속에서 해당 공동체가 수행해 온 집단적 반성의 내용이 함께 표현된다면, 결국 아도르노가 말하는 충동은 사회 내 구성원들이 공유하는 일종의 도덕적 공통 감각과 비슷하다고 볼 수 있다. 다시 말해 충동은 역사적·사회적 존재로서의 인간이 사회 속에서 습득하고 도야한 도덕적 감수성이 작동하는 방식을 보여 주는 개념이다. 아도르노는 아우슈비츠의 회귀를 저지하는 것을 정언명법으로 제시한 데에 머물지 않고 독일 사회의 전후 세대 교육이 취해야 할 가장 시급한 최우선적 목표라고 말한 바 있는데, 이러한 사실도 충동에 대한 이러한 해석을 지지한다.[8] 그런 도덕적 감수성은 역사적으로 형성된 한 사회 공동체의 도덕적 가치 지평에 속하는 것으로, 개인들이 도덕적 판단을 내릴 때마다 투명하게 의식되거나 반성되기는 어렵고 오히려 반대로 그런 판단이 이루어지게 하는 지반이다. 타인이 나와 같은 인간이며 불의나 고통을 겪어서는 안 된다는 이 근본적인 확신은 논증을 통해 도출되고 타인을 설득할 수 있는 것이 아니라, 반대로 다른 모든 도덕적 논증과 추론들이 이 확신에 의존해 있다.[9] 따라서 이 도덕적 근본 확신은 마치 일종의 제2의 자연처럼 작동하며, 그것이 처음부터 존재하는 것으로 자명하게 전제될 수는 없고, 인간적 사회 실현을 위해 도야되어야만 하는 역사적인 성격의 것이다.

충동 안에 결정화되어 있는 이 근본 확신은 아도르노가 도덕철학 강의에서 비판했던 도덕적 확실성과 일견 유사해 보이지만 그 내적 논리상 서로 구별된다. 그가 비판하는 도덕적 확실성은 "나는 …라고 확신한다" 내지는 "나는 이렇게 할 수밖에 없다"는 식의 전형성을 갖는다.[10] 그런 명제는 스스로가 옳다는 주장, 즉 아집과 독선에 다

8 아도르노는 인간성 말살의 역사적 상징으로서 아우슈비츠는 "모든 교육에 반하는 야만"(EA 674)으로서, 그것을 저지하는 것이 교육의 최우선적 과제이며 그것이 왜 최우선적인지는 따로 근거를 지을 필요조차 없다고 강조한다.

9 충동에 대한 이 해석은 멩케 & 폴만(2012)으로부터 상당 부분 빚지고 있다. 이들에 따르면 인권을 정당화하는 그 어떤 방식도, 타인과 나와 같은 인간이라는 사실을 인정할 용의와 마음가짐에 기초하지 않으면 성공할 수 없다. 그런 심적 토대는 그 자체 논증적 정당화의 대상이 아니라는 것이다. 아도르노의 충동 개념에 내재하는 도덕적 확신 또한 그런 심적 토대와 상당히 유사하다고 볼 수 있다.

10 PM 252를 참고할 것.

름 아니며, 결국에는 자기동일적 주체의 도덕이다. 충동에서 드러나는 근본 확신 또한 그 실천적 기능의 측면에서 보면 도덕적 확실성과 유사해 보이지만, 그것은 "누구도 고통받아서는 안 된다"는 형태로 타자를 향해 나아가는 공감적 확신이자, 궁극적으로 이성의 유한성에 대한 주체의 의식, 주체의 자기제한 의식을 통해 설명된다는 점에서 자기동일성의 도덕과 원리상 구분된다. 도덕적 충동에 내재화된 규범적 근본 확신은 역사적·사회적 산물이기에 어느 정도 우연적이고 변화 가능하며 심지어 언젠가는 사회 구성원들이 지속적으로 수행하는 비판적 반성 앞에서 오류로 판결될 가능성마저 갖는다. 그래서 아도르노 자신도 강조하듯, 자신의 도덕적 판단이 의존하는 심급이 잘못된 것은 아닌지 끊임없는 비판적 반성이 필요한 것이 사실이다.[11] 그러나 다른 한편으로 그것은 개인들이 임의적으로 그때그때 수행하는 비판과 의심에 의해서는 좀처럼 쉽게 파괴되지는 않는다. 그것은 우리의 일상적인 도덕적 인식과 판단이 전제하고 출발할 수 있을 정도로 상대적 견고함을 지닌 실천적 판단의 토대이다.

4. 충동의 도덕철학적 의미

『햄릿』에서 분명해진바, 충동과 반성은 첨예한 모순관계에 있고, 행위가 실현되려면 반성을 중단시키면서 등장하는 충동이 있어야 한다. 또한 도덕적 행위가 가능하기 위해서도 마찬가지로 충동이 요

11 PM 262-266.

구되는데, 특히 그중에서도 타인의 고통을 향해 자발적으로 반응하는 충동이 요구된다. 슐라브렌도르프의 회고에서 나타난 것처럼 이 충동 역시 모든 반성적 숙고를 중단시키면서 실현된다. 아도르노는 도덕철학 강의 중간 즈음에 이 사태를 보다 분명하게 다음과 같이 설명한다.

> 그런 유의 모든 도덕적 물음 일반을 이성에 대면시키는 순간 우리는 가공할 변증법 속으로 빨려 들어가게 됩니다. 그리고 이런 변증법에 맞서서 '그만 멈춰라!' 하고 명령하는 계기, '너는 그것에 관해 심사숙고**해서는 안 된다!**'라고 말하는 계기는 나름의 좋은 의미를 갖습니다. 어떤 피난민이 누군가에게 와서 자신을 숨겨 달라고 간청하는 순간에, 그가 만약 거기에 관련된 일련의 숙고들을 진행한다면 [어떻게 되겠습니까?] '여기에 살해당하게 되거나 아니면 어떤 나라의 어떤 경찰의 손에 떨어지게 될 피난민이 있고, 그는 숨겨져야 하고 보호되어야 한다'고 생각하면서 바로 그렇게 행위하는 대신에, 즉 그 생각을 다른 모든 것보다 앞세우는 대신에 말입니다. 만약 이 문제에서 이성이 잘못된 자리에 나타나게 된다면 이성은 반이성적인(widervernünftig) 것으로 됩니다(PM 157).

충동은 그 발현의 순간 맹목적인 정념들이 흔히 그렇듯 주체 스스로 그 근거를 해명할 수 없기에 비합리적이다. 충동이 나타날 때 여타 행위 근거들에 대한 모든 숙고들은 이 충동 뒤로 밀려난다. 이러한 밀려남 자체를 근거 지을 수는 없다. 설령 근거 지을 수 있다 하더라도 그것은 사후적으로나 가능할 것이다. 그러나 충동이 비합리적이라는 것은 다만 일차적이고 표면적인 규정일 뿐, 우리는 충동이 신체성의 외피 안에 역사와 도덕의 교차를 감추고 있음을 보았다. 이 점에서 충동은 주체의 도덕 판단이 순수한 영점에서 이루어지는 게 아니라 역사적·사회적 경험의 전제들에 의존하여 이루어짐을 보여 준다. 또한 그런 경험으로부터 자신의 규범적 실천의 동기를 얻는 주체는 비합리적인 것이 아니라 도리어 그 반대다.

이런 사실은 충동이 합리성에 대해 이중적 관계 속에 있고, 더 나아가 상위의 합리성 형식을 보여 준다는 것을 뜻한다. 우선 충동은 작용의 순간 반성적 숙고와 대립한다는 점에서 비합리적이지만, 형성의 계기 및 내용적 핵심 측면에서 보자면 충동은 주체와 주체가 속한 공동체에서 오랜 기간 지속적으로 수행해 온 과거 반성의 누적적 산물이기도 하다는 점에서 합리성에 대해 수용적이다. 그렇기 때문에 충동은 합리성의 타자이지만, 절대적 타자가 아니다. 더 나아가 이렇게 말할 수 있다. 충동은 숙고하며 따지는 추론적 지성, 즉 좁은 의미에서의 합리성과 대립하지만, 충동이 없다면, 그래서 "이성이 잘못된 자리에 나타나게 된다면" 그 어떤 실천적 합리성도 기대될 수 없다. 왜냐하면 충동이야말로 합리성이 올바르게 작동하기 위한 토대와 한계를 설정하는 것이기 때문이다. 이 토대와 한계를 벗어나서 숙고하는 순간 주체는 비이성, 반이성적 상태에 떨어진다. 이 점에서 충동은 좁은 의미의 합리성을 규정하는 상위 질서의 합리성, 진정한 실천적 합리성의 형식을 시사한다.

이 형식을 우리는 아도르노의 "객체의 우위"에 관련시켜 이해할 수도 있다. 아도르노는 『부정 변증법』에서 객체의 우위 테제를 제시한

바 있는데, 이 테제는 유한성에 대한 주체의 자기반성을 매개하여 객체의 존재론적 우위를 승인하는 것을 그 골자로 한다. 이때 그의 의도는 물론 타율에 대한 주체의 맹목적 수용과 순응을 정당화하려는 데에 있는 것이 아니라, 순수 자율적 주체상의 허구를 지적하면서 자율과 타율의 경계를 냉철하게 포착함으로써 궁극적으로는 자율의 진정한 가능성을 드러내는 데에 있다. 그런데 아도르노는 자신의 다른 글에서 객체의 우위가 실천철학에 자신의 가장 적절하고 참된 자리를 갖는다고 말한다. "객체의 우위는 실천에 의해 존중될 수 있다. … 제대로 이해한다면 실천은, 주체가 매개된 것인 한에서, 객체가 의지하는(will) 바이다. 실천은 객체의 요구에 따른다"(MTP 766). 이렇게 본다면 충동 개념은 실천철학으로 번역된 객체의 우위가 어떤 사태인지를 구체적으로 보여 주려는 시도이다. 충동 개념은 객체에 대한 주체의 의존성을 역사적 경험에 대한 주체의 의존성이라는 형태로 보여 주기 때문이다. 이 의존성은 무엇이 인간적인 것이고 무엇이 비인간적인 것인지에 대한 장기적인 집단적 반성으로부터 형성된 도덕적 근본 확신들을 개개의 주체들이 적극적으로 전유하고 그 기초 위에서 규범적 실천을 한다는 것을 뜻한다. 그런 근본 확신들이 비록 이성적 실천을 필연적으로 보증해 주지는 못하지만, 그것에 의존하지 않고서는 이성적 실천이란 기대하기 어렵다. 아도르노의 도덕철학에서 충동 개념은 주체가 맹목적이지 않은 방식으로, 도리어 극히 이성적인 방식으로 객체의 우위를 인정한다는 것이 어떤 것인지를 구체적으로 보여 주는 탁월한 예시이다.

Adorno, Theodor W., "Erziehung nach Auschwitz", in: Rolf Tiedemann(Hg.), *Gesammelte Schriften* 10.2, 1977(=EA).

__________, "Marginalien zur Theorie und Praxis", in: Rolf Tiedemann(Hg.), *Gesammelte Schriften* 10.2, Suhrkamp Verlag, Frankfurt/M. 1977(=MTP).

__________, *Probleme der Moralphilosophie*, Suhrkamp Verlag, Frankfurt/M. 1996(=PM).

__________, *Zur Lehre von der Geschichte und der Freiheit*, Suhrkamp Verlag, Frankfurt/M. 2001(=LGF).

리촐라띠, 자코모 & 시니갈이아, 코라도, 『공감하는 뇌: 거울 뉴런과 철학』, 이성동·윤송아 역, 울산대학교출판부, 2016.

멩케, 크리스토프 & 폴만, 아른트, 『인권철학 입문 – 정치적 도덕적 경험에 비추어본 인권의 철학적 문제들』, 정미라 역, 21세기북스, 2012.

아도르노, 테오도르 W., 『계몽의 변증법』, 김유동 외 역, 문예출판사, 1995(=DA).

__________, 『부정 변증법』, 홍승용 역, 한길사, 1999(=ND).

__________, 『미니마 모랄리아』, 김유동 역, 길, 2005(=MM).

Menke, Christoph, *Die Gegenwart der Tragödie*, Suhrkamp Verlag, Frankfurt/M. 2005.

Zimmermann, Rolf, *Philosophie nach Auschwitz*, Rowohlt Taschenbuch Verlag, Hamburg 2005.

반(反)교육과
반(反)교양교육을 넘어서

아우슈비츠 이후 아도르노 교육 사유와
절반의 교양교육비판

이 하 준

1. 왜, 지금, 아도르노를 호명해야 하는가?

오늘날 국내 대학의 교양교육은 어떠한가? 어떤 모습으로 존재하는가? 다양하지만 특색 없는 교육 상품의 진열장들인가? 아니면 실용주의라는 지배적인 시대정신을 좇는 교양교육의 모습을 보여 주고 있는가? 그것도 아니면 ACE 등과 같은 국책 교양교육사업의 평가지표에 조정되거나 반대로 자유교육으로서 교양교육의 본래성을 회복하려고 시도하고 있는가? 필자가 볼 때 교양교육의 내용적 측면 특히 교육과정과 관련해 한국 대학의 교양교육은 '가벼운 교양과 진지한 교양의 혼재', '융복합, 창의성 인성 강좌 등과 같은 시대변화에 대응하는 중립적 실용주의와 고전 교육 강좌와 같이 교양교육의 목적에 부합하는 교육과정의 혼재', '직업 및 도구 과목의 확대', '주지주의 중심 교양교육과 체험 중심 교양교육의 혼재', '진지한 교양예술교육의 전반적인 빈곤'으로 요약할 수 있다.

국내 대학 교양교육의 특징적 양상과 교양교육의 현실 전반을 비판적으로 검토하기 위해 필자는 과거이며 동시에 현재의 역사로 파악되는 아우슈비츠 극복을 위한 교육적 사유를 일관되게 밀고 나간 아도르노를 불러내고자 한다. 아도르노를 호명하는 근거는 아우슈비츠 극복을 위한 그의 교육적 사유가 일부 아도르노 연구자들이 이해하듯이 단순히 정치교육론으로 귀결되지 않는다는 점, 그의 교육 개념은 포괄적인 의미에서의 교육만이 아니라 교양교육의 이념과 크게 다르지 않다는 점, 반(反)교육으로서 그의 절반의 교육개념이 오늘날의 교양교육 현실을 비판하는 데 여전히 유효하다는 점, 특히 목적 상실의 교양교육, 가벼운 교양교육의 득세, 사회적응을 위한 교양교육, 교육과정의 설계와 운영에서 교육공학주의와 기술주의의 승리 및 긍정적 교양교육의 지배를 비판함에 있어 그의 사유가 충분한 전거를 제공한다는 데 있다. 이러한 인식을 전제로 필자는 아도르노와 함께 부분적으로는 그를 넘어서서 국내 대학의 교양교육의 문제성을 쟁점화하고자 한다. 이를 위해 첫째, 아도르노 교육적 사유의 역사적 단서와 중요성, 둘째, 탈야만 교육, 성숙을 위한 교육담론과 교양교육 목적과의 상관성, 셋째, 절반의 교육, 절반의 교양 논제에 기초해 국내 대학 교양교육과정의 설계와 운영의 문제점을 분석할 것이다. 마지막으로 아도르노 논제의 한계를 지적하고 교양교육과정에서 보완 적용의 가능성을 탐색한다.

2. 인간교육의 특수한 형태로서 과거극복의 교육학과 보편 교육학적 사유

아도르노의 전체 철학을 관통하는 주도적인 질문은 "왜 인류는 진정한 인간적인 상태에 들어서기보다 새로운 종류의 야만 상태에 빠졌는가"[1]이다. 그의 사유는 새로운 야만 상태의 상징인 아우슈비츠의 원역사를 밝히는 작업에서 시작해 "아직도, 여전히 존재하고 작동하는 야만을 어떻게 극복할 것인가"로 귀착된다. 아우슈비츠는 그에게 문명의 운행 사고이거나 일회적 사건이 아니라 보편화된 사회적 억압 논리의 일체를 지칭하는 수사이며 동시에 '살아 있는 야만'의 동의어이다.[2] 이를 해명하기 위한 그의 이론적 전략은 자연 지배 논리(계몽의 변증법), 사유 논리(부정의 변증법), 미적 논리(미학이론)를 재구성하며 교육·문화·사회의 강압 논리(교육학, 사회학적 저작)의 분석과 대안의 가능성을 모색·제시하는 것이었다. 따라서 아우슈비츠의 철학이라고 부를 수 있는 그의 철학에서 교육에 대한 사유는 주변부적 문제가 아닌 중요한 위상을 점유한다.[3]

교육에 관한 그의 사유는 "인간성의 객관적 종말"[4]인 아우슈비츠의 재발을 어떻게 막을 수 있는가의 문제에 집중되어 있다.[5] 이러한 그의 사유는 정치적·문화적 차원에서 전후 독일 사회의 미진한

---

1 Theodor. W. Adorno, Gesammelte Schriften, Bd.3, *Dialektik der Aufklärung,* hrsg von R. Tidemann, Frankfurt/M. 1997, p.11(이하 아도르노 전집은 GS로 표기함).

2 사회적인 측면에서 모든 인간의 자발성을 질식시키고 사이비 활동으로 견인하는 관리되는 세계, 기능연관체제로서 기능 수행자로 인간을 소외시키는 세계도 아도르노에게는 야만 사회이다(GS10.2, 797 참조).

3 아도르노 철학 연구사에서 교육사상 연구는 비교적 주변부적 주제였다. 특히 그의 철학과 교육 담론의 영향을 받은 비판교육 학파와 그 전통과 비교할 때 더욱 그렇다. 그런데 스토야노프는 아도르노 전체 철학에서 교육 사상이 매우 핵심적인 자리를 차지하며 오늘날의 시각에서 그의 다른 어떤 철학보다 의미 있는 단서를 제공한다고 본다. 그는 아도르노 철학의 비관주의, 부정주의적 색채와 달리 아도르노의 교육철학이 긍정적·구체적이며 올바른 교육적 행위와 교육기관의 개혁을 보여 주고 있다고 주장한다. K. Stojanov, *Theodor W. Adorno — education as social critique, Theories of Bildung and Growth,* Rotterdam 2012, p.125 이하 참조.

4 GS4, 41.

5 GS10.2, 680.

과거청산을 목도하면서 촉진되었다. 아도르노는 1954년 독일 대학의 민주화를 요구했고 1959년에는 '계몽된 성인교육(Aufklärenden Erwachenenbildung)'을 촉구했다.[6] 1956-1969년 사이 그는 '오늘의 교육'을 주제로 한 방송물에 여러 번 출연해 당대의 교육 문제를 비판했다. 또한 그는 독일 사회학회의 교육사회학 분과위원장을 맡으면서 교육 이슈를 다루기도 했다.

아도르노의 교육에 관한 사유는 '과거극복의 교육학'이라는 특수성과 보편교육학적 면모를 동시에 보여 준다. 1949년 독일의 건국과 함께 하나의 사회적 의제로 떠오른 것이 바로 과거청산과 극복의 문제였으며 그 문제의 중심부에 있던 인물이 아도르노와 호르크하이머이다. 양자에게 과거극복(Vergangenheitsbewältigung)과 교육 문제는 별개의 문제가 아니었다. 건국 해에 귀국한 아도르노는 과거에 대한 회한과 향수가 남아 있는 사회문화적 분위기, 정치적인 과거청산의 미진함, 권위적인 교육의 현실을 눈여겨보면서 교육 문제를 주요한 사유의 대상으로 삼게 된다. 독일로 돌아오기 전 그는 호르크하이머, 노이만, 키르히마이허, 마르쿠제가 수행한 전후 독일의 문화와 교육제도에 대한 비밀 연구(1942-1949)를 인지하고 있었으며 전후 독일에서 본격화된 교육 영역의 과거극복 운동으로서 정치교육 중심의 재교육(Reeducation)프로그램에 대해 익히 알고 있었다. 또한 아

6 아도르노는 〈독일 대학의 민주화에 대하여〉에서 교육 독점 현상을 비판하며 노동자 자녀에게 고등교육 기회 제공, 교수법과 평가 방식의 개혁, 교육정책과 정치에 대한 자유로운 입장표명만이 아니라 대학의 민주화와 사회의 민주화의 연동성, 대학의 민주화를 위한 교육으로서 비판적 자의식의 강화 등을 강조한다(GS20.1, 332-338).

도르노는 호르크하이머가 헤센주 정부에 제안한 긴급교육프로그램(Sofort-Erziehungsprogramm)의 주요 내용, 즉 권위주의적인 대학 분위기, 교육제도의 후진성, 능력 있고 신뢰할 만한 교사에 의한 교육, 민주주의교육으로서 정치교육의 필요성에 대한 인식을 공유했다.[7]

호르크하이머가 대학 교육개혁과 정치개혁을 위해 프랑크푸르트 대학의 총장과 민주주의 교육을 위한 미국 연수프로그램을 추진하는 정치교육연구소를 책임지는 실천적 교육운동을 전개했다면, 아도르노는 교육이론적 측면에서 과거극복을 논제화했다. 1958년에 발표한 글인 「과거극복, 무엇을 의미하는가?」는 아도르노 사유의 '교육학적 전회(die pädagogische Wende)'로 평가받기도 한다. 알브레히트는 이 글을 지칭하며 "과거청산 주제를 선취한 최초의 사회학자"[8]가 아도르노라고 주장한다. 아도르노로 하여금 과거극복의 문제를 교육적 프리즘을 갖고 접근하는 데 큰 자극을 준 사건이 이른바 '하켄크로이츠 낙서 사건'이다. 1959년 12월 25일 나치를 추종하는 독일제국당의 두 회원이 새로 문을 연 쾰른의 유대교회에서 낙서를 하고 나치 휘장을 휘두른 사건이 발생했다. 이 사건은 독일을 넘어 국제적인 반유대주의 흐름을 촉발시켰고 국제사회적 이슈로 떠올랐다. 사

7 프라이가 지적하듯 과거극복은 전범과 협력자의 처벌이라는 과거청산의 의미만이 아니라 새로운 법률의 제정과 사회, 문화, 교육제도의 개혁 등을 통한 새로운 사회의 건설이라는 의미를 지녔다. N. Frei, *Vergangenheitspolitik. Die Anfänge der Bundesrepublik und der NS-Vergangenheit,* Muenchen 1996, 참조; 호르크하이머의 정치교육론과 실천에 대한 논의는 이종하, 『호르크하이머의 비판이론』, 북코리아, 2011, 284쪽 이하 참조.

8 C. Albrecht, "Die Massenmedien und die Frankfurter Schule", in: *Die intellektuelle Gruendung der Bundesrepublik. Eine Wirkungsgeschichte der Frankfurter Schule,* Frankfurt/M. 2000, p.235.

건이 발생한 이후 극복되지 않은 과거에 대한 사회적 차원, 교육적 차원의 반향이 일어났고 민주주의교육으로서 정치교육의 중요성이 새롭게 부각되었다. 이 사건은 "다른 모든 것에 대한 히틀러적 세계의 분노, 편집증적 광기의 체제"[9]로서 나치즘의 지속 생존(Nachleben des Nationalsozialismus)을 아도르노에게 확신시켰으며 그의 사유의 여정을 야만에 대한 역사철학적·문명사적 해명에서 교육적·사회적 해명과 대안의 모색으로 향하게 했다.

발생학적인 측면에서 보면 야만의 청산을 위한 교육은 정치교육을 의미했다. 기존의 정치교육과 다른 정치교육을 위해 아도르노는 교육자 교육만이 아니라 대학에서 사회학 교육의 강화, 사회학과 연동된 학제적 역사 연구의 필요성 및 불충분한 재교육 프로그램의 과제를 수행해야 한다는 점을 강조한다.[10] 그는 "민주주의에 반하는 파시즘적 경향의 지속보다 민주주의에서 나치즘의 지속이 잠재적으로 더 위험"[11]하다고 보았기 때문이다. 여기서 주목해야 하는 것은 아도르노가 야만의 청산으로서 민주주의 체제에서 과거극복을 위한 교육의 역할을 성숙한 인간의 양성에 둔다는 점이다.[12] 이것은 과거극복을 위한 교육이 민주주의에 대한 교육 그 이상임을 함의한다. 성숙한 인간에 대한 요청은 그로 하여금 네오나치의 조직이나 그들에

9 GS10.2, 566.

10 같은 책, 569 참조.

11 같은 책, 556.

12 Theodore W. Adorno, "Erziehung- wozu?", in: *Erziehung zur Mündigkeit. Vorträge und Gespräche mit Hellmut Becker 1959-1969,* Gerd Kadelbach(Hg), Frankfurt/M. 1970, p.112 참조.

의해 야기되는 객관적 야만의 형식보다 민주주의 체제에서 나치즘을 지속시키는 시민적 차원의 주관적 야만에 더 많은 주의를 기울이게 했으며[13] 그러한 인식 관심은 탈야만화 교육, 성숙을 위한 교육, 절반의 교육론의 변주로 나타난다. 이때 교육은 그의 논의 문맥에서 교육의 궁극적 목적, 문화의 궁극적 목적, 교양(교육)의 궁극적 목적으로서 인간교육의 문제로 수렴된다.

역사적 측면을 강조하면 아도르노의 교육적 사유는 과거극복의 특수교육학이라 할 수 있다. 하지만 '야만의 보편성'과 그것에 대한 교육적 대응이라는 측면을 고려하면 그의 교육적 사유는 처음부터 인간교육이라는 보편 교육학적 탐구였다고 할 수 있으며 이것은 아르노적 맥락의 비판적 자기형성으로서의 교육(Bildung) 및 교양교육의 이념과 크게 다르지 않다.[14]

3. 탈야만화·성숙을 위한 교육과 교양교육의 이념

아도르노는 "아우슈비츠가 되풀이되지 않고 그와 유사한 일이 발

13 알브레히트는 이러한 아도르노의 방식을 "개별화에 의한 도덕 심리학적 내향화"라고 칭한다. C. Albrecht, "Im Schatten des Nationalsozialismus: Die politische Pädagogik der Frankfurter Schule", in: *Die intellektuelle Gründung der Bundesrepublik. Eine Wirkungsgeschichte der Frankfurter Schule,* Frankfurt/M. 2000, p.447.

14 김누리는 아도르노의 교육 담론이 과거청산의 교육학이라는 측면에서 정치교육론임을 강조한다. 그의 주장은 담론 발생의 역사적 특수성과 동기 및 사건으로서의 아우슈비츠에 대한 해석의 과잉이라고 볼 수 있다. 김누리, 「아도르노의 교육담론」, 『독일언어문학』 제78집, 한국독일언어문학회, 2017, 285쪽 이하 참조.

생하지 않도록 사유하고 행위"[15]하게 하는 것이 교육의 궁극적 목적이자 정언명법임을 반복적으로 강조하며 "교육의 이상에 대한 어떤 논쟁도 아우슈비츠가 반복되지 않아야 한다는 것과 비교해 무의미하거나 중요하지 않다"[16]고 선언한다. 새로운 교육의 정언명법을 실천하는 교육으로 아도르노는 탈야만화 교육, 성숙을 위한 교육을 제시한다. 탈야만화 교육이 살아남아 있는 야만의 극복이라는 시대문맥적 상황을 상대적으로 더 반영한 교육 개념이라면 성숙을 위한 교육은 보편적 인간교육의 측면이 상대적으로 강조된 개념이다. 그런데 아도르노의 두 교육 개념의 이념과 방향은 전통적인 의미의 교양교육의 이념을 충실히 따르고 있다. 먼저 교육에 대한 아도르노의 정의에서 전통적 의미의 교양 개념, 교양교육 개념과 크게 다르지 않음을 찾아낼 수 있다.

> 교육 일반에 대해 내가 생각할 수 있는 것은 교육이 흔히 말하듯 인간 만들기가 아니라는 것이다. 왜냐하면 외부로부터 인간을 만들 권리를 그 누구도 갖고 있지 않기 때문이다. 또한 교육은 단순히 지식전달이 아니라 [···] 올바른 의식을 형성하는 것이다.[17]

인용구에서 아도르노는 교육의 궁극적 목적이 '올바른 의식의 형

15 GS6, 358.

16 GS10.2, 674

17 Theodore W. Adorno, "Erziehung- wozu?", in: *Erziehung zur Mündigkeit. Vorträge und Gespräche mit Hellmut Becker 1959-1969*, Gerd Kadelbach(Hg), Frankfurt/M. 1970, p.112 참조.

성'임을 천명한다. 중요한 것은 누가 올바른 의식을 형성하는가이다. '권리 없음'에 대한 그의 주장은 타자, 부모, 교사, 교육기관의 권리 없음에 대한 선언이 아니라 누가 주도하느냐의 문제이다. 올바른 의식 형성의 본질적 주체는 자기 자신이다. 지식의 전수가 교육의 목적이 아니라 올바른 의식의 형성이라는 아도르노의 교육 개념은 보편적 가치를 지향하고 실천하는 전인적 인간 양성을 교육의 목적으로 삼는 교양교육의 이념과 다르지 않다. 올바른 의식의 형성을 위해 아도르노는 "비판적 자기성찰을 위한 교육"[18] 곧 자기계몽, 스스로 자기를 형성하는 것(Selbstbildung)을 강조한다. 이러한 아도르노의 교육에 대한 기본 입장은 성찰적 자기인식을 통한 자기실현이라는 인간교육, 교양교육의 이념과 맞닿아 있다.

탈야만화(Entbarbarisierung) 교육의 이념도 교양교육이 추구하는 교육의 이념을 공유한다. 탈야만화 교육은 '인간의 목적에 대한 명확한 성찰'을 요구하는 교육, 과거의 파시즘과 아직 살아 있는 파시즘에 의해서 지워진 자율적 주체성을 회복시키는 교육, 파시즘을 낳은 사회 체제가 미성숙 상태로 머물게 하는 것으로부터 벗어나게 하는 교육, 억압의 현혹 연관을 파악하도록 하는 교육, 적응의 필연성과 기존의 것 및 주어진 것과의 동일시를 성찰하는 교육이다.[19] 탈야만화 교육이 지향하는 바는 문화적 야만을 극복한 '인간다운 인간' 곧 "인간성의 실현(Verwirkung der Humanität)"[20]에 있다. 탈야만화 교육의 이념

18 GS10.2, 676.

19 같은 책, 567 참조.

20 GS20.1, 391.

과 교양교육이 추구하는 교육적 이념과 동일하다는 것은 탈야만화를 위한 교육 내용에서도 확인된다. 아도르노는 탈야만화 교육의 핵심이 신체적·물리적 폭력을 포함한 모든 야만에 대한 혐오(Abscheu gegen Barbarei)와 '부끄러움(Scham)'을 알게 하는 것이라고 말한다. 혐오와 부끄러움을 아는 인간은 보편적 인간의 가치를 내면화한 도덕적 인간이며 인간다운 인간이다. 탈야만화를 위한 아도르노의 탈권위적 교육에의 요구는 열린 개방성에 기초한 비판적 정신, 자율적이며 자기성찰적 주체, 성숙한 인간을 지향한다는 교양교육의 이념적 방향과 궤를 같이한다.

「성숙을 위한 교육」에서 아도르노가 전통적 교양교육의 이념을 고수하고 있다는 점을 확인할 수 있다. 그가 밝히고 있듯이 성숙 개념을 둘러싼 교육학적 논의나 사상사적 논의에서 중대한 당파적 입장의 차이를 발견할 수 없다.[21] 인간학적 측면에서나 교육적 측면에서 성숙(Mündigkeit)은 궁극적인 목적으로 간주되어 왔기 때문이다. 아도르노 역시 성숙이 교육의 궁극적 목적임을 분명히 하며 그 전거를 칸트에서 찾는다. 그는 칸트의 성숙 개념인 성숙=되어짐의 과정=이성 사용의 능력과 용기=자기계몽=자기형성=스스로 생각함과 자율적 행위=주체 형성=인간화라는 도식을 수용한다. 양자의 차이는 사회적 성숙 개념을 얼마나 강조하느냐의 차이, 미성숙에 대한 원인 분석의 차이 이외에 발견되지 않는다. 교양교육을 포함한 교육의 목

21 Theodore W. Adorno, "Erziehung zur Mündigkeit", in: *Erziehung zur Mündigkeit. Vorträge und Gespräche mit Hellmut Becker 1959-1969,* Gerd Kadelbach(Hg), Frankfurt/M. 1970, p.143 참조.

적으로서 성숙에 관한 아도르노의 논의에서 성숙되기의 어려움과 다시 미성숙으로 돌아갈 위험에 주목할 필요가 있다. 그는 '미성숙의 메커니즘'으로 무조건적 적응과 역할 수행의 논리, 맹목적인 권위 추종과 피상적인 권위 비판, 사회의 부자유, 문화산업에 의한 내면의 계획적 조종, 살아 있는 경험의 제약, 수업시간에 상업영화와 대중가요를 분석하며 젊은이를 썩게 만드는 교육(Erziehung des Madigmachens)을 사례로 제시한다.

타율적 존재로 살아가게 만드는 미성숙의 주관적 메커니즘과 사회적 메커니즘의 저항들을 뚫는 아도르노의 대안은 성숙에의 호소가 아니라 "반대와 저항을 위한 교육"[22]이다. 반대와 저항을 위한 교육은 약한 자아(Ich-Schwäche)를 "주체로 전환(Wende aufs Subjekt)시켜 주체의 자의식과 자아를 강화"[23]시키는 진정한 의미의 주체 형성 교육이다. 아도르노는 이것이 성숙을 구체화하는 유일하고 실제적인 방법이라고 간주한다. 성숙을 위한 교육은 곧 비판적 사회 의식의 고취, '잘못된 사회의 메커니즘'과 그것의 작동 원리와 현상을 읽어 낼 수 있는 "메커니즘에 대한 일반적 의식을 깨우는 […] 노력"[24]이며 잘못된 사회구조에서 '올바른 삶의 가능성'을 모색하는 교육이다. "올바른 사회 속에서만 올바른 삶의 가능성"[25]이 존재한다는 확신에 의한 교육은 반대와 저항을 위한 교육으로 나타나며 진정한 인간학적

---

22 GS8, 571.

23 GS10.2, 571.

24 같은 책, 676.

25 GS6, 388.

의미를 획득하게 된다. 탈야만화를 통한 성숙한 인간의 양성을 추구하는 아도르노의 인간교육론은 결국 교양교육의 근본 목적과 동일한 것이다.

4. 절반의 교육, 절반의 교양 그리고 교양교육

탈야만화 교육, 성숙을 위한 교육이 무엇을 위한 교육인가에 대한 대답이라면 반(反)교육으로서 절반의 교육(Halbbildung)과 절반의 교양에 대한 논의는 '오늘날 교육을 어떻게 할 것인가'에 대한 대답의 단서를 제시한다. 아도르노의 절반의 교육론은 하버마스의 표현을 변형하면 세상에서 가장 어두운 교육적 입장을 표명한 책이다. 왜냐하면 '절반의 교육'은 교육의 위기, 교육 붕괴의 징후를 개념화한 말이지만 학교, 학교 교육 관계자, 학생, 교육정책 담당자, 교양 계층 등 모든 곳에서 절반의 교육을 확인하기 때문이다. 게다가 절반의 위기 극복이 고립된 교육개혁 정책이나, 사회 없는 교육적 성찰의 무의미함을 밝히고 있다는 점에서 그렇다. 아도르노는 절반의 교육론 모두에 "사회개혁 없는 교육의 위기로서 절반의 교육 극복은 불가능하다"는 논제를 던진다.[26]

아도르노가 교육 위기 극복의 어려움을 주제화하는 데에는 절반의 교육이 우리의 '현재적 의식의 지배적인 형식'이 되었다는 데 있다. 절반의 교육은 교육의 결과로서 '다수 대중의 의식이나 인지적

---

26 GS8, 93 참조.

태도'와 그것을 형성한 광범위한 교육적 활동 일반을 지칭한다.[27] 그에 따르면 교육은 문화와 마찬가지로 저항과 적응의 두 계기성을 가지며 교육이 그 정점에 도달할 때 인간성 개념(Humanitätsbegriff)을 성취한다. 그러나 오늘날 절반의 교육은 보편적인 것이 되어 버렸다.[28] 절반의 교육은 한마디로 주체 없는 교육, 자아 없는 자기유지를 위한 교육, 평균적 가치와 사회적 적응을 우선으로 하는 교육을 통칭한다. 절반의 교육은 교육의 진리 내용과 살아 있는 주체들에 대한 생동하는 관계를 희생시켜 사물화된 교육의 관련 내용만이 남게 되며 교육의 이념인 자율성과 자유(Autonomie und Freiheit)는 사라진다. 이런 의미에서 아도르는 절반의 교양을 "상품 물신성에 의해 붙들린 정신"[29]이라고 규정한다.

이와 관련해 그는 교육문화 상품들이 "절반의 교양을 갖춘 자들의 욕구(das halbgebildete Bedürfnis)"[30]에 맞추어 생산되고 유통된다는 점에 주목한다. 그에 따르면 높아진 생활수준과 기술 및 사이비 민주주의적 상업 이데올로기가 결합해 모든 정신적인 산물을 문화 상품으로 전락시켜 '절반의 교양'을 양산한다. 아도르노는 절반의 교양의 현상으로 라디오 그룹에서 진지한 음악은 오락음악으로 변질되며

27 필자가 볼 때 절반의 교육 개념은 이중적으로 사용되고 있는 것처럼 보인다. 즉 교육 내적 문제들과 관련해서는 절반의 교육이라는 의미로, 교육 외적인 문제와 관련해서 사용될 때에는 절반의 교양이라는 의미를 갖는다. 다수 대중의 의식이나 인지적 태도 혹은 일반 시민의 평균적 의식이라는 측면에서 Halbbildung은 절반의 교양으로 이해되어야 한다.

28 GS8, 574 이하 참조.

29 같은 책, 108.

30 같은 책, 109.

수용의 측면에서 내적 비판이 수행되지 않는 점, 절반의 교양 상품을 소비함으로써 상류계층으로 파악되길 원하는 욕구의 생산, 고고학이나 박테리아학과 같이 완전히 학문적인 서적이 거칠고 자극적으로 변형되어 소비되는 경향, 독자에 대한 격려와 위안이 통상적인 것이 되는 경우를 들고 있다.[31] 이런 의미에서 "작금의 지배적인 조건하에서 교양의 신선하고 즐거운 확산은 그것의 절멸과 곧바로 일치한다."[32] 동시에 이것은 "교양의 상실과 야만적인 무질서"[33]를 의미한다.

그렇다면 절반의 교육, 절반의 교양의 결과는 구체적으로 무엇인가? 한마디로 요약하면 그것은 "단순히 정신만 제약하는 것이 아니라 감각적 삶도 왜곡"[34]시킴으로써 "절반의 이해자(Halbverstandene)와 절반의 경험자(Halberfahrene)"를 낳는다. 가령 스피노자의 윤리학을 말하는데 데카르트의 실체론과 사고하는 존재와 연장을 가진 사물의 매개상의 문맥의 난점을 파악하지 못하는 등 혼란과 절반의 이해에 빠진다. 이것이 아도르노가 말하는 절반의 이해, 엄밀히 말해 이해 없는 이해로서 절반의 이해의 사례이다. 음악산업은 표준 작품을 즉각 알아차리게 하는 방식을 동원하거나 작품의 객관성을 개인화하고 에피소드를 동원하는 방식으로 음악적 의식을 훼손시킴으로써

31 같은 책, 110 참조.

32 같은 책, 같은 쪽.

33 GS3, 183.

34 GS8, 108; Unbildung과 Halbbildung의 차이에 대한 논의는 이종하, 「소외된 교육과 해방의 교육—아도르노의 '교육현실' 비판」, 『시대와 철학』 제16집 2호, 한국철학사상연구회, 2005, 188쪽 이하 참조.

절반의 경험, 절반의 예술 경험을 양산한다. 아도르노가 평균적 "취향과 결코 일치하지 않는 참된 예술작품"[35]의 이해와 경험을 강조하는 이유는 절반의 이해와 경험이 쉽게 권위의 오류에 빠지고 때론 편견과 미신에 빠지게 한다는 데 있다. 그가 문제 삼는 것은 이해와 경험의 훼손과 왜곡이 가져오는 교양의 보편적 위기이다. 그는 여기서 한 발 더 나아가 정신분석학적 방법을 동원해 절반의 교양의 심각성을 보여 준다. 아도르노는 절반의 교양자들이 소유하기, 대화에 끼기, 전문가인 양하기, 거기-속함이라는 태도로 그들 '모두를 위한 비밀 왕국'을 만든다는 점에서 집단적 나르시시즘과 아무런 차이가 없다고 비판한다. 아울러 그는 획일주의가 지배하는 상황에서 절반의 교양 속에 내재한 파괴적인 잠재력이 편집증이나 추적망상으로 변질될 수 있으며 이 경우 절반의 교양은 광기 어린 시스템이 되어 통일되지 않는 것을 통일시키며 기만적인 대체 경험들을 동원시킨다고 경고한다.

이런 의미에서 절반의 교양은 '소외된 의식'의 다른 이름이다.[36] 절반의 이해자이자 절반의 경험자로서 절반의 교양자는 "자아 없는 자기유지"[37]를 가동시키는 자이며 교양의 전단계에 있는 자들이 아니라 '교양의 원수'와 같은 존재들이다.[38] 이 주장은 무교양이 절반의 교양보다 성숙의 길에 접어들 가능성이 높다는 그의 인식과 궤를 같이

35 GS4, 259.
36 GS8, 115 이하 참조.
37 같은 책, 108.
38 같은 책, 111 참조.

한다. 또한 그가 도구적 이성의 최적화의 사례로 제시한 나치주의자들과 그들의 무비판적 추종자들을 절반의 이해자, 절반의 경험자로 간주하고 있음을 시사한다.

5. 아도르노의 교육 논제에서 교양교육의 제 문제 비판

1) 성숙한 인간 형성과 교양교육의 목적 설정 및 교육과정

여기서는 아도르노의 탈야만화를 위한 교육, 성숙을 위한 교육, 절반의 교육론에 입각해 한국 대학의 교양교육의 현실을 진단해 보고자 한다. 그의 시각에서 교양교육은 주체로의 전회를 통한 비판적 성찰 능력을 가진 성숙한 인간, 주체적인 인간 형성을 그 목적으로 삼아야 하며 교육과정도 그 목적에 부합되게 편성되어야 한다.

서울대 교양교육의 이념은 "① 올바른 사고와 실천적 지혜를 갖추고 열린 마음으로 봉사하는 인재를 양성한다. ② 지식기반 사회화로 특징지어지는 21세기를 이끌어 갈 지식과 기술을 창조하여 학문과 예술의 창달에 기여한다. ③ '겨레의 대학'으로 민족문화를 계승 발전시키고, 나아가 '세계의 대학'으로서 인류 공존의 정신으로 세계문화를 선도한다"[39]이다. 이 대학은 교양교육의 목적을 제시하지 않고 이념을 제시하고 있는데 ②, ③의 이념이 교양교육의 본래적 목적에 부합하는지 의문이다. ②는 사회와 인류에 기여한다는 것이며

39 http://liberaledu.snu.ac.kr/index.php?hCode=EDUCATION_02_01(2020년 11월 16일 접속. 이하 동일.)

③의 경우 민족문화의 계승 발전이라는 특수한 목적 및 세계문화 선도라는 세계 사회의 기여를 목적으로 설정되어 있다. 필자가 볼 때 ②, ③은 대학의 설립 이념에 더 부합되는 내용이지 성숙한 인간 형성으로서의 교양교육에 부합되는 이념 설정이 아니다. 서울시립대는 교양교육의 목표를 다음과 같이 제시한다. "① 전문적인 학문을 수행하는 데 필요한 기초 역량을 함양한다. ② 다양한 학문을 통해 폭넓은 지식을 갖춘 지성인을 양성한다. ③ 사회적 통섭 역량과 공익적 인성 역량을 갖춘 시민을 양성한다."[40] 이 대학은 교양교육의 중요 요소로 전공 기초교육, 다양한 지식교육, 통섭 및 인성 역량을 제시한다. 아도르노의 관점에서 성숙한 인간 형성을 위한 교육과 관련이 있는 것은 ③이며 ①, ②는 사회 적응을 위한, 아도르노식으로 표현하면 자기유지를 위한 지식교육에 해당된다. 이 두 대학만이 아니라 대부분의 대학들이 학교의 교육목표와 교양교육의 목표로 지역과 세계 사회에 봉사하는 인재 양성을 제시하고 있다. 아도르노 역시 교육에 대한 사회적 요구와 교육의 목표를 일치시키는 것이 결코 쉬운 일이 아님을 인정하지만, 자기형성으로서의 교육, 성숙한 주체의 형성이 교양교육에서 기능적 봉사역량 교육보다 우선되어야 함을 거듭 강조한다.

이들 대학과 달리 경희대의 교양교육 목적 설정은 칸트의 『계몽이란 무엇인가』를 현대어로 새롭게 번역한 것처럼 보일 정도이며 아도르노가 주장하는 교육 및 교양교육의 궁극적 목적과 일치한다. 이

40 http://liberal.uos.ac.kr/liberal/intro/target/target.do?loginCheck=false

대학은 "학부생의 성숙을 돕는 일이 교양교육의 기본 목표"임을 분명히 하며 이는 곧 "자신의 독립된 '정신의 삶(life of the mind)'을 시작" 하도록 돕는 일이라고 규정한다. 또한 "정신이 의존 상태를 벗어나 독립의 단계로 이동하고 책임지지 않아도 된다고 여겨졌던 것들에 대해서도 책임을 의식한다는 것은 성숙의 조건들 중에서도 결정적으로 중요한 부분"임을 강조한다. 이 대학이 말하는 성숙한 인간 개념에는 아도르노가 말한 자율성, 자유, 책임, 독립성, 주체성, 비판적 자기성찰로서의 성숙의 요소들이 잘 드러나 있다. 교양교육의 최종 목표로는 "한 인간이 삶의 불확실성 앞에서도 의미 있고 행복한 방식으로 자신의 한 생애를 이끌어 나갈 수 있게 할 내적 견고성의 바탕을 길러 주는 데"[41] 있음을 천명한다. 필자가 볼 때 경희대만큼 인간교육의 이념에 맞게 교양교육의 목적을 설정한 국내 대학은 찾아볼 수 없다. 인하대의 경우 "교양교육과정은 궁극적으로 건강한 가치관과 규범적 판단력 그리고 인간적인 품성을 함양하는 것을 목적"[42]으로 삼고 있으나 공통 교양과정 편성에는 설정된 목적이 반영되어 있다고 보기 어렵다. 타 대학에서 흔히 볼 수 있는 크로스오버 교과 융합교육을 공통 교양으로 설강한다는 점에서 그렇다.

많은 국내의 대학들이 성숙한 인간을 함양하기 위한 목적으로 인성교육과정을 운영하고 있으며 그중 일부 대학은 공통 교양으로 편성하고 있다. 대표적인 경우가 성균관대이다, 성균관대는 학부교육

---

41 http://hc.khu.ac.kr/v2/01/02.php

42 http://generaledu.inha.ac.kr/curriculum/curr_020101.aspx

의 목표를 "합리성, 도덕성, 책임성을 겸비한 인성 함양"에 두고 〈우리들의 세상 논어로 보다〉 교과목을 필수 이수하도록 하고 있다.[43] 경희대의 경우는 성균관대와 달리 서양고전 중심+동양고전과 현대고전 등을 망라한 폭넓은 고전교육 기반 인성교육을 실시하고 있으며 〈인간의 가치탐색〉, 〈세계와 시민〉, 〈빅뱅에서 문명까지〉 세 교과목 중에 선택하여 두 교과목 6학점을 필수 이수하도록 하고 있다.[44] '인간 존중 대학'을 건학 이념으로 내세운 가톨릭대는 '인성, 지성, 영성을 갖춘 윤리적 리더의 양성'을 교육 목적으로 삼고 〈인간학1〉, 〈인간학2〉 교과목을 필수로 이수하도록 하고 있다.[45] 서울여대의 경우는 타 대학과 달리 총장 직속 산하에 바롬인성교육원을 운영하며 독립 건물과 기숙사를 갖고 있다. 또 국내 대학 중 선도적으로 바롬인성척도라는 인성지수를 개발해 활용하고 있다.[46] 이 대학만이 아니라 점차 많은 대학들이 선언적 차원, 산발적 차원의 인성교육을 강조하는 것을 넘어 교양선택과목에서 인성 관련 교과목을 점차 늘려가고 있다.

문제는 인성교육의 강화가 과연 성숙한 인간 형성에 기여하는 방향으로 운영되는가이다. 인성교육의 결과 인성지수가 높아졌다고 해서 그것이 곧 성숙함의 지표라고 반드시 말할 수 없다. 성숙을 위한 인간 형성 교육이 도덕성 교육으로 환원되지 않기 때문이다. 또 인적자원

43 https://hakbu.skku.edu/hakbu/intro/objective.do

44 http://hc.khu.ac.kr/v2/02/02.php

45 https://haksa.catholic.ac.kr/haksa/course0202_18.html

46 http://www.swu.ac.kr/www/bahromedu_3.html

개발의 차원에서 특수목적화된 인성교육, 예절교육이나 도덕교육으로 축소된 초보적 수준의 인성교육은 아도르노 시각에서 권위주의적 교육, 적응을 위한 교육의 변형된 형식에 불과하다. 그의 시각에서 인성교육을 통한 성숙한 인간 형성 교육은 도덕성 교육보다 사회를 조망하고 개혁하려는 사회적 성찰능력에 주안점을 두어야 한다. 그에게 현실성 없는 정신화된 순수 도덕교육, 사회비판 없는 인성교육, 주체 없는 인간화 교육은 사이비 성숙교육이기 때문이다.

2) 성숙한 인간교육과 역량 기반 교양교육과정

한국 대학의 교양교육은 대학에 따라 다양한 인재상과 그 인재상에 따른 필요한 역량을 제시한다. 교육과정 편성은 전국의 대부분 대학이 설계된 역량교육 모델에 기반해 운영되고 있으며 진단 도구를 개발해 수업 설계와 운영도 역량 진단 결과를 반영하도록 하는 단계에 이르렀다. 이화여대의 경우 지식탐구, 창의융합, 문화예술, 공존공감, 세계시민의 5개 핵심역량을 제시하며 이를 통해 사회적 요청에 부응하는 실용 인재, 융복합 능력을 갖춘 창의 인재, 공동체의 화합을 주도하는 공감 인재를 키우고자 한다.[47] 대학마다 역량 우선순위와 역량의 요소만 다를 뿐 모든 교양교과목에서 직무수행능력 평가모델을 활용하고 있다. 사회적 삶에 필요한 부분 능력들을 키우는 교육이라는 의미로 역량교육 개념을 포괄적으로 사용하는 추세

47 http://cms.ewha.ac.kr/user/indexSub.action?codyMenuSeq=3363825&siteId=hokma&menuUIType=top

지만, 현실의 교양교육에서 역량교육은 사회 진출 이후에 필요한 직무와 역할을 잘 수행하는 데 초점이 맞추어져 있다.

"비판적 자기성찰"[48]에 입각한 올바른 의식의 형성을 통해 인간성의 실현, 곧 성숙한 인간의 양성을 교육의 근본이념으로 삼았던 아도르노의 시각에서 볼 때 어떠한 교육학적 수사로 포장한다 해도 역량교육 모델은 전문적 기능인의 양성에 지나지 않는다. 그의 시각에서 인문 예술 등 전통적인 교육의 영역까지 협의의 역량교육 개념에 포섭시키는 것은 직업교육 시스템에 의한 교양교육 붕괴의 증상, 혹은 교양교육의 종말, 교육공학주의의 전일화를 의미한다. 인간교육을 역량 설계-진단 측정-평가-환류의 체계 안에 가두는 것은 인간교육의 불구화이며 완전히 기능화된 사회의 기능화된 성품과 인격을 만들어 내는 기능적 인간 만들기에 지나지 않는다. 아도르노의 표현을 빌리면 교양교육에서 역량교육 모델은 '최고로 계몽된 교육공학자들에 의해 자행되는 교육에서의 야만'이며 성과 중심 교육(outcomes-based education)의 또 다른 이름이다. 자율성에 기초한 교육이 아니라 수단의 합리성에 의해 설계된 인간공학적 역량교육이 자율성의 공간을 허용한다 해도 그것은 아도르노에게 '사이비 자율성', '사이비 자기형성 교육'일 뿐이다. "그 누구도 인간을 만들 권리가 없다"는 아도르노의 교육을 바라보는 근본 시각을 기억해야 한다, 아도르노가 좋은 교사, 교육자에 대한 교육, 정당하고 투명한 교육 권위, 교육에 대한 사회의 요구에 대한 이해를 가지고 있다는 점을 고려할 때, 위

48 GS10.2, 676.

말은 역량교육 모델에 대한 전면적인 부정이라기보다 교육공학주의와 교수-학습 방법론 제일주의, 기능적 목적주의의 전일화를 문제 삼는 것이라고 봐야 한다.

아도르노의 시각에서 분석적 사고역량, 문제해결역량이 증가했다고 해서 성숙한 인간이라고 말할 수 없다. 성숙함은 역량으로 환원될 수 없는 총체적 품성, 인격과 관련된 개념이기 때문이다. 그에게 직무수행을 위한 역량 소유자는 사회적 분업 체제에서 완전한 의미의 기능 수행자이며 관리되는 사회의 소외된 자, 타율적인 존재이지 성숙한 인간이 아니다. 성숙한 인간교육은 자기형성적·자기계몽적 교육을 지향해야 하며 그런 의미에서 교육의 주체는 자기 자신이어야 한다. 아도르노가 교육자의 핵심과제로 자신의 역할을 최소화해야 한다는 베커의 주장에 전적으로 동의[49]하는 이유가 여기에 있다. 지금의 역량 기반 교양교육에서 성숙을 위한 교양교육으로 이행하기 위해서는 교육목적-교육목표-수업설계와 운영-교수법-평가방식에 대한 전면적인 재검토가 요구된다. 이러한 요구는 교양교육의 본래성의 회복이라는 측면에서도 필요하다.

3) 비판적 성찰을 위한 주체 형성 교육과 비판적 사고 교양교육과정

아도르노에게 성숙을 위한 교육이 곧 주체 형성 교육이다. 비판적 자기성찰과 비판적 사유 능력은 한 개체로서 성숙함의 조건이다. 이것

---

49 Theodor W. Adorno, "Erziehung zur Mündigkeit", in: *Erziehung zur Mündigkeit. Vorträge und Gespräche mit Hellmut Becker 1959-1969,* Gerd Kadelbach(Hg), Frankfurt/M. 1970, p.148 참조.

은 개인의 종말 테제와 관련해 "개인은 사유하는 자로서(als Denkendes) 비로소 개인이 된다"[50]는 주장으로 변주되었던바, 그에게 자기비판과 사회비판이 주체 형성 교육의 궁극적 목적이다.

교양교육의 차원에서 기초적인 사유 능력을 기르기 위해 많은 대학에서 논증과 논리분석을 중점적으로 다루는 논리학 강좌를 개설한다. 서울대의 경우처럼 학문의 기초 영역에 〈논리와 비판적 사고〉를 가르치거나 서울시립대의 경우처럼 〈논리와 사고〉, 혹은 그 외 대학들이 〈논리학 입문〉 등의 강좌를 선택 교양화하고 있다. 이와 같은 전통적인 강좌 개설과 달리 논리적 사고 교육과정 편성에서 새로이 나타나는 특징은 창의적 사고 교육과 글쓰기 교육의 통합 및 대체이다. 숙명여대 〈융합적 사고와 글쓰기〉[51], 서울시립대 〈상상력과 창의적 글쓰기〉, 〈논리적 글쓰기〉, 한밭대 〈창의적 사고〉[52], 한국과학기술대 〈창의적 사고와 글쓰기〉[53] 등이 그 사례이다. 이화여대는 〈고전읽기와 글쓰기〉, 부산대는 〈고전읽기와 토론〉이라는 공통 교양과목을 편성해 비판적 사고 교육을 대체 혹은 보완하고 있다.[54] 부산대와 이화여대의 경우는 글쓰기와 독서토론교육의 심화과정이라는 측면에서 비판적 사고 교육에 중점을 두고 있다고 보기 어렵다.

주체 형성 교육에서 스스로 생각하고 판단하는 힘이 중요하다고

50 GS6, 337.

51 http://gei.sookmyung.ac.kr/fro_end/html/dep_02/2210.php#modalSuccess

52 https://basic.hanbat.ac.kr/cgce/html/sub02/020101.html

53 https://cms3.koreatech.ac.kr/general/1631/subview.do

54 https://culedu.pusan.ac.kr/culedu/14992/subview.do

생각한 아도르노의 시각에서 볼 때 위와 같은 교육과정 편성은 개선이 필요하다. 교양 글쓰기 담당자들은 글쓰기야말로 종합적인 사고 교육의 중핵 교과라고 주장하지만, 교재들이나 수업 방식은 과거 대학국어와 큰 차이를 보이지 않는 경우가 많다. 게다가 많은 대학에서 국문학 전공자들에 의해 강좌가 독점되는 상황을 고려한다면, 논증적인 비판적 사고 교육을 위한 전문 교과를 따로 편성할 필요가 있다. 오류 추리나 발견하는 논리학 수업, 요약과 정리 수준의 글쓰기 및 독서교육은 비판적 주체 형성이라는 본래적 목적의 상실을 보여주는 것이며 아도르노식으로 표현하면 "형식적 사고 능력"[55]을 길러주는 "지능의 협소화"[56] 작업에 지나지 않는다. '왜, 무엇을 위한 논리학이며 글쓰기이고 독서교육인가'에 대한 자기의식이 교재, 수업설계, 교수자의 수업 운영에서 확실하게 드러나야 한다. 이런 의미에서 주체 형성을 위한 비판적 사유 능력 교육은 일반논리학, 형식논리학의 수업 형식을 넘어서는 지문이나 교육 내용에서 사회논리학적 성격을 포함한 교과목 개발과 교육과정 운영으로 나타나야 할 것이다.

주체 형성을 위한 비판적 사고 교육과 관련해 아도르노가 과거극복을 위한 교육적 차원에서 제안한 사회학, 사회학과 역사학의 학제적 교육에 주목해야 한다. 그가 강조하는 사회학은 분과 학문으로서 사회학이 아니라 사회의 모순을 총체적 차원에서 다루는 학제적 차원의 비판적 인식 태도와 동일한 의미이다. 이러한 비판적 학습

---

55 Theodor W. Adorno, "Erziehung- wozu?", in: *Erziehung zur Mündigkeit. Vorträge und Gespräche mit Hellmut Becker 1959-1969,* Gerd Kadelbach(Hg), Frankfurt/M. 1970, p.121.

56 같은 책, 121.

은 과거의 야만과 현대의 야만, 현존 사회의 모순과 현혹 연관을 읽어 내는 데 그치지 않고 저항의 힘, '아니오'의 정신과 '다른 가능성'에 대해 모색하는 비판적 의식을 기르는 데 도움이 되며 동시에 '개인의 종말'을 회생시킬 수 있는 교육적 처방이다. 왜냐하면 '오늘날 개인은 저항의 힘의 중심으로서만' 살아남을 수 있기 때문이다.[57]

이것은 탈야만화와 성숙을 위한 교육이 궁극적으로 지향하는 것이다. 저항의 힘, 성숙의 조건으로서 강한 자아를 길러 내야 한다는 점에서 사회학적 사유와 상상력을 위한 교과목이 더 많이 개설되어야 함은 명확하다. 그런데 소위 산업대에서 일반대로 변모한 대학들에서 사회학과 사회문제를 다루는 선택 교양 강좌들이 상대적으로 적게 발견된다. 그중에서도 경제정의나 사회정의 혹은 불평등의 문제를 교과목명으로 설강한 대학을 찾는 것이 쉽지 않다. 철학 전공자의 입장에서 주체 형성 교육을 위해서는 교양교육과정에서 철학적 윤리이론과 사회문제를 결합시키는 강좌, 곧 '윤리학의 사회학화', '사회학의 윤리학화'된 강좌 개발이 요구된다.

4) 성숙한 인간교육을 위한 교수-학습 원리와 평가

성숙한 인간, 주체적인 인간 형성 교육을 논하며 교수-학습은 피해 갈 수 없는 주제이다. 아도르노는 먼저 탈야만화를 위한 교육 문맥에서 교사의 권위와 교수 행위를 언급한다. 그는 권위적인 수업이 아닌 투명한 권위, 계몽된 권위를 바탕으로 자율성이 존중되는 수업

57 같은 책, 124.

을 강조한다. 특히 유년기의 학교 교육에서 "권위적 태도의 포기, 엄격하고 경직되고 외면화된 초자아 교육이 포기"[58]되어야 한다고 강조한다. 그는 충분히 '계몽된 권위'를 유년기 아동으로 하여금 경험하게 하는 교육이 탈야만화에 기여하는 교육이며 폭력의 원칙에 따르지 않는 교육이라고 생각한다.[59] 주체로의 전환을 통한 자아의 강화와 권위의 상관성은 비단 유치원 교육에서만이 아니라 오늘날 우리 대학의 교양교육에서도 설득력이 있는 논변이다. 2000년 이후 전국 대학에서 교수학습센터들이 생기면서 교양교육에서 권위주의적 수업 모형에 대한 교육적 반성이 있었고 자기주도학습 유형인 PBL, 프로젝트형 수업, 캡스톤디자인, 플립러닝(flipped learning) 등의 교수방법론이 활용되기 시작했다.

그런데 필자가 볼 때 완전한 학생 주도 자기학습은 학습능력과 학습동기를 전제로 하지 않는 이상 기본적으로 불가능하다. 일선 교육현장에서 확인되는 자기주도학습 준비도는 학교, 학년, 성차 비율, 학과, 반구성도에 따라 편차가 매우 심하다. 대부분의 교양교육 강

58 Theodor W. Adorno, "Erziehung zur Entbarbarisierung", in: *Erziehung zur Mündigkeit. Vorträge und Gespraeche mit Hellmut Becker 1959-1969,* Gerd Kadelbach(Hg), Frankfurt/M. 1970, p.137. 아도르노는 파시즘을 낳은 개인들의 성격을 권위주의적 성격으로 규정하며 권위주의적 성격의 특징으로 경직성과 무반응, 무기력, 관습주의, 동조 습성, 신념의 결여, 경험 능력의 결여, 현실권력 및 거대 집단과의 동일시를 통한 자기보호기제를 제시한다. 아도르노가 볼 때 아이히만은 새로운 유형의 권위주의적 성격으로 간주할 만한 조작적 성격의 소유자로 거대 집단에 자신을 무조건적으로 편입시키며 무감정과 현실의 무조건적 수용이라는 심리 경향의 소유자이다(Theodor W. Adorno, *Studien zum autoritären Charakter*, Frankfurt/M. 1982, p.17 이하 참조).

59 같은 책, 136 이하 참조.

좌들에서 볼 수 있는 강의형 수업은 여러 경험 조사 연구에서도 확인되듯이 선호도가 가장 높은 강좌 유형이다. 이러한 현장 교육 상황을 고려할 때 학생들의 자율성을 보장하고 자기주도학습을 통한 '주체로의 전환'은 요원한 문제이다. 이 문제와 관련해 아도르노가 권고하는 '교수법을 사용하지 않는 교수법'에 주목해야 한다.[60] 이는 성과 중심 교육에서 자율성을 키우는 교육을 위한 최적의 대안이며 눈으로 보이지 않지만, 작용하는 최고의 교수법이다. 아도르노의 제안을 부분적으로 현실화하고자 한다면 자기주도학습 비율의 평가 점수 상향조정, 교수-학습 동기부여를 통한 견인책과 교수자와 학습자가 동의할 수 있는 수준의 객관적이고 공정한 표준평가지표의 개발이 필요하다. 교양교육의 교수-학습에서 성숙에 이르는 길은 자기주도학습 유형을 활성화하는 방법 이외에는 뚜렷한 방안이 없다.

성숙을 위한 교수-학습 평가 방식과 관련해 아도르노가 말하는 '경쟁이 아닌 놀이의 원리'가 매우 중요하다. 그는 경쟁이 인간교육에 반하는 교육원리이므로 교육에서 경쟁의 원리를 배제할 것을 촉구한다. 그는 경쟁 본능을 강화하는 교육, 성취동기를 부추겨 살아남는 비인간적인 교육이 아니라 놀이가 우선인 교육이 인간교육이라고 강조한다. 경쟁이 아닌 놀이적 교육은 '이상적'이다. 도구 과목, 실용 교과와 같이 경쟁력을 촉진하는 교육을 교양교육과정에서 완전히 배제할 수 없기 때문이다. 그러나 여타 교양교육 강좌에서는 제한적으로 적용 가능하다.

60 같은 책, 133 이하 참조.

경쟁 원리의 합리적 관리와 놀이적 성격에 관해 아도르노의 생각을 평가 방식으로 반영할 수 있다. 다음과 같은 질문을 던질 수 있다. 왜 교양교과목 수강생을 상대평가 비율에 맞추어 평가해야만 하는가? 왜 가치교육을 지향하는 과목인 철학 과목이나 이론형 인문학 강좌 수강자에게 등급을 평가해야 하는가? 필자가 볼 때 철학과 같은 가치교육과 관련된 교양교과목들은 P/F로 평가하는 것이 타당하다. 이와 같은 교과목에 기계적인 상대평가를 실시하는 것은 가치교육을 지식교육화하는 것에 지나지 않으며 교양교육의 유사 고등학교 교육화, 유사 학원 교육화이다. 지식은 평가의 대상이 되지만 가치는 평가의 대상이 아니라 변증적 대화의 대상이며 타자 간의 소통의 논리가 작동되는 담론의 공간이다. 더 많은 지식의 축적이 아닌 지평의 확대와 융합의 가능성을 타진하는 놀이의 교수-학습 및 평가 원리가 교양교육 전반에 자리 잡아야 성숙을 위한 교육으로 나아갈 수 있으며 위와 같은 평가 방식의 도입이 그 단초가 될 수 있다.

5) '절반의 교양'의 두 형식과 성숙을 위한 진지한 교양교육

아도르노는 절반의 교양, 가벼운 교양이 지배하는 교양교육하에서 성숙한 인간은 존재할 수 없음을 강조한다. 그가 지적하는 절반의 교육의 교양교육적 현실은 크게 ① 자아 없는 자기유지를 위한 교육, ② 절반의 이해와 절반의 경험자를 양산하는 교양교육을 의미한다. ①은 자유 교양이 배제되거나 빈약한 교육, 다시 말해 기초교육과 도구 과목 및 취업 역량 강화나 진로 설계로 채워진 교양교육과정으로 나타난다. ①의 경우를 대표하는 교양교육과정 운영 사례로는 논산 소재의 모 대학이다. 이 대학은 계열별 글쓰기 1과목, 영어 I, II, III, 동기유발, 기업가 정신과 리더십, 파트너십트레이닝 I, II를 교양필수과목으로 편성하고 있다. 인성 과목을 표방하는 파트너십트레이닝 I, II 교과목의 강의 계획서를 살펴보면 공연 관람, 기천문, 영화감상, 독서, 산책 등 포괄적인 의미의 실천적 인성교육 주제들로 구성되어 있으나 강좌명이 보여 주듯이 가벼운 교양의 종합판적 성격과 전략적 인적자원개발 의도를 결합한 교과목임을 알 수 있다.[61]

인하대가 2018년 2학기에 개설한 창업 관련 선택 교양 과목들은 〈창업 시뮬레이션〉, 〈진로설계 포트폴리오〉, 〈실전 스타트업〉, 〈스타트업 아이디어 발상〉, 〈스타트업 시작의 이해〉, 〈기술경영 창업〉, 〈경영전략과 스타트업〉, 〈세상을 바꾸는 스타트업 이야기〉, 〈기업가 정신과 창업〉, 〈스타트업 이슈 리서치〉를 포함 무려 10개 교과목이다.[62] 이러한 교육과정은 교양교육의 개념을 찾아볼 수 없는 취업 역량교육에 지나지 않으며 실용주의, "유용성의 논리가 전통적 교양교육과 화해할 수 없다"는 아도르노의 말을 상기하게 만든다. 이 대학만이 아니라 취업을 강조하는 대학들은 공통 교양의 자율 역량, 인성 역량 영역에 취업 관련 과목이나 미래 설계나 진로지도 과목들을 상대적으로 많이 개설한다. 이러한 교과목 편성과 관련해 흥미로운 점은 인성교육과 진로 및 취업 문제를 연계시켜 교과목명에 반영하는 추세를 보인다는 것이다. 인하대의 경우는 〈가치 형성과 진로탐색〉

61 https://www.konyang.ac.kr/prog/curriculum/kor/sub03_11_03_03/lac/view.do
62 http://generaledu.inha.ac.kr/curriculum/curr_020403.aspx

과 같은 진로 및 미래 설계 과목과 가치 형성 교육을 연계한 공통 교양을 운영하고 있다.[63] 이 강좌는 신입생 진로 탐색 교육의 진화된 형식이라 할 수 있다. 서원대의 공통 교과목인 〈인성 지도와 코칭〉도 같은 경우이다.[64] 이러한 현상을 아도르노식의 과장의 어법으로 표현하면 '반(反)교양으로서 절반의 교양교육의 역설'이다. 필자가 볼 때 자기형성 교육, 성숙한 인간의 육성이라는 교양교육의 이념에 반하는 위와 같은 과목들은 공통 과정, 중점 교양, 선택 교양에서 배제시키고 각 대학마다 운영하는 취업교육센터의 특별교육과정 혹은 무학점 졸업 인증으로 관리하는 것이 현실적 필요성과 교양교육을 살리는 길이다.

절반의 교양과 관련해 두 번째 문제는 절반의 이해자와 경험자를 양산하는 '가벼운 교양의 지배' 문제이다. 학습자 중심, 매체 활용 교육 바람이 불면서 교육 수요자로서 미디어 영상 세대의 입맛에 맞는 강좌들이 2000년대 초반부터 선택 교양강좌의 큰 흐름을 이루고 있다. 〈영화 속의 철학〉, 〈영화 속의 도시 문화〉, 〈역사와 영화〉, 〈영화와 과학〉, 〈애니메이션 속의 ×××〉 등등의 이름으로 대표되는 강좌들은 가벼운 소재에서 출발해 진지한 교양을 지향한다고 표방하지만, 자칫 흥미 위주, 표피적인 이해로 그치고 마는 경우가 대부분이다. 이것은 교강사 워크샵과 교강사 그룹 집담회에서도 확인된다. 절반의 교양자 취향을 겨냥한 〈생활과 재테크〉 〈와인과 생활〉류의

63 http://generaledu.inha.ac.kr/curriculum/curr_020101.aspx

64 https://www.seowon.ac.kr/slac/5997/subview.do

강좌들은 여타 대학에서 흔히 볼 수 있는 문화센터형 생활 강좌이다. 이보다 더 심각한 것은 연세대의 선택 교양영역 〈생활·건강〉에서 개설하는 성격과 같은 강좌들이다.[65]

비단 연세대만이 아니라 서울대를 포함한 전국 대학들이 공통적으로 골프, 배드민턴, 스쿼시 등의 각종 스포츠 종목의 교양강좌들을 개설한다.[66] 이와 더불어 〈현대인의 생활 영양〉, 〈건강과 운동〉, 〈생활습관과 건강증진〉, 〈금연과 건강한 삶〉, 〈현대인의 식생활〉 등의 강좌들이 대학마다 제공된다. 이러한 교양교과목은 교양 개념에 비추어 반교양적인 교과목이며 아도르노식으로 말하면 '신선하고 즐거운 교양의 확산' 사례이다. '진지한 교양'을 위해서는 교양교과목들의 '학술성'이 강화되어야 하며 '지식 모으기, 생활지능 키우기 교양'이 아니라 '한 주제나 몇 가지 키워드를 가지고 한 학기 동안 공동 탐구하는 교양 강좌'들이 개설되어야 한다.

필자가 볼 때 '가벼운 교양'의 득세는 교양교육과정 편성자들의 관성과 교육적 유기, 교양 강좌 수강생들의 빈곤한 교양 인식 태도의 타협물이다. 강좌 개설자 입장에서 가벼운 강좌는 교양교육의 중요성이 인식되기 이전인 1980년대적 관성의 잔존과 교양교육에 대한 철학의 빈곤과 몰이해, 이해 조정자의 책무성 결여, 학과 이기주의의 산물이다. 한편 학생들은 교양수업을 '쉬어 가는 시간', '학습 에너지 조절 법칙에 근거한 선택 원리 향유의 장'으로 간주하는 경향이 농후

65 http://universitycollege.yonsei.ac.kr/fresh/refinement/course_selection06.do

66 https://liberaledu.snu.ac.kr/node/74

하다. 여기에 취업과 생활에 도움이 되는 강좌를 선호하는 실용주의적 학습 태도가 덧붙여진다. 가벼운 교양의 득세를 극복하기 위해서는 한국형 리버럴아츠칼리지로 가든가 아니면 교양교육에 관한 대학 본부, 학내 이해 당사자 그룹, 학생들의 자기계몽이 필수적이다. 아도르노가 정치교육을 위해 교육자 교육을 제안하듯 한국기초교양교육원을 활용한 전국 대학 핵심 보직자들의 교양교육 연수 의무화는 교양교육에 부합되는 진지한 교양교육에로의 정책 전환에 도움이 될 것이다. 국책사업과 기관평가에서의 교양교육 평가라는 외부 자극만으로는 가벼운 교양의 득세를 해결할 수 없다는 것을 대부분 대학의 교양교육 편성표가 보여 주고 있다는 점에서 필자의 위 제안은 의미가 있다. 절반의 교양과 가벼운 교양은 아도르노의 지적처럼 단순히 절반의 교양을 갖춘 자, 절반의 경험을 갖춘 자의 양산에서 끝나지 않는다. 그의 시각을 확장하면 그 끝은 그가 말하는 "인간의 평준화와 표준화"[67]로 나타날 것이며 성숙한 인간의 육성이라는 교육과 교양교육의 목적은 요원한 것이 될 것이다.

6. 나오면서

지금까지 아도르노 교육 담론의 성격과 내용을 고찰하고 그의 시각에서 한국 대학의 교양교육 현실을 진단하고 무엇이 개선되어야 하는가를 검토했다. 또 필자의 관점에서 교육과정의 부분적인 개선

67 GS3, 270.

안을 제시했다. 아도르노의 시각에서 "스스로를 완전히 자각하고 강력한 힘이 된 계몽"[68]된 교양만이 거짓된 계몽으로서의 야만의 교양교육, 반(反)교양교육으로서 절반의 교양, 가벼운 교양을 지양할 수 있다. 이러한 지양을 위한 실천적 태도로서 요구되는 것은 아도르노가 총체화에 사회에 대항하는 유일한 자세로 간주한 '지독한 진지함'과 같은 비타협적 태도이다.[69]

여기서는 아도르노의 교육적 사유가 갖는 몇 가지 한계와 그것의 보완을 위한 현실적인 제안을 하고자 한다. 첫째, 탈야만화 교육에서 야만 개념이 지나치게 포괄적으로 사용된 측면이 있다. 아우슈비츠 이후에도 아우슈비츠는 상존하며 야만과 새로운 야만이 존재하다는 그의 논제 자체는 시대비판가나 교양교육 종사자들도 동의할 수 있고 탈야만의 교육 원리로 비판적 수용이 가능하다. 문제는 포괄적인 야만 개념을 교육과정에 적용하는 경우 교육과정과 교과목 개발운영상의 난점이 나타날 수 있다. 특정 교양교과목을 탈야만 (집중)교육 교과목으로 개설할 수 있지만 교양교육과정 전체를 탈야만의 관점에서 설계하는 데에는 한계가 있다. 교육과정 설계 원리로서 구체성 확보라는 문제만이 아니라 오늘날 한국 대학 교양교육 설계 원리의 제1원칙이 될 수 있는지는 이론의 여지가 있을 수 있다.

둘째, 성숙을 위한 교육이 교양교육의 목적임은 이론의 여지가 없고 교양교육의 개별 과목들의 수업 설계와 운영도 그것을 지향한다

68 같은 책, 234.

69 GS4, 241 참조.

는 데에는 원칙적으로 동의할 수 있다. 문제는 수백에서 일천 개가 넘게 개설되는 교양교과목의 설계와 교수자의 수업 운영이 그와 같은 궁극적 목적을 지향하도록 하는 데 근본적인 한계가 있다는 점에 있다. 도구 과목, 취업 진로 교과목 이외에 리버럴아츠 교과목에서, 그중에서도 중핵 교과목을 선정해 '성숙을 위한 교양교육'을 트랙화하는 것이 현실적인 대안일 수 있다. 비판적 사고 교육, 고전교육, 정치사회교육, 역사교육, 문화예술교육 영역에서 중핵 교과목을 선정하고 사회 이슈를 중심으로 한 대안모색형 토론수업, 학생 주도의 열린 세미나 형식의 열린 교육을 생각해 볼 수 있다.

셋째, 아도르노에게 살아 있는 경험 능력(Erfahrungsfähigkeit)을 만들어 내는 것은 매우 중요하다. 그것이야말로 의식을 만들어 내는 매우 본질적인 것이며 그것을 통해 억압 메커니즘과 반응 형성들을 해체할 가능성이 열린다. 왜냐하면 경험 능력 없이 공인될 만한 성찰의 수준이 존재할 수 없기 때문이다.[70] 그가 의식철학이 죽여 버린 감각에 선행하는 '경험의 육체적 계기성'과 주체에 의해 항상 대상화된 '객체의 우선성'을 강조하는 이유가 거기에 있다.[71] 살아 있는 경험 능력이란 개념에 의해 규정적 객체와 개념에 의해 포착되지 않은 객체 사이를 구별하는 능력의 작동을 말한다. 이와 관련해 아도르노는 경험 능력의 회복을 위한 구체적인 교육프로그램을 제안하는 구체성의 사유를 보여 주지 못하고 있다.[72] 아도르노의 논점을 살리려면 교

---

70 Theodor W. Adorno, "Erziehung- wozu?", in: *Erziehung zur Mündigkeit. Vorträge und Gespräche mit Hellmut Becker 1959-1969,* Gerd Kadelbach(Hg), Frankfurt/M. 1970, p.120 이하.

71 GS6, 184 이하 참조.

양교육의 정규 교육과정과 비정규교육과정에서 단순히 감각경험 이상의 육체적 경험이 가능한 체험 기반 학습프로그램과 상상력을 자극하는 교육이 강화되어야 한다. 이를 위해 필자는 '감정에 대한 학제적 교육프로그램', '예술문화창작 체험교육프로그램', '자연미 경험 교육프로그램', '차이의 발견과 공존을 위한 협동프로젝트', '매체 제작, 모니터링 및 비평 교육과정' 등의 교과목 운영과 관련 연구교육센터의 설립을 통한 통합적 감성교육을 제안한다. 이러한 통합적 교육 관리체계에서 중요한 것은 인지적 차원과 체험 기반 교육 간의 균형을 찾는 것이다. 이를 위해서는 교육과정에서 교양예술교육의 강화가 우선적으로 요구된다. 이와 같은 교육은 '의식의 감각'을 키우는 데도 도움이 될 것이다.

넷째, 아우슈비츠의 재발 방지를 위한 교육의 정언명법, 탈야만과 주체로의 전환을 통한 성숙에 이르는 문제와 관련해 아도르노는 교양교육 종사자들의 문제를 쟁점화하지 못하고 있다. 그는 교수자의 탈권위적인 태도, 교수자 양성과정에서의 심리분석을 언급하는 데 그치고 있다. 성숙을 위한 교육프로그램, 환경 및 시스템이 구축되었다 하더라도 교양교육 담당자들이 먼저 계몽된 자, 성숙된 자가 아닌 이상 성숙을 위한 교육적 처방, 교수자와 학생 간의 서로 성숙

72 홍은영은 아도르노가 말하는 살아 있는 경험 능력의 회복이 제한적일 수밖에 없으나 '세계의 복잡함과 불확정성을 표현할 수 있는 교양교육의 장'이 필요함을 제기한다. 문제는 홍은영 역시 아도르노와 같이 전략과 방법에 대한 논의를 전개하지 않는다는 점이다. 홍은영, 「아도르노(Adorno)의 '절반의 교육'에 대한 비판을 통해 본 교양교육」, 『교육의 이론과 실천』 제20집 3호, 한독교육학회, 2015, 208쪽.

됨의 교육적 실천은 기대할 수 없다. 성숙한 교육자의 양성을 위해서 기존의 교수법 중심의 교강사 워크샵과 같은 교수방법론적 접근을 최소화하는 대신 인간성의 이념, 교양교육의 이념과 방향 등 본질적인 문제에 대한 교강사의 계몽을 위한 집중 연수프로그램을 제안한다. 아울러 성숙을 위한 교육을 위해서 학생의 강의평가에 의한 강사 강의배정 원칙을 수정해 강의평가의 비중을 50% 이하로 축소하고 학술성을 포함한 정성평가 요소를 강화해야 한다. 이는 성숙을 위한 교양교육의 정착을 위해 필요한 사항이다.

다섯째, 아도르노는 훔볼트식의 교육이념인 '훌륭한 사회적 기능인 양성과 자기형성적 교양의 조화'가 원리상 불가능하며 현재의 조건에서는 그것의 균열을 메꾸려는 시도보다 인식시키는 것이 교육에서 중요하다는 것을 지적한다.[73] 그러나 필자가 볼 때 그의 생각과 달리 직업 교육과 성숙을 위한 자기형성 교육의 균열과 긴장은 불가피하며 그것이 교육의 운명이자 영원한 숙제이다. 오늘날의 국내 대학은 말할 것도 없고 아도르노의 나라인 독일의 대학교육도 부분적으로는 사회적 생존을 위한 개인사업가 교육(Bildung der Ich-AG)[74]처럼

73 Theodor W. Adorno, "Erziehung- wozu?", in: *Erziehung zur Mündigkeit. Vorträge und Gespräche mit Hellmut Becker 1959-1969,* Gerd Kadelbach(Hg), Frankfurt/M. 1970, p.124 참조.

74 안드레아 리스너는 오늘날 대학의 개혁 노력이 성공과 실패의 책임을 개인에게 떠넘기는 방식으로 진행되며 대중교육기관인 대학이 직업학교가 되고 있음을 비판한다. 학문의 근간을 흔드는 이러한 사태에 학자와 학문 세계가 비판에 나서야 함을 그는 강조한다. 미하엘 빔머는 '경제적 사유 방식에 의한 교육적 담론의 식민지화'를 주장하며 글로벌화와 함께 교육이 사회경제적 생산성의 문제로 수렴되어 버렸으며 그 결과는 교육의 붕괴로 나타난다고 비판한다. A. Liesner, "Die Bildung einer Ich-AG. Lehren und Lernen im Dienstleistungsbetrieb Universität", in: *Bildung der Universität. Beiträge zum Reformdiskurs,* A.

변해 버린 것을 부정할 수 없다. 이러한 대학교육 및 교양교육의 위기 상황에서 균열과 파행의 인식이 선행되어야 한다는 아노르노식의 주장이 규범적 호소력을 가질 수 있다. 그런데 문제는 인식 이후의 문제 해결이다. 핵심은 '어떻게'인데 이것은 대학의 규모나 수준, 설립 목적과 지향점에 따라 다를 수밖에 없으며 균형과 긴장을 위한 특정 대학 주체들 사이의 협동적 노력의 수준이 성패를 결정하게 될 것이라는 점이다.

마지막으로 아도르노가 "단지 교육만으로 결코 이성적인 사회를 가져올 수도, 보장할 수도 없다"[75]는 입장을 취해 왔다는 점을 지적하고자 한다. 사회개혁과 교육개혁의 암묵적 동시성에 대한 그의 일관된 입장은 사회개혁—교육개혁—대학 교육개혁—개별대학 교육개혁—교양교육의 개혁—성숙을 위한 교육—진지한 교양이 긴밀한 관계에 있음을 의미하며 타당한 주장이다. 하지만 현실적으로 성숙한 사회를 위한 사회개혁이나 교육개혁이 항상 동시적이지 않다. 또한 사회개혁의 우선성을 강조하는 것으로 해석될 수 있는 이 주장은 교육을 통한 탈야만 교육, 성숙을 위한 교육 내재적 한계에 대한 회의적 시각이 반영되어 있다고 볼 수 있다. 구제에의 희망과 회의에의 아도르노적 줄타기가 그의 교육적 사유에서도 드러나는 것이다.

Liesner & O. Sanders(Hg), Bielefeld 2005, p.44 이하 참조; M. Wimmer, "Ruins of Bildung in a Knowledge Society: Commenting on the Debate about the Future of Bildung", in: *Educational Philosophy and Theory* 35, no. 2, 2003, p.168 참조.

75 GS8, 575.

Adorno, Theodor W., *Erziehung zur Mündigkeit, Vorträge und Gespräche mit Hellmut Becker 1959-1969*, Gerd Kadelbach(Hg), Frankfurt/M. 1970.

___________________, Etwas fehlt···, "Ein Rundfunktgespräch mit Theodor Adorno", in: *Bloch, Tendenz-Latenz-Utopie*, Farnkfurt/M. 1996.

___________________, Gesammelte Schriften, Bd. 3, *Dialektik der Aufklärung*, hrsg von R. Tiedemann, Frankfurt/M. 1998.

___________________, Gesammelte Schriften, Bd. 4, *Minima Moralia*, hrsg von R. Tiedemann, Frankfurt/M. 1998.

___________________, Gesammelte Schriften, Bd. 6, *Negative Dialektik*, hrsg von R. Tiedemann, Frankfurt/M. 1998.

___________________, Gesammelte Schriften, Bd. 8, *Soziologische Schriften I*, hrsg von R. Tiedemann, Frankfurt/M. 1998.

___________________, Gesammelte Schriften, Bd. 10.2, *Kulturkritik und Gesellschaft I*, hrsg von R. Tiedemann, Frankfurt/M. 1998.

___________________, Gesammelte Schriften, Bd. 20.1, *Vermischte Schriften*, hrsg von R. Tiedemann, Frankfurt/M. 1998.

김누리, 「아도르노의 교육담론」, 『독일언어문학』 제78집, 한국독일언어문학회, 2017.

이종하, 「소외된 교육과 해방의 교육 — 아도르노의 '교육현실' 비판」, 『시대와 철학』 제16집 2호, 한국철학사상연구회, 2005.

______, 『호르크하이머의 비판이론』, 북코리아, 2011.

홍은영, 「아도르노(Adorno)의 '절반의 교육'에 대한 비판을 통해 본 교양교육」, 『교육의 이론과 실천』 제20집 3호, 한독교육학회, 2015.

Albrecht, C., Die Massenmedien und die Frankfurter Schule, in: *Die intellektuelle Gruendung der Bundesrepublik. Eine Wirkungsgeschichte der Frankfurter Schule*, Frankfurt/M. 2000.

__________, Im Schatten des Nationalsozialismus: Die politische Paedagogik der Frankfurter Schule, in: *Die intellektuelle Gruendung der Bundesrepublik. Eine Wirkungsgeschichte der Frankfurter Schule*, Frankfurt/M. 2000.

Frei, N., *Vergangenheitspolitik. Die Anfänge der Bundesrepublik und der NS-Vergangenheit*, Muenchen 1996.

Liesner, A., "Die Bildung einer Ich-AG. Lehren und Lernen im Dienstleistungsbetrieb Universität", in: *Bildung der Universität. Beiträge zum Reformdiskurs*, A. Liesner & O. Sanders(Hg), Bielefeld 2005.

Stojanov, K., *Theodor W. Adorno-education as social critique, Theories of Bildung and Growth*, Rotterdam 2012.

Wimmer, M. "Ruins of Bildung in a Knowledge Society: Commenting on the Debate about the Future of Bildung," in: *Educational Philosophy and Theory* 35, no. 2, 2003.

http://cms.ewha.ac.kr/user/indexSub.action?codyMenuSeq=3363825&siteId=hokma&menuUIType=top

http://generaledu.inha.ac.kr/curriculum/curr_020101.aspx

http://gei.sookmyung.ac.kr/fro_end/html/dep_02/2210.php#modalSuccess

http://hc.khu.ac.kr/v2/02/02.php

http://hc.khu.ac.kr/v2/?pmi-sso-return2=none

http://liberaledu.snu.ac.kr/index.php?hCode=EDUCATION_02_01

http://liberal.uos.ac.kr/liberal/intro/target/target.do?loginCheck=false

http://universitycollege.yonsei.ac.kr/fresh/refinement/course_selection06.do

http://www.swu.ac.kr/www/bahromedu_3.html

https://basic.hanbat.ac.kr/cgce/html/sub02/020101.html

https://cms3.koreatech.ac.kr/general/1631/subview.do

https://culedu.pusan.ac.kr/culedu/14992/subview.do

https://hakbu.skku.edu/hakbu/intro/objective.do

https://haksa.catholic.ac.kr/haksa/course0202_18.html

https://liberaledu.snu.ac.kr/node/74

https://www.konyang.ac.kr/prog/curriculum/kor/sub03_11_03_03/lac/view.do

https://www.seowon.ac.kr/slac/5997/subview.do

ㄱ

가변자본 142, 156, 192
가상 51-54
가치중립성 160
감각결합 159
감각복합 159, 173, 174
감성적인 능력 26, 36
감시 66
개념 54, 58
개념을 사용하지 않는 인식 33
개념의 노고 169, 221
개념의 노동 161
개념의 운동 146, 149, 168, 191
개별 인간의 폐기 60
개인의 폐기 60
객관적 모사상 55
객체 167, 175-180
객체화 33
거대 권력 67
거짓 형상 53, 55, 57
결단론 217, 222
결정론 212, 214, 217-219
경계선 54
경제 권력 55, 57, 66
경제 인간 35, 37
경제·자본 권력 55-57, 67, 69
경제적 생산력 23
경제적 합리성 35, 37
경제 절대주의 37
경제주의 204
경험 세계 38, 50-53, 57, 58
경험적 현실 45, 50
계급 모순 199
계몽 194, 211, 225
계몽된 성인교육 298
『계몽의 변증법』 84-86, 89-91, 93, 96, 98, 102, 113, 120, 123, 124
계획경제 196
고전교육 313
고정자본 192
「고타강령비판」 204
고통 46
공산사회 196
공산주의 187
공포 46
과거극복 298-300, 318
과거극복의 교육학 298
과잉 결정 136, 138, 142, 201, 204, 208
과정 20, 24, 34, 35
과정으로서의 테크놀로지 24
관념론 131, 134, 137, 158, 159, 166, 173, 175, 177, 178, 180-183, 201, 207, 224

관념변증법 133, 158, 178
관리 66
관리되는 개별 인간 67
관리되는 사회 211
관리되는 세계 94, 115
관리된 세계 46
관할처 54
괴기스러움 46
교양교육 295, 296, 301-304, 306, 310-312, 314-316, 320-322, 327, 331
교양예술교육 329
교육 301, 302
교육개혁 331
교육과정 310, 314, 318, 323, 325, 327, 329
교육학적 전회 299
구성 33
구조 136
구조화된 체계 21
구체 166, 167, 176, 213, 218, 222
권력관계 50, 51, 55, 56
귀납법 54
규범 238, 241, 242, 246, 247, 251-257, 260
규제적 이념 218
근본생태주의 194, 195
기계론 149
기계적 161
기계적 유물론 153
기만 60
기법 33
기술 19, 34, 55
기술적 합리성 35
기술적 행위 19-21, 34
기술 진보 20, 37
기초존재론 168
기회주의 214
긴급조치 66

ㄴ

나노공학 24
나치즘 65
낭만주의 190, 225
낯설게 하기 46
내재비판 → 내재적 비판
내재적 비판 77, 80, 81, 88, 191-193, 225
내적 자연 지배 42
노동운동 184
논리 54, 58
『논리학』 136
니체 139, 234, 243, 260

ㄷ

다양성 20
다차원성 20, 34
다층성 34
당사자가 된 느낌 33
대량실업 25, 69
대립관계 52
대립물 143
대립물의 통일 132
대중 기만 88, 91

데카르트 149, 150, 224
도구적 이성 54, 86, 87, 116, 211
도구적 합리성 36, 38, 42, 44, 46, 49
도덕 232-238, 240-253, 255-257, 259, 260
도덕적 확실성 286, 287
도덕철학 232-235, 237-243, 245, 247, 249, 253-255, 258,-260
도식 146, 151, 161, 168, 213, 221
도식주의 150, 197, 210
독단론 176, 181
『독일 이데올로기』 154
동기부여 321
동역학의 카테고리 20
동일성 사유 87, 125, 140, 148, 151
동일적 사유 103, 104, 115, 121
듀링 137, 207
드러커, 피터 24
들뢰즈 138, 140-142, 153, 186-188, 194
디아마트 148, 149, 220
디츠겐, J. 137

ㄹ

랭보 59
레닌 131, 133, 136, 137, 142, 145, 151, 159, 163, 164, 173, 180, 182, 186, 201, 209, 219, 223
레닌주의 176
레클레어 137
『로봇의 부상』 27, 37
루카치 171, 176, 210
리카 165

ㅁ

마르크스 131, 133-135, 137, 141, 142, 145, 147, 149, 154, 165-167, 171, 173, 175-177, 182, 183, 186, 187, 191-193, 195, 201, 204-210, 212, 214, 224-226
마르크스주의 194
마법적인 교감 51
마오 131, 138, 141, 188, 196-198, 202, 204, 216
마하 137, 159
마하주의 173
만하임 159
말러 59
매개 161, 180, 181
메스트르 150
메타포 59
모순 131, 132, 136, 138, 140, 141, 143-145, 168, 178, 184-188, 190, 193, 194, 196, 201, 211, 213, 223, 225, 226
『모순론』 138
모순성 189
목적 합리성 19, 34, 36, 39, 44, 46, 49
몸짓 49
몽테스키외 147
무정부주의 194, 225
무조음악 76, 77, 93, 100, 119
문명사 54
문화대혁명 197, 198
문화산업 86, 88-91, 98, 114

문화산업공학 24
물신 171
물신화 164
물자체 166, 175
물질성 50, 51, 56
미메시스 41, 104, 115-117, 275, 281
미메시스적 계기 115
미메시스적 충동 33, 40, 45, 46, 54, 58
미메시스적 행동 42-45
미메시스적 행동 양식 86, 87, 116
미성숙 305
미시론 157, 224
미적(예술적) 가상 50-55, 75, 79, 118
미적(예술적) 합리성 34, 39-41, 54
『미학이론』 113, 120, 124, 125
민족 모순 199

ㅂ

반(反)교양 325, 327
반(反)교육 296, 306
반복 138
방법적 회의 149
배럿, 제임스 27
버클리 159, 173
법률학 65
법정 64
베르그송 139
베버 160
베베른 59
베케트 38, 40, 45, 46, 48, 49, 59, 216
베크만, 요한 23
베토벤 68
벤야민 47
「변신」 59, 67, 68
변증법 131-135, 137, 140, 142, 143, 145, 147, 149, 151-153, 156, 158-162, 164, 169, 171, 172, 176, 178-181, 186-188, 190, 192-194, 197, 198, 201, 203, 204, 206, 207, 209, 211-215, 217, 220, 221, 223-226
변증법적 문화이론 88
변증법적 유물론 110, 148, 154, 182
변혁 132, 159, 172, 184, 199, 205, 212, 214, 222, 224-226
병적 혐오감 45, 46
보들레르 38, 48, 59
복합성 20
복합성의 총체 21
복합성 증대 39
본질 143, 151, 202, 203
본체계 219
봉사 311
부가요인 270, 273, 276
『부정 변증법』 102, 120, 124, 125
부정 변증법 103-105, 112, 125, 126
부정성 52, 58, 74, 83, 102, 116, 117, 123
부정의 부정 132, 135, 141, 187, 205, 207-209, 211, 212, 222
부정적 상 46
부정적 역사철학 105
부정주의 철학 106, 113, 117
부조리 46

부조화 46
부차 모순 202, 203
불가지론 154, 173
불균등성 136
불변자본 142, 192
불안 46
불의의 연관관계 54
불평등 25, 29
불협화음 46
뷔히너 137
비가역성 19, 20
비가역적 20
비개념적 38
비겔로우, 제이콥 23
비동일성 105, 111, 112, 115
비동일자 103, 112, 117, 121
비동일적 103, 105
비동일적 타자 112, 120
비코 147
비판 49, 57, 58
비판이론 82, 92, 101, 109, 120, 122, 125
비판적 사고 교육 317, 318
비판적인 인식 58
비합리성 38
비합리주의 169
빅데이터 25

ㅅ

사물 세계의 우위 60
사물 세계의 폭력 61
사물인터넷(IoT) 25, 30
사물체계 22
사물체계로서의 기술 22
사물화 60, 147, 150, 171
사물화에 의한 가족의 해체 60
사물화의 폭력성 60
사법 농단 66
사유 능력 26
사이비 필연 214, 218, 219
사적 소유 205
사회개혁 331
사회구성체 217
사회민주주의자 201
사회 양극 25
사회의 설치 34
사회의 형식 53
사회적 기능 59, 68
사회적인 반(反)테제 58
사회적인 폭파력 38
사회적 총체성 94, 112, 120, 121
사회적 현실 54, 58, 60
사회주의 131, 132, 136, 182, 201, 214, 222, 223
사회주의적 리얼리즘 52
사회체계 22
사회체계로서의 기술 22
산업적 합리성 35
살아 있는 경험 능력 328
상대주의 144, 152, 154-158
상대평가 322
상반 감정 양립 60
상부구조 204, 209

상상력 69
상업성 56, 69
상품에 의해 지배되는 사회 45
생명공학 24
생산관계 212, 222
생산력 168, 184, 194, 208, 212, 222
생산방식 205
생산성 50, 51, 56
생산수단 205
생산양식 206, 217
서구 인식론 55
성숙 304, 305, 310, 312-314, 316, 319, 321, 327, 329, 331
세계가 인간에게 강요하는 고통 33
세계가 주는 고통 45
세계의 경제화 37
세계의 고통사 47, 48, 49
세계의 탈주술화 과정 43
세계 지배력 56, 57
소멸 41
소외 46, 168
소외로서의 노동 60
소외 없는 노동 61
소크라테스 155, 170
소피스트 144
쇤베르크 48, 59
수수께끼 49, 57
수수께끼적인 물음 47
수수께끼적인 성격 33, 46, 48, 49
수수께끼적인 형상 48
『순수이성비판』 145
순수한 형상 51
순응 275, 290
스미스 165, 192
스탈린 135, 195, 198
시차적 관점 219
신음악 76, 77, 93, 119
신자유주의 37
실재적 55
실제 51, 53
실증주의 152, 154, 158-163, 168, 169, 216
실증주의 논쟁 101
실천 132, 215, 217, 220, 223, 225
실천이론 217
『심판』 62-68
12음 기법 77, 78, 93, 119
3D 프린터 25

ㅇ

아도르노 140, 145-150, 152, 153, 155, 159-161, 165, 167-172, 178, 179, 181, 182, 188-193, 210, 211, 220, 221, 224-226, 295-302, 306, 308, 310, 315
아름다운 것 30
아베나리우스 137, 159, 174
아우슈비츠 295-297, 301, 327, 329
알레고리 47, 48
알튀세르 135-138, 141, 142, 201, 202, 204, 205, 207-209
알파고(AlphaGo) 25, 26, 36, 69
암호 48

암호 표지 48, 49
야만 300, 301, 315, 319, 327
양극화 69, 184
양질 전환 132
어두움 46
언어가 없는 언어(sprachlose Sprache) 38
엘레아 학파 144
엥겔스 131, 133, 135, 137, 142, 145, 154, 157, 158, 160, 164, 173, 179, 182, 183, 191, 205, 207, 210, 219
역량 314, 323
역량교육 314, 315
역사적 경험들 45
연역법 54
열린 교육 328
영점(零點) 45, 46
예술의 사회적 기능 58
예술의 존재가치 31
예술의 종말 69
예술적 가상 33, 57
예술적 비판 57
예술적 인식 57
예술적 합리성 33
예술적 현대 44, 59
예술지상주의 58
오락성 56
외적 자연 지배 42
요소 복합 173
우주공학 24
원리적 동격 173
원시제전 41, 51
위상학적 사고 221
위상학적 사유 148, 162
유기체론 169
유동자본 156, 192
유물론 134, 137, 145, 159, 161, 173, 176-178, 180-183, 208, 214, 268, 269, 277
유물변증법 133, 136, 154, 158, 168, 178
유아론 159, 173
유용성 50, 51, 56, 69
유토피아 33
유토피아적 화해 92, 105, 106, 116-118
유토피아적 희망 74, 95, 116
윤리 240, 242, 243, 248, 249, 251-253, 255-257
윤리학적 물음 31
의고주의 190
의미 매개 33, 58, 59, 67-69
의미 매개 기능 58
의미 형성 33, 58, 62, 67-69
이데아 144
이데올로기 52, 77, 86, 89, 94, 101, 104, 123
이데올로기 비판 77, 78
이론 220, 223
이론과 실천 131, 221
이분자(異分子) 50, 51
이성 도덕 268, 269, 279
이성의 간계 212
이성적인 능력 36
이윤 극대화 36, 37
이윤 추구의 극대화 69

이이제이 194
인간교육 312
인간성의 실현 303
인간의 도구화 60
인간의 종말 41
인공 범용성 지능 27
인공지능(AI) 19-23, 25-27, 34, 37, 38, 46, 49, 55-57, 68
인공지능 시대 62, 67-69
인과 200
인과관계 143, 214, 218, 222
인과 사슬 219
인과율 54
인류의 종말 41, 69
인민의 호민관 201
인성교육 313
인식 49, 54, 57, 58
인식론적 절단 135
인식적 확실성 272
잉여가치 142, 205
잉여가치론 156

ㅈ

자기보존 62, 66
자기보존의 강제적 속박 60
자기자각 37
자기주도학습 321
자기형성 301, 330
자발성 275
자본 권력 55, 57, 66
『자본론』 165, 204
자본주의 131, 132, 147, 162, 168, 184, 185, 192, 194, 195, 198, 205, 206, 214, 222, 223, 225, 226
자연사 47
자연 지배적인 합리성 42
자유로운 개인들의 연합 187, 196, 225, 226
잠재적 중심항 173
재현 138-140, 142, 151, 186, 194
적대 141
적대관계 159, 221
적대적 190, 222
전율 46
전체 52, 163, 164, 166-170, 172, 178, 179, 181, 208, 211, 221, 224, 225
절반의 경험 326
절반의 경험자 308-310, 324
절반의 교양 306, 307, 309, 326, 327
절반의 교육 306, 307, 310
절반의 이해자 308, 310, 324
절정 자본주의 45
정·반·합 132
정보통신공학 24
정보통신 테크놀로지 22
정보혁명 37
정성평가 330
정신을 흔들어 놓기 33
『정신현상학』 133, 158
정신화 33
정역학의 카테고리 20
정체불명의 학문 65

정체성 상실 69
정체성 위기 31
제2의 세계 45
제4차 산업혁명 25
제국주의 198
제논 144, 145
제일원리 145, 149, 152, 154, 181, 183, 222, 224
조이스 48, 59
존재 167
존재가치 32, 33, 36, 39, 40, 57, 58, 68
존재론적 물음 28
종합 능력 26
좋은 것 30
좋은 삶 32
주요 모순 197, 199, 201-203
주체 167, 169, 175-180, 190, 193, 212-219, 222
주체 형성 교육 316, 317, 319
지능정보사회 25
지배 66
지배관계 50, 51, 55, 56, 84, 87, 89, 105, 120, 185, 201-204, 222
지배구조 138, 213, 225
지배질서 213
지배체계 53, 57
지배 테크놀로지 25
지식사회학 159
지양 135, 138, 207, 208, 211
지젝 215, 216
진리 내용 53
진실과 허위의 전도 60
진지한 교양교육 326
짜임관계 170, 224, 225

ㅊ

차이 138, 139, 141, 156, 184, 186-188, 193, 194, 199, 223, 225
차이 형이상학 187
참된 것 30
청산주의 209, 211
체계 54, 167, 179, 181, 182, 211
첼란 48, 59
초월적 비판 192
총체 179, 196, 213, 217, 218
총체성 143, 160, 161, 164, 171, 172, 183
총체적 기만관계 102
총체적 지배관계 211
최종 심급 204
추함 45, 46, 59, 60
충격 45, 46, 59, 60

ㅋ

카프카 38, 40, 48, 49, 57, 59, 60, 65, 68, 69
칸트 145, 147, 148, 151, 159, 166, 168, 173, 175, 180, 183, 219, 231-240, 242, 243, 245, 247, 249-253, 255, 258-260
코페르니쿠스 147
콜레티 182, 183
콩도르세 147

ㅌ

탈야만 331
탈야만화 310, 320, 327
탈야만화 교육 302-304, 306
테크네 19
테크놀로지 21, 23-26, 31, 34, 55
『테크놀로지와 문화』 24
테크놀로지의 역사 연구회 24
테크놀로지의 인격화 26
통제 66
투입 작용 173
트로츠키 195
특별비용 38
특별한 것 52

ㅍ

파리코뮌 226
파시즘 82, 84, 85, 88, 93, 95, 98, 101, 113, 118, 125
판단 능력 26
페미니스트 199
페촐트 159
편리성 50, 51, 56, 69
평등가치 29
폐기 66
포드, 마틴 27, 37
포스트모더니즘 193
포스트모던 193, 198, 199, 223, 226
포이어바흐 153, 158, 214
폭력성 60
폭력체계 65
프레카리아트 61
프로타고라스 155
프롤레타리아 독재 225, 226
프루스트 48, 59
플라톤 144, 155
플랫폼 30
플랫폼 시대 56
피카소 40, 48, 59, 68
피히테 147

ㅎ

하이데거 168
학습동기 320
합리성 40, 77, 86, 92, 93, 112, 117
합목적적 행위 21
핵심역량 314
행위자의 지위 28
행정적 사고 221
행정적 사유 148, 162
헤겔 131-135, 137, 139, 140, 145, 147, 152, 158, 163, 164, 166, 167, 169-171, 176, 178, 179, 181, 182, 186, 190, 193, 201, 203, 205-210, 212, 219, 224, 231-234, 239-243, 249, 259, 260
헤겔 변증법 136, 138, 142, 182, 191
헤라클레이토스 145
혁명 131, 135, 141, 142, 145, 147, 180, 182, 196, 198, 209, 213, 214, 216, 217
현대 예술 45, 48, 59, 60, 75, 114
현상 143, 151, 175, 202, 203
현상계 219

현상학 139
현실사회주의 52, 184
형사 법정 66, 67
형상 144
형상화 48, 49, 52
형식주의 133, 139, 197
형이상학 141, 145, 162, 184, 188, 206, 217
화해 33, 67
환경공학 24
회의주의 154, 272
효율성 50, 51, 56, 69
휴즈, 토마스 24

문병호

대안연구공동체 교수. 독일 프랑크푸르트대학에서 아도르노 연구로 철학박사학위를 받았다. 연세대학교 HK교수, 광주여자대학교 문화정보학과 교수를 역임했다.

논저(공저 포함)로는 단행본 12권, 논문·해설·서평 등 50여 편이 있고, 역서로는 아도르노 번역서 5권이 있다.

이병진

前 서울대학교 독어독문학과 강사.

「부정적 변증법과 사유의 자기반성」, 「부정성의 미학과 현대예술」, 「루소의 자연 개념과 칸트의 자유이념」, 「질비아 보벤센의 페미니즘 문예학에 관하여」, 「카오스 이론에 비추어 본 현대미술」 등 다수의 글을 집필했다.

홍승용

현대사상 연구소를 운영하며 『현대사상』 편집을 책임지고 있다. 서울대학교 대학원에서 독문학을 전공했고, 대구대학교 독어독문학과에서 교수로 재직했다.

주요 저서로는 『비판과 해방의 철학』(공저)이 있고, 역서로는 『문제는 리얼리즘이다』, 『미학서설』, 『미학이론』, 『부정변증법』, 『변증법입문』 등이 있다.

한상원

충북대학교 철학과 교수. 서울시립대학교 철학과에서 맑스의 물신주의와 이데올로기 개념 연구로 석사학위를 받았고, 독일 베를린 훔볼트대학교에서 아도르노의 정치철학 연구로 박사학위를 받았다.
저서로는 『앙겔루스 노부스의 시선: 아우구스티누스, 맑스, 벤야민. 역사철학과 세속화에 관한 성찰』이 있으며, 역서로는 『공동체의 이론들』, 『아도르노, 사유의 모티브들』이 있다.

정진범

강릉원주대학교 철학과 교수.
주요 저서로는 『아도르노 철학에서 정신의 두 가지 원칙들 -동일성(Identität)과 친화성(Affinität)-』, 『자기보존의 역설과 그 사상적 기원—《계몽의 변증법》에 대한 니체의 영향을 중심으로』, 『계보학적 비판으로서의 《계몽의 변증법》 읽기』가 있고, 역서로는 『도덕철학의 문제』 등이 있다.

이하준

한남대학교 탈메이지교양교육대학 교수.
주요 저서로는 『아도르노, 고통의 해석학』, 『아도르노의 문화철학』, 『부정과 유토피아—아도르노의 사회인식론』, 『호르크하이머의 비판이론』, 『호르크하이머: 도구적 이성비판』, 『철학이 말하는 예술의 모든 것』, 『세상도 그림도 아는 만큼 보인다』 등이 있고, 이 외에 다수의 고전 관련 도서와 철학 입문 관련 도서를 집필했다.

아도르노와의 만남